北京师范大学学科交叉建设项目"互联网传播的大数据
构与应用"支持成果

U0668320

2019
中国海外网络
传播力建设报告

THE REPORT OF CHINESE OVERSEAS NETWORK
COMMUNICATION IN 2019

张洪忠　方增泉 ◎ 著

联合发布方
北京师范大学新媒体传播研究中心
中国日报网、光明网
北京师范大学教育新闻与传媒研究中心

经济管理出版社
ECONOMY & MANAGEMENT PUBLISHING HOUSE

图书在版编目（CIP）数据

2019 中国海外网络传播力建设报告/张洪忠，方增泉著 . —北京：经济管理出版社，2020.5
ISBN 978 - 7 - 5096 - 7133 - 7

Ⅰ.①2…　Ⅱ.①张…②方…　Ⅲ.①网络传播—研究报告—中国—2019　Ⅳ.①G206.2

中国版本图书馆 CIP 数据核字（2020）第 086206 号

组稿编辑：杜　菲
责任编辑：杜　菲
责任印制：黄章平
责任校对：陈　颖

出版发行：经济管理出版社
　　　　　（北京市海淀区北蜂窝 8 号中雅大厦 A 座 11 层　100038）
网　　址：www. E - mp. com. cn
电　　话：（010）51915602
印　　刷：三河市延风印装有限公司
经　　销：新华书店
开　　本：787mm×1092mm/16
印　　张：15
字　　数：376 千字
版　　次：2020 年 5 月第 1 版　　2020 年 5 月第 1 次印刷
书　　号：ISBN 978 - 7 - 5096 - 7133 - 7
定　　价：98.00 元

课题组成员

负责人： 张洪忠　方增泉

成　员（排名不分先后）：

何林蔚　普文越　季晓旭　郑　伟

祁雪晶　石中甫　王競一　苏世兰

蔡华丽　李婉慈　王跃祺　孙亚军

王思蕴　信德源　王林楠　刘彧晗

刘子维

联合发布方： 北京师范大学新媒体传播研究中心

中国日报网

光明网

北京师范大学教育新闻与传媒研究中心

目　录

第一章　2019中国大学海外网络传播力建设报告

摘　要

随着世界一流大学和一流学科建设战略的提出，我国大学海外传播力和影响力日渐重要。由此，研究团队选取141所我国内地大学（涵盖全部"双一流"大学和原"211"大学）、43所我国港澳台大学作为研究对象，并以4所日韩大学、4所美国大学为参照分析，从Google、Wikipedia、Facebook、Twitter、Instagram、YouTube 6个平台采集数据进行分析。

分析结果显示：

1. 在141所中国内地大学海外网络传播力综合指数排名中，得分排名前十位的大学依次为清华大学、北京大学、中国美术学院、浙江大学、天津大学、南京航空航天大学、复旦大学、北京航空航天大学、北京师范大学、南京大学。

2. 在184所中国大学海外网络传播力综合指数排名中，得分排名前十位的大学依次为清华大学、北京大学、香港大学、澳门大学、香港理工大学、香港城市大学、中国美术学院、台北医学大学、东海大学、台湾师范大学。港澳台地区大学海外网络传播力总体处于优势地位。

3. 对比5年的排名以及每个维度下的内地大学传播力榜单，前两名基本稳定为北京大学和清华大学两所，第三名变化较大。综合类大学在海外传播力建设中表现较为亮眼，排名较为稳定。一些专业性较强的大学在近几年内也开始注重海外社交平台建设，提升了自身海外网络传播力。

4. 北京、上海、杭州、南京四地大学海外网络传播力更为突出。在排名前十位的大学中，4所位于北京、1所位于上海、2所位于杭州、2所位于南京。在排名前二十名大学中，15所来自上述4所城市。

5. 中国内地排名第一、第二名大学超过港澳台大学与日韩4所参照大学，并拉开较大差距。将4年内地大学海外网络传播力第一名与哈佛大学、日韩参照大学第一名、港澳台大学第一名相比，发现内地大学海外网络传播力明显高于港澳台与日韩参照大学，而与

［本章作者］张洪忠、方增泉、何林蔚、普文越、苏世兰、郑伟、祁雪晶、季晓旭，蔡华丽、李婉慈、王跃祺等参与数据采集工作。

哈佛大学相比存在一定差距。整体而言，内地大学海外网络传播力仍有较大提升空间。内地大学 Google 平台的整体传播力水平较高，我国大学 Google 传播力指数得分排名前十名中有 8 所为内地大学，前两名也比日韩参照大学得分高。Wikipedia 平台、社交与视频平台建设相对较弱，与港澳台、日韩参照大学存在一定差距。

6. 内地大学普遍缺乏海外社交平台的建设。内地大学中仅 50 所大学有 Twitter 账号，132 所大学有 Facebook 账号，38 所大学有 Instagram 账号。在 YouTube 上，内地大学传播力建设尤为缺失。无一所内地大学拥有官方订阅账号。在 Wikipedia 上，内地大学缺乏完善的基本信息和外部链接的意识。我国内地大学较为忽视粉丝运营，关注度较低；社交平台活跃度较低，发文频率及互动呈低迷状态。

一、背 景

2017 年，中共中央、国务院印发了《关于加强和改进新形势下高校思想政治工作的意见》，强调大学肩负人才培养、科学研究、社会服务、文化传承创新、国际交流合作 5 项使命。党的十九大报告强调推进国际传播能力建设，讲好中国故事，展现真实、立体、全面的中国。发挥好大学国际交流合作的职能，对加快建设世界一流大学和一流学科，讲好中国故事，提高国家海外传播力具有重要意义。

随着互联网技术的发展，网络成为传播重镇。国际电信联盟在《2018 版衡量信息社会发展报告》中提到，截止到 2018 年底，全球约 51.2% 的个体，即 39 亿人，正在使用互联网。海外网络传播力日益成为拓展我国文化影响力、推进软实力建设的重要方面。

2019 年 Facebook 第一季度财报显示，截止到 2019 年 3 月底，Facebook 日活跃用户人数达 15.6 亿，月活跃用户人数达 23.8 亿。根据 Twitter 发布的 2019 年第一季度财报显示，Twitter 日活跃用户数量增长 11%，达到 1.34 亿人，月活跃用户数量达到 3.3 亿人。QUintly 发布的 2019 年 Instagram 调查报告显示，2019 年 Instagram 月活跃用户人数突破 10 亿，拥有 10 万～100 万粉丝的 Instagram 用户增长了 16%，拥有 1 万～10 万粉丝的 Instagram 用户增长了 15.9%。顺应跨国社交媒体的发展趋势，衡量基于大流量平台的传播力成为研究海外传播力的重要手段。

本报告将传播力分为三个层次：第一个层次是"在场"，衡量标准是一个国家在互联网场域中的出现频率，操作化定义即提及率；第二个层次是评价，即"在场"内容为正面或负面，需要得到关注和讨论；第三个层次是承认，即互联网世界对一个国家传播内容的价值认可程度。在多元文化背景下的海外传播环境中，以"在场"为基础，海外传播力的最高目标在于实现承认，和而不同，各美其美。

本报告从"在场"和评价维度考察我国大学在互联网络英文世界中的传播力，将

Google 新闻（去除负面新闻）的提及率、社交媒体账号建设情况等作为测量"在场"传播力的维度。中国内地首批"双一流"建设大学和原"211"大学以及我国港澳台地区入选 QS 亚洲 200 强的大学代表了中国高等教育的领先水平，选取这些学校作为中国大学的样本进行考察，有助于了解中国大学海外网络传播力的前沿现状。

二、指标和算法

（一）指标

本研究采用专家法设立指标和权重。研究择取 Google、Wikipedia、Twitter、Facebook、Instagram、YouTube 6 个平台作为考察维度。各维度下设具体指标，各指标以不同权重参与维度评估，各维度以不同指标共同参与中国大学与参照大学海外传播力评估。

6 个维度共有二级指标 25 个，逐一赋予权重进行量化统计和分析，得出 184 所中国大学在海外网络传播力指数，各项指标及权重如下。

表 1-1　各项指标权重　　　　　　　　　　　　　　　单位：%

维度	指标	权重	
Google	Google News	25.0	30
	Google Trends	5.0	
Wikipedia	词条完整性	2.5	10
	一年内词条被编辑的次数	2.5	
	一年内参与词条编辑的用户数	2.5	
	链接情况（What links here）	2.5	
Twitter	是否有官方认证账号	1.0	15
	粉丝数量	3.5	
	一年内发布的内容数量	3.5	
	一年内最高转发量	3.5	
	一年内最多评论数	3.5	
Facebook	是否有官方认证账号	1.0	15
	好友数量	4.6	
	一年内发布的内容数量	4.7	
	一年内最高赞数	4.7	

续表

维度	指标	权重	
Instagram	是否有官方认证账号	1.0	15
	粉丝数量	2.8	
	一年内发布的内容数量	2.8	
	一年内最多回复数量	2.8	
	一年内图文最高点赞量	2.8	
	一年内视频最高点击量	2.8	
YouTube	是否有官方认证账号	1.0	15
	订阅数量	4.6	
	一年内发布的内容数量	4.7	
	一年内最高点击量	4.7	

（二）算法

1. 数据整理

将非定量数据转化成定量数据，非定量数据所在指标分别为：Wikipedia 中的"词条完整性"；Twitter 中的"是否有官方认证账号"；Facebook 中的"是否有官方认证账号"；Instagram 中的"是否有官方认证账号"；YouTube 中的"是否有官方认证账号"等。

2. 计算各个指标的校正系数 X_{ij}

由于各项指标之间的数量级不同，为了平衡各项指标的数据差距，以确保各项指标在总体中所占的比重能够达到既定的权重，为此根据表 1 所列的指标权重计算每个指标的校正系数，计算参见公式（1）。

$$X_{ij} = \frac{K_{ij}A}{a_j} \tag{1}$$

3. 计算每一所大学的海外网络传播力的综合指数和单一指数

计算分别参见公式（2）和公式（3）。

$$Y = \sum_{i=1}^{6} \sum_j a_{ij} X_{ij} \tag{2}$$

$$Y_i = \sum_j a_{ij} X_{ij} \tag{3}$$

式中，Y 表示任意大学的海外网络传播力的综合指数；

Y_i 表示任意大学的海外网络传播力的单一指数，如 $i = 1$，Y_i 代表任意大学在 Google 搜索上的海外传播力；

a_{1j} 表示 Google 搜索任意指标的数值，$j = 1$，2；

a_{2j} 表示 Wikipedia 任意指标的数值，$j = 1$，2，3，4；

a_{3j} 表示 Twitter 任意指标的数值，$j = 1$，2，3，4，5；

a_{4j} 表示 Facebook 任意指标的数值，$j=1$，2，3，4；

a_{5j} 表示 Instagram 任意指标的数值，$j=1$，2，3，4，5，6；

a_{6j} 表示 Youtube 任意指标的数值，$j=1$，2，3，4；

K_{ij} 表示任意指标的权重；

a_j 表示任意指标的均值；

A 表示所有指标的均值的和。

（三）数据采集时间

本报告中各项指标（Google[①]、Wikipedia、Twitter、Facebook、Instagram、YouTube）的数据覆盖时段均为 2018 年 10 月 15 日至 2019 年 10 月 15 日。

（四）研究对象

本报告选取 184 所大学作为研究对象，包括 141 所内地大学（涵盖全部"双一流"大学和原"211"大学）以及 43 所我国港澳台大学，试图对中国大学的海外网络传播力做全景分析。同时选择了 4 所日韩大学、4 所美国大学作为参照分析。

2017 年 9 月 21 日，教育部、财政部、国家发展改革委联合发布《关于公布世界一流大学和一流学科建设大学及建设学科名单的通知》[②]，在既有"985 工程"、"211 工程"大学名单基础上，正式确认世界一流大学和一流学科建设大学及建设学科名单，首批"双一流"建设名单中大学共计 137 所。本报告在以往大学海外网络传播力研究的基础上，在原"211 工程"大学名单中加入新增"双一流"建设的大学，最终共计研究 141 所中国内地大学。这些大学建设较为成熟或发展优势突出，代表了我国内地高等教育的领先水平，对其研究能一窥我国内地大学海外网络传播力发展的前沿现状。

研究选取 43 所入选 QS 亚洲 200 强的我国港澳台大学作为探究我国香港、澳门、台湾三地大学网络传播力发展现状的研究样本，具体是香港 7 所、澳门 1 所、台湾 35 所。这 43 所大学在亚洲大学排名中均表现较好，能代表我国港澳台地区高等教育领先水平，选择其作为研究对象对了解我国港澳台大学海外网络传播力有重大意义。另外，为与亚洲其他国家大学进行海外网络传播力对比，选取入选 QS 亚洲 200 强排名、在其国家大学排名靠前的 4 所大学作为参照对象，具体是日本东京大学、日本京都大学、韩国首尔大学、韩国高丽大学。同时研究选取了 4 所美国大学作为参照。这 4 所大学可以代表全球高等教育的最顶尖水平，选择其作为样本对于研究我国大学的海外传播力具有重要的参考价值，具体是哈佛大学、斯坦福大学、耶鲁大学、麻省理工学院。

---

① Google 英文搜索引擎新闻分类下检索出的新闻区分正面新闻和负面新闻，负面新闻指的是不利于学校形象建设的相关新闻，Google News 为新闻总数量减去负面新闻数量。

② 中华人民共和国教育部，http://www.moe.gov.cn/srcsite/A22/moe_843/201709/t20170921_314942.html。

表1-2　大学名单及英文名称

中文名称	英文搜索名称	中文名称	英文搜索名称
安徽大学	Anhui University	广西大学	Guangxi University
北京大学	Peking University	广州中医药大学	Guangzhou University of Chinese Medicine
北京工业大学	Beijing University of Technology	贵州大学	Guizhou University
北京航空航天大学	Beihang University	国防科学技术大学	National University of Defense Technology
北京化工大学	Beijing University of Chemical Technology	哈尔滨工程大学	Harbin Engineering University
北京交通大学	Beijing Jiaotong University	哈尔滨工业大学	Harbin Institute of Technology
北京科技大学	University of Science and Technology Beijing	海南大学	Hainan University
北京理工大学	Beijing Institute of Technology	合肥工业大学	HeFei University of Technology
北京林业大学	Beijing Forestry University	河北工业大学	Hebei University of Technology
北京师范大学	Beijing Normal University	河海大学	Hohai University
北京体育大学	Beijing Sport University	河南大学	Henan University
北京外国语大学	Beijing Foreign Studies University	湖南大学	Hunan University
北京协和医学院	Peking Union Medical College	湖南师范大学	Hunan Normal University
北京邮电大学	Beijing University of Posts and Telecommunications	华北电力大学（保定）	North China Electric Power University（BaoDing）
北京中医药大学	Beijing University of Chinese Medicine	华北电力大学（北京）	North China Electric Power University（BeiJing）
成都理工大学	Chengdu University Of Technology	华东理工大学	East China University of Science and Technology
成都中医药大学	Chengdu University of TCM		
大连海事大学	Dalian Maritime University	华东师范大学	East China Normal University
大连理工大学	Dalian University of Technology	华南理工大学	South China University of Technology
第二军医大学	The Second Military Medical University	华南师范大学	South China Normal University
第四军医大学	The Fourth Military Medical University	华中科技大学	Huazhong University of Science and Technology
电子科技大学	University of Electronic Science and Technology of China		
东北大学	Northeastern University（China）	华中农业大学	Huazhong Agricultural University
东北林业大学	Northeast Forestry University	华中师范大学	Central China Normal University
东北农业大学	Northeast Agricultural University	吉林大学	Jilin University
东北师范大学	Northeast Normal University	暨南大学	Jinan University（China）
东华大学	Donghua University	江南大学	Jiangnan University
东南大学	Southeast University（China）	兰州大学	Lanzhou University
对外经济贸易大学	University of International Business and Economics	辽宁大学	Liaoning University
福州大学	Fuzhou University	南昌大学	Nanchang University
		南京大学	Nanjing University
复旦大学	Fudan University	南京航空航天大学	Nanjing University of Aeronautics and Astronautics

续表

中文名称	英文搜索名称	中文名称	英文搜索名称
南京理工大学	Nanjing University of Science and Technology	天津大学	Tianjin University
		天津工业大学	Tianjin Polytechnic University
南京林业大学	Nanjing Forestry University	天津医科大学	Tianjin Medical University
南京农业大学	Nanjing Agricultural University	天津中医药大学	Tianjin University of Traditional Chinese Medicine
南京师范大学	Nanjing Normal University		
南京信息工程大学	Nanjing University of Information Science & Technology	同济大学	Tongji University
		外交学院	China Foreign Affairs University
南京邮电大学	Nanjing University of Posts And Telecommunications	武汉大学	Wuhan University
		武汉理工大学	Wuhan University of Technology
南京中医药大学	Nanjing University Of Chinese Medicine	西安电子科技大学	Xidian University
南开大学	Nankai University		
内蒙古大学	Inner Mongolia University	西安交通大学	Xi'an Jiaotong University
宁波大学	Ningbo University	西北大学	Northwest University (China)
宁夏大学	Ningxia University	西北工业大学	Northwestern Polytechnical University
青海大学	Qinghai University	西北农林科技大学	Northwest Agriculture and Forestry University
清华大学	Tsinghua University		
厦门大学	Xiamen University	西藏大学	Tibet University
山东大学	Shandong University	西南财经大学	Southwestern University of Finance and Economics
陕西师范大学	Shaanxi Normal University		
上海财经大学	Shanghai University of Finance and Economics	西南大学	Southwest University (China)
		西南交通大学	Southwest Jiaotong University
上海大学	Shanghai University	西南石油大学	Southwest Petroleum University
上海海洋大学	Shanghai Ocean University	新疆大学	Xinjiang University
上海交通大学	Shanghai Jiao Tong University	延边大学	Yanbian University
上海体育学院	Shanghai University of Sport	云南大学	Yunnan University
上海外国语大学	Shanghai International Studies University	长安大学	Chang'an University
上海音乐学院	Shanghai Conservatory of Music	浙江大学	Zhejiang University
上海中医药大学	Shanghai University of Traditional Chinese Medicine	郑州大学	Zhengzhou University
		中国传媒大学	Communication University of China
石河子大学	Shihezi University	中国地质大学（北京）	China University of Geosciences
首都师范大学	Capital Normal University		
四川大学	Sichuan University	中国地质大学（武汉）	China University of Geosciences
四川农业大学	Sichuan Agricultural University	中国海洋大学	Ocean University of China
苏州大学	Soochow University (Suzhou)	中国科学技术大学	University of Science and Technology of China
太原理工大学	Taiyuan University of Technology		

续表

中文名称	英文搜索名称	中文名称	英文搜索名称
中国科学院大学	University of Chinese Academy of Sciences	香港中文大学	The Chinese University of Hong Kong
中国矿业大学（北京）	China University of Mining and Technology，Beijing	大同大学	Tatung University
中国矿业大学（徐州）	China University of Mining and Technology	东海大学	Tunghai University
		东吴大学	Soochow University（Taiwan）
中国美术学院	China Academy of Art	逢甲大学	Feng Chia University
中国农业大学	China Agricultural University	辅仁大学	Fu Jen Catholic University
中国人民大学	Renmin University of China	高雄医学大学	Kaohsiung Medical University
中国人民公安大学	People's Public Security University of China	成功大学	Cheng Kung University
		东华大学（台湾）	Dong Hwa University
中国石油大学（北京）	China University of Petroleum – Beijing	高雄第一科技大学	Kaohsiung First University of Science and Technology
中国石油大学（华东）	China University of Petroleum	高雄应用科技大学	Kaohsiung University of Applied Sciences
中国药科大学	China Pharmaceutical University	暨南国际大学	Chi Nan University
中国音乐学院	China Conservatory of Music	交通大学（台湾）	Chiao Tung University
中国政法大学	China University of Political Science and Law		
中南财经政法大学	Zhongnan University of Economics and Law	清华大学（台湾）	Tsing Hua University
中南大学	Central South University	台北大学	Taipei University
中山大学	Sun Yat – sen University	台北科技大学	Taipei University of Technology
中央财经大学	Central University of Finance and Economics	台湾大学	Taiwan University
中央美术学院	Central Academy of Fine Arts	台湾海洋大学	Taiwan Ocean University
中央民族大学	Minzu University of China	台湾科技大学	Taiwan University of Science and Technology（Taiwan Tech）
中央戏剧学院	The Central Academy of Drama		
中央音乐学院	Central Conservatory of Music	台湾师范大学	Taiwan Normal University
重庆大学	Chongqing University	阳明大学	Yang Ming University
澳门大学	University of Macau	云林科技大学	Yunlin University of Science and Technology
岭南大学	Lingnan University，Hong Kong	彰化师范大学	Changhua University of Education
香港城市大学	City University of Hong Kong	政治大学	Chengchi University
香港大学	The University of Hong Kong	中山大学（台湾）	Sun Yat –sen University
香港浸会大学	Hong Kong Baptist University		
香港科技大学	The Hong Kong University of Science and Technology	中兴大学（台湾）	Chung Hsing University
香港理工大学	The Hong Kong Polytechnic University	中央大学（台湾）	Central University

中文名称	英文搜索名称	中文名称	英文搜索名称
中正大学	Chung Cheng University	长庚大学	Chang Gung University
台北医学大学	Taipei Medical University	中国医药大学（台湾）	China Medical University
台湾淡江大学	Tamkang University		
亚洲大学	Asia University, Taiwan	中华大学	Chung Hua University
元智大学	Yuan Ze University	中原大学	Chung Yuan Christian University

表 1-3 参照大学名单及英文名称

日韩参照大学	
中文名称	英文名称
东京大学	The University of Tokyo
高丽大学	Korea University
京都大学	Kyoto University
首尔大学	Seoul National University
美国参照大学	
中文名称	英文名称
哈佛大学	Harvard University
斯坦福大学	Stanford University
耶鲁大学	Yale University
麻省理工	Massachusetts Institute of Technology

三、海外网络传播力综合指数

（一）中国大学海外网络传播力综合指数排名

报告汇集中国 184 所大学，包括 141 所内地大学、43 所入选 QS 亚洲 200 强的港澳台大学，在 Google、Wikipedia、Twitter、Facebook、Instagram、YouTube 6 个不同海外网络平台上的建设信息，对此 6 个维度下 25 个具体指标进行统计，通过综合模型计算得出中国 184 所大学海外网络传播力总排名。

184 所中国大学排名前十位依次为清华大学、北京大学、香港大学、澳门大学、香港理工大学、香港城市大学、中国美术学院、台北医学大学、东海大学、台湾师范大学。其中香港 3 所、澳门 1 所、台湾 3 所、内地 3 所。在前十位、前二十位、前三十位中，港澳台地区大学海外网络传播力总体处于优势地位。

表 1-4　中国 184 所大学海外传播力综合指数

排名	学校名称	海外传播力综合指数	排名	学校名称	海外传播力综合指数
1	清华大学	2081137.4	32	华中科技大学	199297.5
2	北京大学	1540756.7	33	中国人民大学	190063.4
3	香港大学*	881486.0	34	北京交通大学	187992.2
4	澳门大学*	747453.6	35	云林科技大学*	184575.1
5	香港理工大学*	655428.5	36	亚洲大学*	167017.8
6	香港城市大学*	620102.5	37	上海大学	166135.2
7	中国美术学院	589956.8	38	中兴大学*	165903.2
8	台北医学大学*	566458.5	39	中国科学技术大学	160256.2
9	东海大学*	533930.3	40	武汉大学	152444.0
10	台湾师范大学*	487251.4	41	华东师范大学	149260.2
11	浙江大学	464656.6	42	对外经济贸易大学	143969.8
12	台北大学*	450235.7	43	重庆大学	137770.9
13	天津大学	413992.8	44	台北科技大学*	130342.6
14	南京航空航天大学	385864.1	45	同济大学	128139.1
15	成功大学*	366222.0	46	四川大学	125657.0
16	复旦大学	341372.1	47	厦门大学	125518.8
17	香港浸会大学*	329653.6	48	郑州大学	124426.9
18	北京航空航天大学	295498.1	49	东华大学*	122824.1
19	北京师范大学	286115.1	50	北京外国语大学	121841.6
20	阳明大学*	279105.9	51	湖南大学	120291.0
21	政治大学*	277559.8	52	中南大学	118434.7
22	香港科技大学*	262721.2	53	南昌大学	108658.8
23	交通大学*	259820.2	54	南开大学	101297.4
24	清华大学*	242335.7	55	北京理工大学	100569.6
25	南京大学	241522.3	56	台湾科技大学*	99189.4
26	岭南大学*	232192.8	57	大同大学*	98275.3
27	香港中文大学*	218351.4	58	中国科学院大学	97018.1
28	中山大学*	212826.6	59	中华大学*	93129.9
29	上海交通大学	211241.5	60	山东大学	90825.7
30	中山大学	206124.9	61	台湾大学*	90809.2
31	中央大学*	201703.2	62	哈尔滨工业大学	89992.2

排名	学校名称	海外传播力综合指数	排名	学校名称	海外传播力综合指数
63	逢甲大学*	87229.3	97	南京师范大学	51037.5
64	北京协和医学院	84921.7	98	安徽大学	49508.5
65	中国农业大学	82244.1	99	中央财经大学	49026.9
66	辅仁大学*	81399.7	100	上海财经大学	48721.9
67	新疆大学	81067.7	101	北京工业大学	48389.7
68	中国传媒大学	80518.9	102	东北大学	47815.5
69	电子科技大学	79910.6	103	华东理工大学	47534.3
70	华南理工大学	78111.5	104	中国药科大学	40968.2
71	中正大学*	76191.1	105	首都师范大学	40478.8
72	东华大学	75399.7	106	华中农业大学	40309.3
73	成都中医药大学	72862.7	107	华南师范大学	39399.0
74	西北工业大学	72418.4	108	北京邮电大学	39278.5
75	中央美术学院	72206.7	109	辽宁大学	39241.1
76	中国海洋大学	72150.9	110	海南大学	38601.0
77	中国医药大学（台湾）*	71050.8	111	江南大学	37935.2
78	宁波大学	70181.6	112	河海大学	37785.6
79	河南大学	69572.0	113	中国政法大学	35824.4
80	吉林大学	69051.1	114	西南交通大学	35808.8
81	中国地质大学（武汉）	67828.3	115	福州大学	35484.3
82	北京体育大学	65864.4	116	延边大学	35062.1
83	大连理工大学	64710.7	117	合肥工业大学	34918.0
84	上海外国语大学	62926.5	118	中央民族大学	34324.5
85	西安电子科技大学	62784.3	119	石河子大学	34266.9
86	西藏大学	62083.3	120	西南财经大学	34044.4
87	华中师范大学	61036.0	121	东吴大学*	33440.3
88	台湾淡江大学*	59889.9	122	广西大学	33339.5
89	南京理工大学	59128.9	123	国防科学技术大学	32853.4
90	中国地质大学（北京）	58145.1	124	成都理工大学	31774.1
91	兰州大学	56244.2	125	暨南大学	29999.3
92	武汉理工大学	55444.1	126	中国矿业大学（徐州）	29534.7
93	西安交通大学	55209.4	127	外交学院	29399.5
94	东南大学	54622.3	128	贵州大学	29352.6
95	北京科技大学	52594.9	129	长庚大学*	29330.3
96	云南大学	51658.9	130	暨南国际大学*	25201.4

续表

排名	学校名称	海外传播力综合指数	排名	学校名称	海外传播力综合指数
131	中央音乐学院	24378.5	158	东北林业大学	16239.3
132	陕西师范大学	24338.9	159	华北电力大学（北京）	16081.6
133	高雄医学大学＊	23864.9	160	高雄第一科技大学＊	15598.3
134	中央戏剧学院	23504.8	161	东北师范大学	15241.3
135	北京林业大学	23360.9	162	广州中医药大学	15150.9
136	大连海事大学	23337.5	163	元智大学＊	15148.7
137	中国石油大学（北京）	22284.6	164	高雄应用科技大学＊	15126.9
138	上海音乐学院	21961.8	165	南京中医药大学	14817.8
139	南京林业大学	21651.7	166	中国音乐学院	14343.1
140	北京化工大学	20916.3	167	第四军医大学	14263.9
141	天津医科大学	20631.6	168	北京中医药大学	13358.2
142	中原大学＊	20525.2	169	四川农业大学	13156.2
143	台湾海洋大学＊	20249.9	170	第二军医大学	12620.5
144	苏州大学	20141.2	171	西北大学	12559.9
145	中国石油大学（华东）	19569.1	172	上海海洋大学	12353.1
146	中国人民公安大学	19261.4	173	南京信息工程大学	12344.8
147	哈尔滨工程大学	18983.6	174	南京邮电大学	12150.5
148	河北工业大学	18561.2	175	东北农业大学	11774.8
149	中南财经政法大学	18240.8	176	中国矿业大学（北京）	11590.6
150	湖南师范大学	18136.9	177	长安大学	11506.5
151	彰化师范大学＊	17155.9	178	宁夏大学	11451.6
152	内蒙古大学	17078.6	179	西南石油大学	11257.2
153	西南大学	16743.2	180	上海体育学院	10333.6
154	西北农林科技大学	16588.9	181	上海中医药大学	9554.2
155	太原理工大学	16400.5	182	青海大学	9530.4
156	南京农业大学	16396.2	183	天津中医药大学	9373.3
157	华北电力大学（保定）	16325.2	184	天津工业大学	7385.5

注：带＊为我国港澳台大学，下同。

（二）中国内地大学海外网络传播力综合指数排名

141 所内地大学海外网络传播力综合指数排名前十位依次为清华大学、北京大学、中国美术学院、浙江大学、天津大学、南京航空航天大学、复旦大学、北京航空航天大学、北京师范大学、南京大学。5 所大学位于华北地区，5 所大学位于江浙沪地区。

内地各大学海外网络传播力之间差异较大，大学平均指数为 98569.1，其中仅有 31 所大学高于该平均分。清华大学、北京大学海外传播力指数均高于 1000000，4 所大学海外传播力指数低于 10000。

表 1-5 中国 141 所内地大学海外传播力综合指数

排名	学校名称	海外传播力综合指数	排名	学校名称	海外传播力综合指数
1	清华大学	2081137.4	31	北京理工大学	100569.6
2	北京大学	1540756.7	32	中国科学院大学	97018.1
3	中国美术学院	589956.8	33	山东大学	90825.7
4	浙江大学	464656.6	34	哈尔滨工业大学	89992.2
5	天津大学	413992.8	35	北京协和医学院	84921.7
6	南京航空航天大学	385864.1	36	中国农业大学	82244.1
7	复旦大学	341372.1	37	新疆大学	81067.7
8	北京航空航天大学	295498.1	38	中国传媒大学	80518.9
9	北京师范大学	286115.1	39	电子科技大学	79910.6
10	南京大学	241522.3	40	华南理工大学	78111.5
11	上海交通大学	211241.5	41	东华大学	75399.7
12	中山大学	206124.9	42	成都中医药大学	72862.7
13	华中科技大学	199297.5	43	西北工业大学	72418.4
14	中国人民大学	190063.4	44	中央美术学院	72206.7
15	北京交通大学	187992.2	45	中国海洋大学	72150.9
16	上海大学	166135.2	46	宁波大学	70181.6
17	中国科学技术大学	160256.2	47	河南大学	69572.0
18	武汉大学	152444.0	48	吉林大学	69051.1
19	华东师范大学	149260.2	49	中国地质大学（武汉）	67828.3
20	对外经济贸易大学	143969.8	50	北京体育大学	65864.4
21	重庆大学	137770.9	51	大连理工大学	64710.7
22	同济大学	128139.1	52	上海外国语大学	62926.5
23	四川大学	125657.0	53	西安电子科技大学	62784.3
24	厦门大学	125518.8	54	西藏大学	62083.3
25	郑州大学	124426.9	55	华中师范大学	61036.0
26	北京外国语大学	121841.6	56	南京理工大学	59128.9
27	湖南大学	120291.0	57	中国地质大学（北京）	58145.1
28	中南大学	118434.7	58	兰州大学	56244.2
29	南昌大学	108658.8	59	武汉理工大学	55444.1
30	南开大学	101297.4	60	西安交通大学	55209.4

续表

排名	学校名称	海外传播力综合指数	排名	学校名称	海外传播力综合指数
61	东南大学	54622.3	99	大连海事大学	23337.5
62	北京科技大学	52594.9	100	中国石油大学（北京）	22284.6
63	云南大学	51658.9	101	上海音乐学院	21961.8
64	南京师范大学	51037.5	102	南京林业大学	21651.7
65	安徽大学	49508.5	103	北京化工大学	20916.3
66	中央财经大学	49026.9	104	天津医科大学	20631.6
67	上海财经大学	48721.9	105	苏州大学	20141.2
68	北京工业大学	48389.7	106	中国石油大学（华东）	19569.1
69	东北大学	47815.5	107	中国人民公安大学	19261.4
70	华东理工大学	47534.3	108	哈尔滨工程大学	18983.6
71	中国药科大学	40968.2	109	河北工业大学	18561.2
72	首都师范大学	40478.8	110	中南财经政法大学	18240.8
73	华中农业大学	40309.3	111	湖南师范大学	18136.9
74	华南师范大学	39399.0	112	内蒙古大学	17078.6
75	北京邮电大学	39278.5	113	西南大学	16743.2
76	辽宁大学	39241.1	114	西北农林科技大学	16588.9
77	海南大学	38601.0	115	太原理工大学	16400.5
78	江南大学	37935.2	116	南京农业大学	16396.2
79	河海大学	37785.6	117	华北电力大学（保定）	16325.2
80	中国政法大学	35824.4	118	东北林业大学	16239.3
81	西南交通大学	35808.8	119	华北电力大学（北京）	16081.6
82	福州大学	35484.3	120	东北师范大学	15241.3
83	延边大学	35062.1	121	广州中医药大学	15150.9
84	合肥工业大学	34918.0	122	南京中医药大学	14817.8
85	中央民族大学	34324.5	123	中国音乐学院	14343.1
86	石河子大学	34266.9	124	第四军医大学	14263.9
87	西南财经大学	34044.4	125	北京中医药大学	13358.2
88	广西大学	33339.5	126	四川农业大学	13156.2
89	国防科学技术大学	32853.4	127	第二军医大学	12620.5
90	成都理工大学	31774.1	128	西北大学	12559.9
91	暨南大学	29999.3	129	上海海洋大学	12353.1
92	中国矿业大学（徐州）	29534.7	130	南京信息工程大学	12344.8
93	外交学院	29399.5	131	南京邮电大学	12150.5
94	贵州大学	29352.6	132	东北农业大学	11774.8
95	中央音乐学院	24378.5	133	中国矿业大学（北京）	11590.6
96	陕西师范大学	24338.9	134	长安大学	11506.5
97	中央戏剧学院	23504.8	135	宁夏大学	11451.6
98	北京林业大学	23360.9	136	西南石油大学	11257.2

排名	学校名称	海外传播力综合指数	排名	学校名称	海外传播力综合指数
137	上海体育学院	10333.6	140	天津中医药大学	9373.3
138	上海中医药大学	9554.2	141	天津工业大学	7385.5
139	青海大学	9530.4			

（三）参照分析

将国内 184 所大学与 8 所参照大学进行对比发现，我国大学海外网络传播力与美国 4 所参照大学之间存在一定差距，但是部分大学略高于日韩 4 所参照大学。国内共有 26 所大学的传播力指数高于 8 所参照大学中的最低传播力指数，但无一所大学高于美国 4 所大学。中国海外网络传播力排名第一的清华大学，传播力指数仅为哈佛大学的 16.9%，但领先于 4 所日韩参照大学。

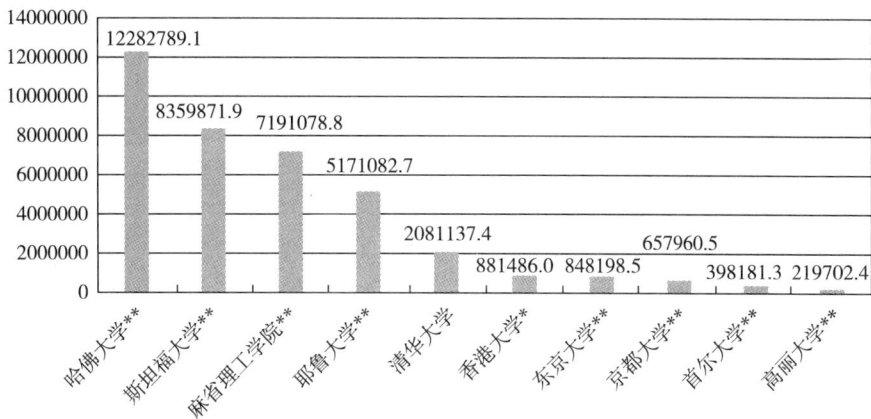

图 1-1 海外传播力综合指数参照分析

注：带 ** 为日韩及美国参照大学，下同。

四、维度一：Google传播力

（一）中国大学 Google 传播力指数排名

Google 传播力采用 Google News 和 Google trends 两个指标进行评估。在 Google News 的分类栏下，输入各大学官方英文名字（带双引），并限定一年确定时间，检索各大学新闻数量。同时通过 Google Trends 得出一年内各大学被检索以及报道关注程度。最后根据算法，得出 184 所大学的 Google 传播力指数。

Google 传播力排名前十位的大学依次为香港大学、清华大学、北京大学、复旦大学、南京大学、香港城市大学、中山大学、中国人民大学、浙江大学、重庆大学。此次排名前十位中有 8 所内地大学，其中清华大学、北京大学分别位列第二、第三名。香港大学位居首位，传播力指数高达 483924.2。

内地大学平均传播力指数为 38086.8，略高于港澳台大学（37653.8）。总平均分为 37985.6，131 所大学低于该平均分，其中内地大学占比 77.1%，差异较大。

表 1-6　中国大学 Google 传播力指数

排名	中文名称	Google 传播力指数	排名	中文名称	Google 传播力指数
1	香港大学 *	483924.2	27	四川大学	72610.6
2	清华大学	432612.2	28	香港浸会大学 *	70163.5
3	北京大学	402439.7	29	南开大学	65022.1
4	复旦大学	240211.3	30	中国科学院大学	64705.0
5	南京大学	183401.9	31	中国农业大学	61134.0
6	香港城市大学 *	173753.0	32	北京航空航天大学	60710.6
7	中山大学	157405.1	33	北京协和医学院	60384.6
8	中国人民大学	152145.9	34	政治大学 *	59120.4
9	浙江大学	151621.5	35	新疆大学	58173.4
10	重庆大学	110590.5	36	山东大学	56894.4
11	北京师范大学	108471.9	37	台北医学大学 *	56365.7
12	对外经济贸易大学	104137.9	38	哈尔滨工业大学	55403.6
13	中国科学技术大学	100650.5	39	中国医药大学（台湾）*	55162.1
14	郑州大学	100400.0	40	华南理工大学	53227.5
15	上海大学	97811.7	41	台北科技大学 *	53034.3
16	中南大学	95368.8	42	北京外国语大学	49895.9
17	上海交通大学	93646.0	43	交通大学 *	48162.6
18	香港科技大学 *	90740.0	44	清华大学 *	47674.8
19	同济大学	89579.3	45	西安电子科技大学	44064.1
20	武汉大学	89061.8	46	吉林大学	44037.6
21	华东师范大学	86474.6	47	中央大学 *	42688.6
22	台北大学 *	85951.1	48	东华大学	41307.8
23	天津大学	81269.7	49	西北工业大学	41161.4
24	香港理工大学 *	78108.1	50	华中科技大学	40994.4
25	北京理工大学	78086.5	51	中国传媒大学	40856.9
26	厦门大学	75332.8	52	华中师范大学	39555.1

排名	中文名称	Google 传播力指数	排名	中文名称	Google 传播力指数
53	西藏大学	39059.5	88	福州大学	23524.1
54	中国地质大学（北京）	37499.8	89	宁波大学	23292.7
55	中国地质大学（武汉）	37499.8	90	合肥工业大学	23185.2
56	武汉理工大学	36562.1	91	北京体育大学	22898.5
57	澳门大学 *	35905.8	92	中兴大学 *	22765.1
58	中国海洋大学	35768.2	93	华东理工大学	22133.3
59	中央美术学院	35342.5	94	东北大学	21968.0
60	兰州大学	34941.3	95	江南大学	21875.8
61	北京交通大学	34578.2	96	河海大学	21735.7
62	云南大学	34532.2	97	北京邮电大学	20908.6
63	安徽大学	34201.1	98	香港中文大学 *	20403.1
64	台湾淡江大学 *	33249.9	99	南昌大学	20146.3
65	大连理工大学	33110.2	100	华中农业大学	19758.0
66	电子科技大学	32679.9	101	西南财经大学	18095.7
67	上海财经大学	32637.1	102	中国政法大学	16742.4
68	中国美术学院	32305.2	103	辅仁大学 *	16649.4
69	河南大学	32062.0	104	西安交通大学	15547.7
70	北京工业大学	31577.1	105	成都理工大学	14146.9
71	北京科技大学	31094.6	106	中央民族大学	14111.8
72	南京师范大学	30780.9	107	台湾大学 *	12597.9
73	中央财经大学	30167.9	108	中国矿业大学（徐州）	12385.1
74	南京理工大学	28398.7	109	外交学院	10038.0
75	东海大学 *	27965.8	110	南京林业大学	10022.1
76	台湾师范大学 *	27829.6	111	中央音乐学院	9955.4
77	上海外国语大学	27744.8	112	国防科学技术大学	9706.4
78	南京航空航天大学	27424.7	113	中山大学 *	9340.9
79	湖南大学	26737.2	114	广西大学	8849.3
80	首都师范大学	25565.6	115	东华大学 *	8360.2
81	海南大学	24678.0	116	贵州大学	7985.3
82	中国药科大学	24576.4	117	上海音乐学院	6022.4
83	逢甲大学 *	24538.1	118	东吴大学 *	4977.7
84	华南师范大学	24199.1	119	阳明大学 *	4793.4
85	东南大学	24148.8	120	南京农业大学	4301.7
86	延边大学	23947.4	121	长庚大学 *	4055.9
87	辽宁大学	23712.6	122	北京林业大学	3822.0

排名	中文名称	Google 传播力指数	排名	中文名称	Google 传播力指数
123	中正大学*	3503.7	154	岭南大学*	983.3
124	天津医科大学	3502.8	155	南京中医药大学	983.2
125	北京化工大学	3195.6	156	内蒙古大学	921.8
126	西南交通大学	3072.7	157	南京信息工程大学	860.3
127	高雄医学大学*	3072.7	158	大连海事大学	860.0
128	上海中医药大学	2826.9	159	东北林业大学	798.9
129	中国石油大学（华东）	2765.5	160	河北工业大学	798.9
130	台湾海洋大学*	2704.6	161	太原理工大学	798.9
131	中国音乐学院	2519.6	162	长安大学	798.9
132	上海海洋大学	2396.7	163	中国石油大学（北京）	798.9
133	亚洲大学*	2334.4	164	第四军医大学	737.4
134	上海体育学院	2150.9	165	彰化师范大学*	676.0
135	陕西师范大学	2089.4	166	青海大学	614.5
136	哈尔滨工程大学	1966.5	167	第二军医大学	553.1
137	北京中医药大学	1843.6	168	石河子大学	553.1
138	宁夏大学	1843.6	169	西北大学	553.1
139	中央戏剧学院	1843.6	170	西北农林科技大学	553.1
140	成功大学*	1782.2	171	中华大学*	553.1
141	中南财经政法大学	1782.1	172	西南石油大学	491.6
142	中原大学*	1720.7	173	元智大学*	491.6
143	东北师范大学	1720.7	174	东北农业大学	368.7
144	南京邮电大学	1597.8	175	天津工业大学	245.8
145	苏州大学	1597.8	176	暨南国际大学*	245.8
146	天津中医药大学	1597.8	177	台湾科技大学*	184.4
147	中国人民公安大学	1352.0	178	西南大学	122.9
148	广州中医药大学	1229.1	179	高雄第一科技大学*	122.9
149	湖南师范大学	1229.1	180	成都中医药大学	61.5
150	云林科技大学*	1229.1	181	高雄应用科技大学*	61.5
151	大同大学*	1167.6	182	华北电力大学（保定）	0
152	四川农业大学	1106.2	183	华北电力大学（北京）	0
153	暨南大学	983.3	184	中国矿业大学（北京）	0

（二）中国内地大学 Google 传播力指数排名

Google 传播力排名前十位的内地大学依次为清华大学、北京大学、复旦大学、南京大学、中山大学、中国人民大学、浙江大学、重庆大学、北京师范大学、对外经济贸易大学。其中，5 所大学位于北京、3 所大学位于江浙沪地区、广东以及西南地区分别有 1 所大学。

内地大学的 Google 传播力平均指数为 38086.8。相较上年，中国人民大学、重庆大学、北京师范大学以及对外经济贸易大学传播力指数明显上升，进入前十位。中国地质大学武汉、北京两个校区排名上升最显著，分别上升 117 个和 112 个名次，进入中国内地大学 Google 传播力前六十名内。

表 1－7　中国内地大学 Google 传播力指数

排名	中文名称	Google 传播力指数	排名	中文名称	Google 传播力指数
1	清华大学	432612.2	28	新疆大学	58173.4
2	北京大学	402439.7	29	山东大学	56894.4
3	复旦大学	240211.3	30	哈尔滨工业大学	55403.6
4	南京大学	183401.9	31	华南理工大学	53227.5
5	中山大学	157405.1	32	北京外国语大学	49895.9
6	中国人民大学	152145.9	33	西安电子科技大学	44064.1
7	浙江大学	151621.5	34	吉林大学	44037.8
8	重庆大学	110590.5	35	东华大学	41307.8
9	北京师范大学	108471.9	36	西北工业大学	41161.4
10	对外经济贸易大学	104137.9	37	华中科技大学	40994.4
11	中国科学技术大学	100650.5	38	中国传媒大学	40856.9
12	郑州大学	100400.0	39	华中师范大学	39555.1
13	上海大学	97811.7	40	西藏大学	39059.5
14	中南大学	95368.8	41	中国地质大学（北京）	37499.8
15	上海交通大学	93646.0	42	中国地质大学（武汉）	37499.8
16	同济大学	89579.3	43	武汉理工大学	36562.1
17	武汉大学	89061.8	44	中国海洋大学	35768.2
18	华东师范大学	86474.6	45	中央美术学院	35342.5
19	天津大学	81269.7	46	兰州大学	34941.3
20	北京理工大学	78086.5	47	北京交通大学	34578.2
21	厦门大学	75332.8	48	云南大学	34532.2
22	四川大学	72610.6	49	安徽大学	34201.1
23	南开大学	65022.1	50	大连理工大学	33110.2
24	中国科学院大学	64705.0	51	电子科技大学	32679.9
25	中国农业大学	61134.0	52	上海财经大学	32637.1
26	北京航空航天大学	60710.6	53	中国美术学院	32305.2
27	北京协和医学院	60384.6	54	河南大学	32062.0

续表

排名	中文名称	Google 传播力指数	排名	中文名称	Google 传播力指数
55	北京工业大学	31577.1	90	国防科学技术大学	9706.4
56	北京科技大学	31094.6	91	广西大学	8849.3
57	南京师范大学	30780.9	92	贵州大学	7985.3
58	中央财经大学	30167.9	93	上海音乐学院	6022.4
59	南京理工大学	28398.7	94	南京农业大学	4301.7
60	上海外国语大学	27744.8	95	北京林业大学	3822.0
61	南京航空航天大学	27424.7	96	天津医科大学	3502.8
62	湖南大学	26737.2	97	北京化工大学	3195.6
63	首都师范大学	25565.6	98	西南交通大学	3072.7
64	海南大学	24678.0	99	上海中医药大学	2826.9
65	中国药科大学	24576.4	100	中国石油大学（华东）	2765.5
66	华南师范大学	24199.1	101	中国音乐学院	2519.6
67	东南大学	24148.8	102	上海海洋大学	2396.7
68	延边大学	23947.4	103	上海体育学院	2150.9
69	辽宁大学	23712.6	104	陕西师范大学	2089.4
70	福州大学	23524.1	105	哈尔滨工程大学	1966.5
71	宁波大学	23292.7	106	北京中医药大学	1843.6
72	合肥工业大学	23185.2	107	宁夏大学	1843.6
73	北京体育大学	22898.5	108	中央戏剧学院	1843.6
74	华东理工大学	22133.3	109	中南财经政法大学	1782.1
75	东北大学	21968.0	110	东北师范大学	1720.7
76	江南大学	21875.8	111	南京邮电大学	1597.8
77	河海大学	21735.7	112	苏州大学	1597.8
78	北京邮电大学	20908.6	113	天津中医药大学	1597.8
79	南昌大学	20146.3	114	中国人民公安大学	1352.0
80	华中农业大学	19758.0	115	广州中医药大学	1229.1
81	西南财经大学	18095.7	116	湖南师范大学	1229.1
82	中国政法大学	16742.4	117	四川农业大学	1106.2
83	西安交通大学	15547.7	118	暨南大学	983.3
84	成都理工大学	14146.9	119	南京中医药大学	983.2
85	中央民族大学	14111.8	120	内蒙古大学	921.8
86	中国矿业大学（徐州）	12385.1	121	南京信息工程大学	860.3
87	外交学院	10038.0	122	大连海事大学	860.0
88	南京林业大学	10022.1	123	东北林业大学	798.9
89	中央音乐学院	9955.4	124	河北工业大学	798.9

排名	中文名称	Google 传播力指数	排名	中文名称	Google 传播力指数
125	太原理工大学	798.9	134	西南石油大学	491.6
126	长安大学	798.9	135	东北农业大学	368.7
127	中国石油大学（北京）	798.9	136	天津工业大学	245.8
128	第四军医大学	737.4	137	西南大学	122.9
129	青海大学	614.5	138	成都中医药大学	61.5
130	第二军医大学	553.1	139	华北电力大学（保定）	0
131	石河子大学	553.1	140	华北电力大学（北京）	0
132	西北大学	553.1	141	中国矿业大学（北京）	0
133	西北农林科技大学	553.1			

（三）Google 传播力具体指标分析

Google 传播力维度分为 Google News 和 Google Trends 两个指标，其权重分别为 25% 和 5%。Google News 根据 Google 搜索引擎进行新闻搜索，并对新闻进行区分，减去其中不利于学校建设的负面新闻，从而得出新闻总数。Google Trends 通过学校英文名称检索，得出学校一年内的搜索及关注指数折线，并取其平均值。

1. Google News

对于 Google News，主要有以下发现：

（1）港澳台大学新闻平均条数略高于内地大学，港澳台大学新闻平均数量为 415 条，内地大学新闻平均数量为 349 条。

（2）从排名来看，内地以及港澳台大学新闻搜索排名前十位与 Google 传播力指数排名有一定的吻合。在前十位的大学中，港澳台地区 2 所，其他均为内地大学，清华大学与北京大学分别位居第二、第三位。

（3）从内地大学来看，排名前十位里，有 9 所大学为国家"世界一流大学建设大学"，清华大学、北京大学与复旦大学新闻条数依次排名前三位。同时，第十名也是 1000 条新闻的分界线，排名前十位的内地大学新闻数量均高于 1000 条，其中，清华大学、北京大学均高于 5000 条。

（4）内地大学 Google News 排名前十位依次为清华大学、北京大学、复旦大学、南京大学、中山大学、中国人民大学、浙江大学、对外经济贸易大学、重庆大学、郑州大学。

2. Google Trends

对于 Google Trends，发现如下：

（1）内地大学 Google Trends 平均分（19.7）略高于港澳台大学（14.4）。

（2）Google Trends 排名前十位均为内地大学，其中，南、北地区各 5 所。该排名下前十位的大学 Trends 一年内平均值均高于 50。

Google 传播力维度具体指标如下：

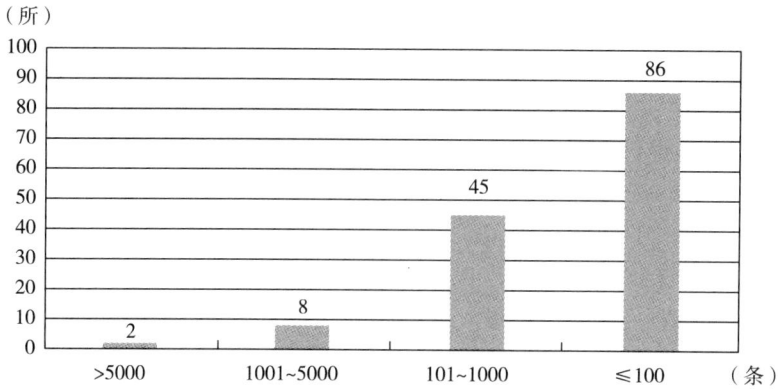

图 1 - 2　内地大学新闻搜索数量分布

表 1 - 8　中国 184 所大学 Google 传播力具体指标数据

排名	中文名称	新闻搜索（条）	Trends 分析	Google 传播力指数
1	香港大学 *	7305	41.5	483924.2
2	清华大学	6306	53.4	432612.2
3	北京大学	5675	63.6	402439.7
4	复旦大学	3214	50.6	240211.3
5	南京大学	2326	48.0	183401.9
6	香港城市大学 *	2253	41.8	173753.0
7	中山大学	2088	34.5	157405.1
8	中国人民大学	2056	30.6	152145.9
9	浙江大学	1754	52.0	151621.5
10	重庆大学	1200	43.7	110590.5
11	北京师范大学	904	62.8	108471.9
12	对外经济贸易大学	1257	31.9	104137.9
13	中国科学技术大学	927	51.8	100650.5
14	郑州大学	1140	36.0	100400.0
15	上海大学	744	61.8	97811.7
16	中南大学	676	63.8	95368.8
17	上海交通大学	982	39.5	93646.0
18	香港科技大学 *	1131	25.2	90740.0
19	同济大学	922	39.0	89579.3
20	武汉大学	749	51.1	89061.8
21	华东师范大学	867	39.3	86474.6
22	台北大学 *	906	35.9	85951.1
23	天津大学	668	47.7	81269.7
24	香港理工大学 *	781	35.7	78108.1
25	北京理工大学	483	57.4	78086.5

续表

排名	中文名称	新闻搜索（条）	Trends 分析	Google 传播力指数
26	厦门大学	792	31.6	75332.8
27	四川大学	570	44.5	72610.6
28	香港浸会大学 *	778	26.5	70163.5
29	南开大学	442	44.9	65022.1
30	中国科学院大学	561	35.8	64705.0
31	中国农业大学	319	49.2	61134.0
32	北京航空航天大学	458	38.6	60710.6
33	北京协和医学院	430	40.3	60384.6
34	政治大学 *	370	43.1	59120.4
35	新疆大学	563	28.0	58173.4
36	山东大学	481	32.4	56894.4
37	台北医学大学 *	562	25.9	56365.7
38	哈尔滨工业大学	384	37.8	55403.6
39	中国医药大学（台湾）*	283	44.8	55162.1
40	华南理工大学	425	32.1	53227.5
41	台北科技大学 *	863	0.0	53034.3
42	北京外国语大学	391	30.7	49895.9
43	交通大学 *	205	42.2	48162.6
44	清华大学 *	272	36.7	47674.8
45	西安电子科技大学	165	40.2	44064.1
46	吉林大学	428	21.0	44037.8
47	中央大学 *	165	38.6	42688.6
48	东华大学	66	44.2	41307.8
49	西北工业大学	149	37.9	41161.4
50	华中科技大学	192	34.6	40994.4
51	中国传媒大学	355	22.6	40856.9
52	华中师范大学	335	22.5	39555.1
53	西藏大学	88	39.9	39059.5
54	中国地质大学（北京）	160	32.8	37499.8
55	中国地质大学（武汉）	160	32.8	37499.8
56	武汉理工大学	50	39.7	36562.1
57	澳门大学 *	0	42.6	35905.8
58	中国海洋大学	278	22.2	35768.2
59	中央美术学院	575	0.0	35342.5
60	兰州大学	163	29.6	34941.3
61	北京交通大学	99	33.8	34578.2
62	云南大学	165	28.9	34532.2
63	安徽大学	0	35.7	34201.1

续表

排名	中文名称	新闻搜索（条）	Trends 分析	Google 传播力指数
64	台湾淡江大学 *	167	27.3	33249.9
65	大连理工大学	54	35.3	33110.2
66	电子科技大学	85	32.6	32679.9
67	上海财经大学	164	26.8	32637.1
68	中国美术学院	339	13.6	32305.2
69	河南大学	76	32.5	32062.0
70	北京工业大学	85	31.3	31577.1
71	北京科技大学	44	33.6	31094.6
72	南京师范大学	57	32.3	30780.9
73	中央财经大学	94	28.9	30167.9
74	南京理工大学	28	31.6	28398.7
75	东海大学 *	55	29.2	27965.8
76	台湾师范大学 *	223	16.8	27829.6
77	上海外国语大学	87	26.6	27744.8
78	南京航空航天大学	57	28.4	27424.7
79	湖南大学	87	25.4	26737.2
80	首都师范大学	55	26.3	25565.6
81	海南大学	49	25.7	24678.0
82	中国药科大学	36	26.5	24576.4
83	逢甲大学 *	14	28.1	24538.1
84	华南师范大学	42	25.6	24199.1
85	东南大学	14	27.6	24148.8
86	延边大学	16	27.2	23947.4
87	辽宁大学	23	26.4	23712.6
88	福州大学	26	26.0	23524.1
89	宁波大学	32	25.3	23292.7
90	合肥工业大学	16	26.3	23185.2
91	北京体育大学	373	0.0	22898.5
92	中兴大学 *	63	22.4	22765.1
93	华东理工大学	44	23.0	22133.3
94	东北大学	2	25.9	21968.0
95	江南大学	29	23.8	21875.8
96	河海大学	18	24.5	21735.7
97	北京邮电大学	51	21.1	20908.6
98	香港中文大学 *	332	0.0	20403.1
99	南昌大学	70	18.8	20146.3
100	华中农业大学	46	20.1	19758.0

排名	中文名称	新闻搜索（条）	Trends 分析	Google 传播力指数
101	西南财经大学	67	16.6	18095.7
102	中国政法大学	272	0.0	16742.4
103	辅仁大学 *	54	15.8	16649.4
104	西安交通大学	253	0.0	15547.7
105	成都理工大学	8	16.2	14146.9
106	中央民族大学	42	13.7	14111.8
107	台湾大学 *	205	0.0	12597.9
108	中国矿业大学（徐州）	30	12.5	12385.1
109	外交学院	163	0	10038.0
110	南京林业大学	163	0	10022.1
111	中央音乐学院	162	0	9955.4
112	国防科学技术大学	158	0	9706.4
113	中山大学 *	152	0	9340.9
114	广西大学	144	0	8849.3
115	东华大学 *	136	0	8360.2
116	贵州大学	130	0	7985.3
117	上海音乐学院	98	0	6022.4
118	东吴大学 *	81	0	4977.7
119	阳明大学 *	78	0	4793.4
120	南京农业大学	70	0	4301.7
121	长庚大学 *	66	0	4055.9
122	北京林业大学	62	0	3822.0
123	中正大学 *	57	0	3503.7
124	天津医科大学	57	0	3502.8
125	北京化工大学	52	0	3195.6
126	西南交通大学	50	0	3072.7
127	高雄医学大学 *	50	0	3072.7
128	上海中医药大学	46	0	2826.9
129	中国石油大学（华东）	45	0	2765.5
130	台湾海洋大学 *	44	0	2704.6
131	中国音乐学院	41	0	2519.6
132	上海海洋大学	39	0	2396.7
133	亚洲大学 *	38	0	2334.4
134	上海体育学院	35	0	2150.9
135	陕西师范大学	34	0	2089.4

续表

排名	中文名称	新闻搜索（条）	Trends 分析	Google 传播力指数
136	哈尔滨工程大学	32	0	1966.5
137	北京中医药大学	30	0	1843.6
138	宁夏大学	30	0	1843.6
139	中央戏剧学院	30	0	1843.6
140	成功大学 *	29	0	1782.2
141	中南财经政法大学	29	0	1782.1
142	中原大学 *	28	0	1720.7
143	东北师范大学	28	0	1720.7
144	南京邮电大学	26	0	1597.8
145	苏州大学	26	0	1597.8
146	天津中医药大学	26	0	1597.8
147	中国人民公安大学	22	0	1352.0
148	广州中医药大学	20	0	1229.1
149	湖南师范大学	20	0	1229.1
150	云林科技大学 *	20	0	1229.1
151	大同大学 *	19	0	1167.6
152	四川农业大学	18	0	1106.2
153	暨南大学	16	0	983.3
154	岭南大学 *	16	0	983.3
155	南京中医药大学	16	0	983.2
156	内蒙古大学	15	0	921.8
157	南京信息工程大学	14	0	860.3
158	大连海事大学	14	0	860.0
159	东北林业大学	13	0	798.9
160	河北工业大学	13	0	798.9
161	太原理工大学	13	0	798.9
162	长安大学	13	0	798.9
163	中国石油大学（北京）	13	0	798.9
164	第四军医大学	12	0	737.4
165	彰化师范大学 *	11	0	676.0
166	青海大学	10	0	614.5
167	第二军医大学	9	0	553.1
168	石河子大学	9	0	553.1
169	西北大学	9	0	553.1
170	西北农林科技大学	9	0	553.1

续表

排名	中文名称	新闻搜索（条）	Trends 分析	Google 传播力指数
171	中华大学 *	9	0	553.1
172	西南石油大学	8	0	491.6
173	元智大学 *	8	0	491.6
174	东北农业大学	6	0	368.7
175	天津工业大学	4	0	245.8
176	暨南国际大学 *	4	0	245.8
177	台湾科技大学 *	3	0	184.4
178	西南大学	2	0	122.9
179	高雄第一科技大学 *	2	0	122.9
180	成都中医药大学	1	0	61.5
181	高雄应用科技大学 *	1	0	61.5
182	华北电力大学（保定）	0	0	0
183	华北电力大学（北京）	0	0	0
184	中国矿业大学（北京）	0	0	0

（四）参照分析

与海外参照大学相比，国内传播力指数排名前三位的大学 Google 传播力指数高于 4 所日韩参照大学，低于 4 所美国参照大学，且差距较大。在参照大学中，美国斯坦福大学 Google 传播力指数达到 3729811.1，是香港大学 Google 传播力指数的 7.7 倍，是清华大学 Google 传播力的 8.6 倍。而在 4 所日韩参照大学中，东京大学 Google 传播力指数最高，达到 395545.3，略低于香港大学（483924.2）和清华大学（432612.2）。

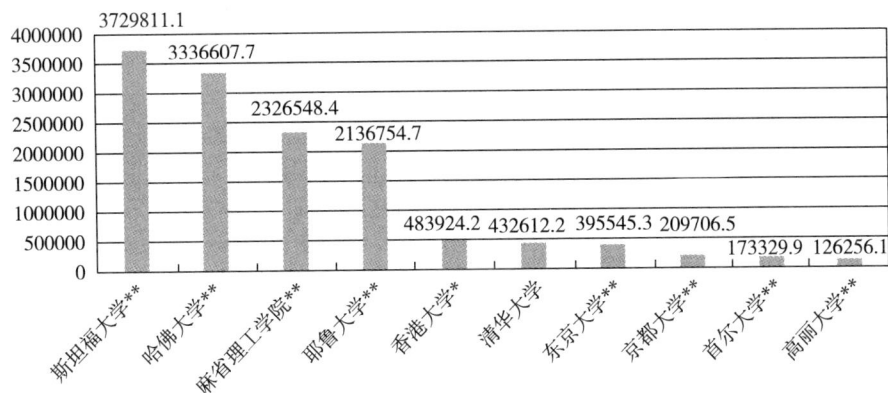

图 1-3　Google 传播力指数参照分析

五、维度二：Wikipedia传播力

（一）中国大学 Wikipedia 传播力指数排名

Wikipedia 是一种多语言支持的在线百科全书，是目前全球最大、使用范围最广的参考性网络百科全书，主要以无商业广告、自由编辑、由无营利组织管理的特征著称。这些特征让 Wikipedia 的编辑更客观，也体现了词条传播力的大众化。同时高频率的参考性，让词条的传播更广泛。对大学在 Wikipedia 上的分析，实则是对大学在词条中所展现的传播力形象分析。本报告主要将 Wikipedia 分为词条的完整性、词条编辑和词条链接三个部分，分别进行统计，并对各项赋予权重，通过计算得出国内 184 所大学的 Wikipedia 的传播力指数。

我国大学 Wikipedia 传播力指数平均分为 26308.8，港澳台大学平均分高于内地大学。

Wikipedia 传播力指数前十位大学依次为北京交通大学、华中科技大学、北京大学、复旦大学、香港大学、南昌大学、清华大学、澳门大学、台湾大学、中正大学。在排名前十位中，内地大学 6 所、港澳大学各 1 所、台湾大学 2 所。内地大学普遍位于前列，排名前四位均为内地大学，北京交通大学以传播力指数 153316.2 排名 Wikipedia 传播力指数第一位。

表 1-9 中国 184 所大学 Wikipedia 传播力指数

排名	中文名称	Wikipedia 传播力指数	排名	中文名称	Wikipedia 传播力指数
1	北京交通大学	153316.2	15	辅仁大学 *	61443.2
2	华中科技大学	145723.8	16	政治大学 *	58743.6
3	北京大学	100310.5	17	南京大学	57391.9
4	复旦大学	99098.7	18	武汉大学	56501.7
5	香港大学 *	88429.3	19	上海交通大学	53698.6
6	南昌大学	86044.2	20	香港理工大学 *	53450.9
7	清华大学	84333.2	21	北京外国语大学	53028.3
8	澳门大学 *	78011.3	22	香港城市大学 *	51760.4
9	台湾大学 *	72937.7	23	厦门大学	50171.3
10	中正大学 *	71753.9	24	中国科学技术大学	49927.7
11	香港科技大学 *	70644.3	25	中山大学	48329.7
12	浙江大学	62782.6	26	中国传媒大学	39577.4
13	香港中文大学 *	62537.1	27	交通大学 *	38500.2
14	成功大学 *	62308.7	28	中山大学 *	37543.5

续表

排名	中文名称	Wikipedia 传播力指数	排名	中文名称	Wikipedia 传播力指数
29	香港浸会大学 *	37456.9	64	国防科学技术大学	23147.0
30	西安交通大学	36337.9	65	西藏大学	23021.1
31	上海大学	36332.8	66	电子科技大学	22905.7
32	中国人民大学	35069.7	67	中央大学 *	22600.4
33	北京师范大学	34771.1	68	中兴大学 *	22582.5
34	台湾师范大学 *	34175.7	69	中南大学	22452.1
35	南开大学	32568.3	70	中央戏剧学院	21657.5
36	河南大学	31918.2	71	天津大学	21656.7
37	同济大学	31417.4	72	台湾淡江大学 *	21447.8
38	哈尔滨工业大学	31246.4	73	华中师范大学	21412.8
39	台北科技大学 *	30967.1	74	上海外国语大学	21384.7
40	西北工业大学	30889.2	75	中央美术学院	21351.5
41	山东大学	30498.2	76	兰州大学	21204.7
42	南京理工大学	30364.3	77	中国农业大学	20936.8
43	中国地质大学（武汉）	30310.1	78	大连海事大学	20863.0
44	东华大学	30068.5	79	郑州大学	20382.0
45	清华大学 *	29046.1	80	中央民族大学	20189.2
46	东南大学	28495.6	81	南京师范大学	20153.1
47	中国美术学院	28406.0	82	大连理工大学	20139.9
48	中国科学院大学	28345.4	83	中国地质大学（北京）	20094.2
49	暨南大学	27788.1	84	逢甲大学 *	20020.5
50	华东师范大学	26053.8	85	对外经济贸易大学	19913.5
51	重庆大学	25822.4	86	北京科技大学	19804.7
52	湖南大学	25501.7	87	新疆大学	19596.6
53	云林科技大学 *	25499.8	88	外交学院	19324.3
54	东北大学	25292.6	89	北京林业大学	19294.7
55	东吴大学 *	25271.0	90	台北大学 *	19100.6
56	吉林大学	24822.4	91	中国政法大学	19064.2
57	华南理工大学	24717.1	92	广西大学	19051.6
58	东华大学 *	24451.0	93	高雄医学大学 *	18896.6
59	北京协和医学院	24405.7	94	中央财经大学	18857.5
60	东海大学 *	24299.0	95	武汉理工大学	18714.3
61	台湾科技大学 *	24288.1	96	北京邮电大学	18326.8
62	华东理工大学	23880.1	97	阳明大学 *	17966.1
63	岭南大学 *	23837.9	98	中国人民公安大学	17909.4

续表

排名	中文名称	Wikipedia 传播力指数	排名	中文名称	Wikipedia 传播力指数
99	中原大学 *	17687.4	134	安徽大学	15277.3
100	西安电子科技大学	17639.0	135	北京航空航天大学	15157.9
101	北京化工大学	17636.7	136	华南师范大学	15106.4
102	苏州大学	17548.0	137	贵州大学	15072.5
103	台湾海洋大学 *	17519.9	138	高雄应用科技大学 *	15052.7
104	四川大学	17303.4	139	北京体育大学	14910.7
105	成都理工大学	17089.4	140	首都师范大学	14893.3
106	中国海洋大学	17062.8	141	中央音乐学院	14388.8
107	石河子大学	16789.1	142	广州中医药大学	13916.2
108	北京工业大学	16734.5	143	中国医药大学（台湾）*	13863.3
109	西南大学	16618.3	144	中国石油大学（华东）	13807.4
110	北京理工大学	16485.7	145	大同大学 *	13680.5
111	哈尔滨工程大学	16476.5	146	西南交通大学	13637.7
112	彰化师范大学 *	16475.7	147	第四军医大学	13526.4
113	南京航空航天大学	16444.3	148	东北师范大学	13504.2
114	中南财经政法大学	16433.4	149	宁波大学	13302.6
115	台北医学大学 *	16401.1	150	湖南师范大学	13257.5
116	中国药科大学	16358.8	151	辽宁大学	13160.6
117	河北工业大学	16261.7	152	海南大学	12780.6
118	内蒙古大学	16121.6	153	华中农业大学	12427.7
119	上海财经大学	16022.9	154	长庚大学 *	12319.8
120	西北农林科技大学	16022.1	155	陕西师范大学	12165.8
121	天津医科大学	15938.3	156	第二军医大学	12067.4
122	上海音乐学院	15928.3	157	四川农业大学	11964.0
123	西南财经大学	15928.3	158	西北大学	11918.4
124	中华大学 *	15852.0	159	中国音乐学院	11823.6
125	华北电力大学（保定）	15798.9	160	合肥工业大学	11669.3
126	华北电力大学（北京）	15798.9	161	南京林业大学	11619.0
127	暨南国际大学 *	15798.1	162	中国矿业大学（北京）	11279.5
128	江南大学	15685.4	163	中国矿业大学（徐州）	11279.5
129	河海大学	15619.9	164	亚洲大学 *	11163.7
130	太原理工大学	15582.5	165	东北农业大学	11127.8
131	高雄第一科技大学 *	15461.6	166	延边大学	11045.1
132	东北林业大学	15428.3	167	北京中医药大学	10826.4
133	云南大学	15353.6	168	元智大学 *	10783.3

排名	中文名称	Wikipedia 传播力指数	排名	中文名称	Wikipedia 传播力指数
169	南京中医药大学	10741.8	177	宁夏大学	9045.3
170	长安大学	10686.5	178	福州大学	9023.7
171	西南石油大学	10637.9	179	青海大学	8915.9
172	成都中医药大学	10594.8	180	南京邮电大学	8816.1
173	南京农业大学	10231.2	181	上海体育学院	8182.7
174	上海海洋大学	9880.7	182	天津工业大学	6940.1
175	中国石油大学（北京）	9745.7	183	天津中医药大学	2549.7
176	南京信息工程大学	9403.2	184	上海中医药大学	0

（二）中国内地大学 Wikipedia 传播力指数排名

我国内地大学 Wikipedia 传播力排名前十位依次为北京交通大学、华中科技大学、北京大学、复旦大学、南昌大学、清华大学、浙江大学、南京大学、武汉大学、上海交通大学。4 所大学位于江浙沪地区，北京和中部地区各有 3 所。

内地大学 Wikipedia 传播力指数分布十分显著。高于内地平均分的大学 39 所。排名前三位的大学，北京交通大学、华中科技大学以及北京大学 Wikipedia 的传播力指数均高于 100000，127 所大学传播力指数在 10000～100000，11 所大学传播力指数低于 10000。位于第一、第二名的北京交通大学以及华中科技大学，排名相较于上年进步相对较大，北京交通大学提高了 67 个名次，华中科技大学提高了 9 个名次。

表 1-10 中国内地大学 Wikipedia 传播力指数

排名	中文名称	Wikipedia 传播力指数	排名	中文名称	Wikipedia 传播力指数
1	北京交通大学	153316.2	13	中国科学技术大学	49927.7
2	华中科技大学	145723.8	14	中山大学	48329.7
3	北京大学	100310.5	15	中国传媒大学	39577.4
4	复旦大学	99098.7	16	西安交通大学	36337.9
5	南昌大学	86044.2	17	上海大学	36332.8
6	清华大学	84333.2	18	中国人民大学	35069.7
7	浙江大学	62782.6	19	北京师范大学	34771.1
8	南京大学	57391.9	20	南开大学	32568.3
9	武汉大学	56501.7	21	河南大学	31918.2
10	上海交通大学	53698.6	22	同济大学	31417.4
11	北京外国语大学	53028.3	23	哈尔滨工业大学	31246.4
12	厦门大学	50171.3	24	西北工业大学	30889.2

续表

排名	中文名称	Wikipedia 传播力指数	排名	中文名称	Wikipedia 传播力指数
25	山东大学	30498.2	60	新疆大学	19596.6
26	南京理工大学	30364.3	61	外交学院	19324.3
27	中国地质大学（武汉）	30310.1	62	北京林业大学	19294.7
28	东华大学	30068.5	63	中国政法大学	19064.2
29	东南大学	28495.6	64	广西大学	19051.6
30	中国美术学院	28406.0	65	中央财经大学	18857.5
31	中国科学院大学	28345.4	66	武汉理工大学	18714.3
32	暨南大学	27788.1	67	北京邮电大学	18326.8
33	华东师范大学	26053.8	68	中国人民公安大学	17909.4
34	重庆大学	25822.4	69	西安电子科技大学	17639.0
35	湖南大学	25501.7	70	北京化工大学	17636.7
36	东北大学	25292.6	71	苏州大学	17548.0
37	吉林大学	24822.4	72	四川大学	17303.4
38	华南理工大学	24717.1	73	成都理工大学	17089.4
39	北京协和医学院	24405.7	74	中国海洋大学	17062.8
40	华东理工大学	23880.1	75	石河子大学	16789.1
41	国防科学技术大学	23147.0	76	北京工业大学	16734.5
42	西藏大学	23021.1	77	西南大学	16618.3
43	电子科技大学	22905.7	78	北京理工大学	16485.7
44	中南大学	22452.1	79	哈尔滨工程大学	16476.5
45	中央戏剧学院	21657.5	80	南京航空航天大学	16444.3
46	天津大学	21656.7	81	中南财经政法大学	16433.4
47	华中师范大学	21412.8	82	中国药科大学	16358.8
48	上海外国语大学	21384.7	83	河北工业大学	16261.7
49	中央美术学院	21351.5	84	内蒙古大学	16121.6
50	兰州大学	21204.7	85	上海财经大学	16022.9
51	中国农业大学	20936.8	86	西北农林科技大学	16022.1
52	大连海事大学	20863.0	87	天津医科大学	15938.3
53	郑州大学	20382.0	88	上海音乐学院	15928.3
54	中央民族大学	20189.2	89	西南财经大学	15928.3
55	南京师范大学	20153.1	90	华北电力大学（保定）	15798.9
56	大连理工大学	20139.9	91	华北电力大学（北京）	15798.9
57	中国地质大学（北京）	20094.2	92	江南大学	15685.4
58	对外经济贸易大学	19913.5	93	河海大学	15619.9
59	北京科技大学	19804.7	94	太原理工大学	15582.5

排名	中文名称	Wikipedia 传播力指数	排名	中文名称	Wikipedia 传播力指数
95	东北林业大学	15428.3	119	合肥工业大学	11669.3
96	云南大学	15353.6	120	南京林业大学	11619.0
97	安徽大学	15277.3	121	中国矿业大学（北京）	11279.5
98	北京航空航天大学	15157.9	122	中国矿业大学（徐州）	11279.5
99	华南师范大学	15106.4	123	东北农业大学	11127.8
100	贵州大学	15072.5	124	延边大学	11045.1
101	北京体育大学	14910.7	125	北京中医药大学	10826.4
102	首都师范大学	14893.3	126	南京中医药大学	10741.8
103	中央音乐学院	14388.8	127	长安大学	10686.5
104	广州中医药大学	13916.2	128	西南石油大学	10637.9
105	中国石油大学（华东）	13807.4	129	成都中医药大学	10594.8
106	西南交通大学	13637.7	130	南京农业大学	10231.2
107	第四军医大学	13526.4	131	上海海洋大学	9880.7
108	东北师范大学	13504.2	132	中国石油大学（北京）	9745.7
109	宁波大学	13302.6	133	南京信息工程大学	9403.2
110	湖南师范大学	13257.5	134	宁夏大学	9045.3
111	辽宁大学	13160.6	135	福州大学	9023.7
112	海南大学	12780.6	136	青海大学	8915.9
113	华中农业大学	12427.7	137	南京邮电大学	8816.1
114	陕西师范大学	12165.8	138	上海体育学院	8182.7
115	第二军医大学	12067.4	139	天津工业大学	6940.1
116	四川农业大学	11964.0	140	天津中医药大学	2549.7
117	西北大学	11918.4	141	上海中医药大学	0
118	中国音乐学院	11823.6			

（三）Wikipedia 传播力具体指标分析

Wikipedia 传播力维度包括四个指标，分别是词条完整性、一年内词条被编辑的次数、一年内参与词条编辑的用户数和链接情况。其中，词条完整性包括是否存在词条、官方定义、历史发展、地址、部门结构、外部链接 6 个方面，四个指标权重均为 2.5%，在总传播力指数中占 10%。

1. 对于词条完整性

据统计，146 所大学拥有完整的 6 项词条信息，其中内地大学占比 72.6%。余下 38 所词条信息不完整的大学中，仅 3 所港澳台大学。词条信息中的部门结构方面缺失最为明显，在 24 所大学信息中缺失。其余依次为历史发展、外部链接、官方定义、地址。

2. 对于词条编辑

我国大学最近一年内的平均词条编辑次数为 20 次，平均参与编辑用户 10 人，11 所大学今年未更新信息。从最近一年平均词条编辑次数来看，华中科技大学词条编辑次数最多，达 309 条。此项排名前三位依次为华中科技大学、南昌大学、北京交通大学，均为内地大学，年词条编辑次数均超过 150 条。从词条编辑用户数来看，排名前三位依次为北京交通大学、北京大学、澳门大学，其中北京交通大学一年内词条编辑用户数达 109 人，是唯一一所年词条编辑用户数超过 100 人次的大学。

3. 对于词条链接

平均每所大学有 336 个词条链接。港澳台大学链接平均为 400 条，远高于内地（平均316 条）。北京大学拥有最多词条链接，为 2296 条；其次为香港大学，为 2111 条。词条链接数量排名前十位中有 3 所香港大学、1 所台湾大学、6 所内地大学。词条链接数量排名前十位依次为北京大学、香港大学、清华大学、香港中文大学、台湾大学、复旦大学、上海交通大学、南京大学、浙江大学、香港城市大学。前 7 所大学词条链接数量均超过1000 条。

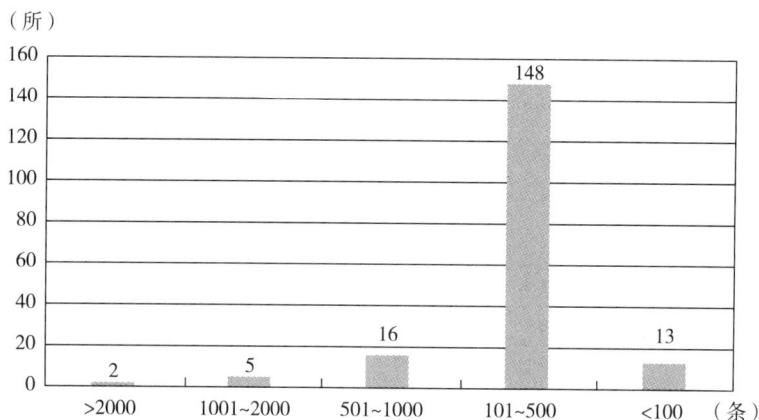

图 1-4　Wikipedia 词条链接数量

表 1-11　中国大学 Wikipedia 传播力 4 项指标具体情况（按 Wikipedia 传播力指数排名）

排名	大学名称	是否存在词条	官方定义	历史发展	地址	部门结构	外部链接	一年内词条被编辑的次数（次）	一年内参与词条编辑的用户数（次）	What link here（条）	Wikipedia传播力指数
1	北京交通大学	1	1	1	1	1	1	179	109	361	153316.2
2	华中科技大学	1	1	1	1	1	1	309	32	405	145723.8
3	北京大学	1	1	1	1	1	1	80	54	2296	100310.5
4	复旦大学	1	1	1	1	1	1	134	43	1124	99098.7
5	香港大学*	1	1	1	1	1	1	70	45	2111	88429.3
6	南昌大学	1	1	1	1	1	1	205	2	253	86044.2

排名	大学名称	是否存在词条	官方定义	历史发展	地址	部门结构	外部链接	一年内词条被编辑的次数（次）	一年内参与词条编辑的用户数（次）	What link here（条）	Wikipedia传播力指数
7	清华大学	1	1	1	1	1	1	70	42	1927	84333.2
8	澳门大学*	1	1	1	1	1	1	90	49	225	78011.3
9	台湾大学*	1	1	1	1	1	1	78	31	1325	72937.7
10	中正大学*	1	1	1	1	1	1	128	21	222	71753.9
11	香港科技大学*	1	1	1	1	1	1	76	38	721	70644.3
12	浙江大学	1	1	1	1	1	1	58	33	911	62782.6
13	香港中文大学*	1	1	1	1	1	1	52	29	1347	62537.1
14	成功大学*	1	1	1	1	1	1	76	31	405	62308.7
15	辅仁大学*	1	1	1	1	1	1	60	36	525	61443.2
16	政治大学*	1	1	1	1	1	1	53	33	701	58743.6
17	南京大学	1	1	1	1	1	1	51	28	968	57391.9
18	武汉大学	1	1	1	1	1	1	69	24	554	56501.7
19	上海交通大学	1	1	1	1	1	1	41	27	1020	53698.6
20	香港理工大学*	1	1	1	1	1	1	54	27	569	53450.9
21	北京外国语大学	1	1	1	1	1	1	67	23	363	53028.3
22	香港城市大学*	1	1	1	1	1	1	42	28	742	51760.4
23	厦门大学	1	1	1	1	1	1	42	30	464	50171.3
24	中国科学技术大学	1	1	1	1	1	1	47	26	538	49927.7
25	中山大学	1	1	1	1	1	1	47	22	651	48329.7
26	中国传媒大学	1	1	1	1	1	1	36	20	332	39577.4
27	交通大学*	1	1	1	1	1	1	40	18	231	38500.2
28	中山大学*	1	1	1	1	1	1	26	22	342	37543.5
29	香港浸会大学*	1	1	1	1	1	1	34	14	593	37456.9
30	西安交通大学	1	1	1	1	1	1	30	17	425	36337.9
31	上海大学	1	1	1	1	1	1	27	18	458	36332.8
32	中国人民大学	1	1	1	1	1	1	21	16	669	35069.7
33	北京师范大学	1	1	1	1	1	1	21	17	576	34771.1
34	台湾师范大学*	1	1	1	1	1	1	24	17	422	34175.7
35	南开大学	1	1	1	1	1	1	21	16	437	32568.3
36	河南大学	1	1	1	1	1	1	25	16	245	31918.2
37	同济大学	1	1	1	1	1	1	24	11	558	31417.4
38	哈尔滨工业大学	1	1	1	1	1	1	21	14	445	31246.4
39	台北科技大学*	1	1	1	1	1	1	29	13	221	30967.1

续表

排名	大学名称	是否存在词条	官方定义	历史发展	地址	部门结构	外部链接	一年内词条被编辑的次数（次）	一年内参与词条编辑的用户数（次）	What link here（条）	Wikipedia传播力指数
40	西北工业大学	1	1	1	1	1	1	28	12	312	30889.2
41	山东大学	1	1	1	1	1	1	17	15	442	30498.2
42	南京理工大学	1	1	1	1	1	1	29	10	361	30364.3
43	中国地质大学（武汉）	1	1	1	1	1	1	23	15	227	30310.1
44	东华大学	1	1	1	1	0	1	26	16	210	30068.5
45	清华大学 *	1	1	1	1	1	1	18	13	405	29046.1
46	东南大学	1	1	1	1	1	1	20	10	484	28495.6
47	中国美术学院	1	1	1	1	1	1	23	13	181	28406.0
48	中国科学院大学	1	1	1	1	1	1	22	14	143	28345.4
49	暨南大学	1	1	1	1	1	1	19	11	386	27788.1
50	华东师范大学	1	1	1	1	1	1	9	9	685	26053.8
51	重庆大学	1	1	1	1	1	1	14	12	303	25822.4
52	湖南大学	1	1	1	1	1	1	21	8	304	25501.7
53	云林科技大学 *	1	1	1	1	0	1	25	10	211	25499.8
54	东北大学	1	1	1	1	1	1	17	9	351	25292.6
55	东吴大学 *	1	1	1	1	1	1	17	9	349	25271.0
56	吉林大学	1	1	1	1	1	1	17	7	438	24822.4
57	华南理工大学	1	1	1	1	1	1	18	8	330	24717.1
58	东华大学 *	1	1	1	1	1	1	23	7	206	24451.0
59	北京协和医学院	1	1	1	1	0	1	18	10	340	24405.7
60	东海大学 *	1	1	1	1	1	1	15	8	390	24299.0
61	台湾科技大学 *	1	1	1	1	1	1	14	11	226	24288.1
62	华东理工大学	1	1	1	1	1	1	12	11	254	23880.1
63	岭南大学 *	1	1	1	1	1	1	12	8	446	23837.9
64	国防科学技术大学	1	1	1	1	1	1	13	8	349	23147.0
65	西藏大学	1	1	1	1	1	1	18	7	238	23021.1
66	电子科技大学	1	1	1	1	1	1	14	7	359	22905.7
67	中央大学 *	1	1	1	1	1	1	9	8	430	22600.4
68	中兴大学 *	1	1	1	1	1	1	19	5	295	22582.5
69	中南大学	1	1	1	1	1	1	15	7	284	22452.1
70	中央戏剧学院	1	1	1	1	1	1	11	7	342	21657.5
71	天津大学	1	1	1	1	1	1	12	7	309	21656.7

排名	大学名称	是否存在词条	官方定义	历史发展	地址	部门结构	外部链接	一年内词条被编辑的次数（次）	一年内参与词条编辑的用户数（次）	What link here（条）	Wikipedia传播力指数
72	台湾淡江大学 *	1	1	1	1	1	1	13	6	322	21447.8
73	华中师范大学	1	1	1	1	1	1	11	8	254	21412.8
74	上海外国语大学	1	1	1	1	1	1	11	6	382	21384.7
75	中央美术学院	1	1	1	1	1	1	12	6	346	21351.5
76	兰州大学	1	1	1	1	1	1	11	7	300	21204.7
77	中国农业大学	1	1	1	1	1	1	9	7	341	20936.8
78	大连海事大学	1	1	1	1	1	1	11	8	203	20863.0
79	郑州大学	1	1	1	1	1	1	11	6	289	20382.0
80	中央民族大学	1	1	1	1	0	1	11	8	310	20189.2
81	南京师范大学	1	1	1	1	1	1	6	4	563	20153.1
82	大连理工大学	1	1	1	1	1	1	13	5	266	20139.9
83	中国地质大学（北京）	1	1	1	1	1	1	11	7	197	20094.2
84	逢甲大学 *	1	1	1	1	1	1	14	5	222	20020.5
85	对外经济贸易大学	1	1	1	1	1	1	13	5	245	19913.5
86	北京科技大学	1	1	1	1	1	1	9	7	236	19804.7
87	新疆大学	1	1	1	1	1	1	9	6	282	19596.6
88	外交学院	1	1	1	1	0	1	14	8	131	19324.3
89	北京林业大学	1	1	1	1	1	1	9	6	254	19294.7
90	台北大学 *	1	1	1	1	1	1	9	6	236	19100.6
91	中国政法大学	1	1	1	1	1	1	10	5	265	19064.2
92	广西大学	1	1	1	1	1	1	7	7	232	19051.6
93	高雄医学大学 *	1	1	1	1	1	1	8	6	250	18896.6
94	中央财经大学	1	1	1	1	1	1	7	7	214	18857.5
95	武汉理工大学	1	1	1	1	1	1	12	4	232	18714.3
96	北京邮电大学	1	1	1	1	1	1	6	6	263	18326.8
97	阳明大学 *	1	1	1	1	1	1	8	5	229	17966.1
98	中国人民公安大学	1	1	1	1	0	1	13	7	98	17909.4
99	中原大学 *	1	1	1	1	1	1	6	5	269	17687.4
100	西安电子科技大学	1	1	1	1	1	0	10	6	237	17639.0
101	北京化工大学	1	1	1	1	1	1	6	6	199	17636.7
102	苏州大学	1	1	1	1	1	1	5	5	289	17548.0
103	台湾海洋大学 *	1	1	1	1	1	1	9	4	220	17519.9

续表

排名	大学名称	是否存在词条	官方定义	历史发展	地址	部门结构	外部链接	一年内词条被编辑的次数（次）	一年内参与词条编辑的用户数（次）	What link here（条）	Wikipedia传播力指数
104	四川大学	1	1	1	1	1	1	6	3	364	17303.4
105	成都理工大学	1	1	1	1	1	1	7	7	50	17089.4
106	中国海洋大学	1	1	1	1	1	1	5	5	244	17062.8
107	石河子大学	1	1	0	1	1	1	13	4	190	16789.1
108	北京工业大学	1	1	1	1	1	1	7	4	213	16734.5
109	西南大学	1	1	1	1	1	1	4	4	301	16618.3
110	北京理工大学	1	1	1	1	1	1	4	3	354	16485.7
111	哈尔滨工程大学	1	1	1	1	1	1	6	4	222	16476.5
112	彰化师范大学*	1	1	1	1	1	1	7	4	189	16475.7
113	南京航空航天大学	1	1	1	1	1	1	7	1	382	16444.3
114	中南财经政法大学	1	1	1	1	1	1	6	4	218	16433.4
115	台北医学大学*	1	1	1	1	1	1	6	4	215	16401.1
116	中国药科大学	1	1	1	1	1	1	5	4	244	16358.8
117	河北工业大学	1	1	1	1	1	1	5	4	235	16261.7
118	内蒙古大学	1	1	1	1	1	1	5	4	222	16121.6
119	上海财经大学	1	1	1	1	1	1	3	3	344	16022.9
120	西北农林科技大学	1	1	1	1	1	1	4	3	311	16022.1
121	天津医科大学	1	1	1	1	1	1	5	4	205	15938.3
122	上海音乐学院	1	1	1	1	1	1	4	4	237	15928.3
123	西南财经大学	1	1	1	1	1	1	4	4	237	15928.3
124	中华大学*	1	1	1	1	1	1	5	4	197	15852.0
125	华北电力大学（保定）	1	1	1	1	1	1	4	4	225	15798.9
126	华北电力大学（北京）	1	1	1	1	1	1	4	4	225	15798.9
127	暨南国际大学*	1	1	1	1	1	1	5	4	192	15798.1
128	江南大学	1	1	1	1	1	1	7	3	181	15685.4
129	河海大学	1	1	1	1	1	1	4	2	339	15619.9
130	太原理工大学	1	1	1	1	1	1	5	4	172	15582.5
131	高雄第一科技大学*	1	1	1	1	1	1	13	2	28	15461.6
132	东北林业大学	1	1	1	1	1	1	5	3	223	15428.3
133	云南大学	1	1	1	1	1	1	4	3	249	15353.6
134	安徽大学	1	1	1	1	1	1	5	3	209	15277.3
135	北京航空航天大学	1	1	1	1	1	1	2	2	362	15157.9

排名	大学名称	是否存在词条	官方定义	历史发展	地址	部门结构	外部链接	一年内词条被编辑的次数（次）	一年内参与词条编辑的用户数（次）	What link here（条）	Wikipedia 传播力指数
136	华南师范大学	1	1	1	1	1	1	3	3	259	15106.4
137	贵州大学	1	1	1	1	1	1	5	3	190	15072.5
138	高雄应用科技大学 *	1	1	1	1	1	1	12	2	23	15052.7
139	北京体育大学	1	1	1	1	1	1	5	3	175	14910.7
140	首都师范大学	1	1	1	1	1	1	4	4	141	14893.3
141	中央音乐学院	1	1	0	1	1	1	4	3	329	14388.8
142	广州中医药大学	1	1	1	1	0	1	11	2	120	13916.2
143	中国医药大学（台湾） *	1	1	1	1	1	1	3	2	209	13863.3
144	中国石油大学（华东）	1	1	1	1	0	1	3	3	308	13807.4
145	大同大学 *	1	1	1	1	1	0	4	4	198	13680.5
146	西南交通大学	1	1	1	1	1	1	2	2	221	13637.7
147	第四军医大学	1	1	1	1	0	1	9	1	215	13526.4
148	东北师范大学	1	1	1	1	1	1	3	1	241	13504.2
149	宁波大学	1	1	1	1	1	1	3	2	157	13302.6
150	湖南师范大学	1	1	0	1	1	1	3	3	257	13257.5
151	辽宁大学	1	1	0	1	1	1	8	1	214	13160.6
152	海南大学	1	1	1	1	0	1	2	2	311	12780.6
153	华中农业大学	1	1	1	1	1	1	1	1	207	12427.7
154	长庚大学 *	1	1	1	1	1	1	1	1	197	12319.8
155	陕西师范大学	1	1	0	0	1	1	4	4	227	12165.8
156	第二军医大学	1	1	1	1	0	1	4	2	179	12067.4
157	四川农业大学	1	1	1	1	1	1	1	1	164	11964.0
158	西北大学	1	1	1	1	1	1	0	0	258	11918.4
159	中国音乐学院	1	1	1	1	0	1	3	3	124	11823.6
160	合肥工业大学	1	1	0	1	1	1	3	2	175	11669.3
161	南京林业大学	1	1	1	1	1	1	1	1	132	11619.0
162	中国矿业大学（北京）	1	1	1	1	1	1	1	1	270	11279.5
163	中国矿业大学（徐州）	1	1	1	1	0	1	1	1	270	11279.5
164	亚洲大学 *	1	1	1	1	1	1	0	0	188	11163.7
165	东北农业大学	1	1	1	1	0	1	2	1	223	11127.8
166	延边大学	1	1	1	1	1	1	0	0	177	11045.1
167	北京中医药大学	1	1	1	0	0	1	3	3	201	10826.4

续表

排名	大学名称	是否存在词条	官方定义	历史发展	地址	部门结构	外部链接	一年内词条被编辑的次数（次）	一年内参与词条编辑的用户数（次）	What link here（条）	Wikipedia传播力指数
168	元智大学 *	1	1	0	1	0	1	3	3	197	10783.3
169	南京中医药大学	1	0	1	1	1	0	5	4	62	10741.8
170	长安大学	1	1	1	1	0	1	1	1	215	10686.5
171	西南石油大学	1	1	1	1	1	1	1	1	41	10637.9
172	成都中医药大学	1	1	1	1	1	1	1	1	37	10594.8
173	南京农业大学	1	1	0	1	1	1	0	0	271	10231.2
174	上海海洋大学	1	1	1	1	1	1	0	0	69	9880.7
175	中国石油大学（北京）	1	1	0	1	0	1	2	2	199	9745.7
176	南京信息工程大学	1	0	0	1	1	1	3	3	69	9403.2
177	宁夏大学	1	1	1	1	1	0	0	0	161	9045.3
178	福州大学	1	1	0	1	1	1	0	0	159	9023.7
179	青海大学	1	0	1	1	1	1	0	0	149	8915.9
180	南京邮电大学	1	1	0	1	1	0	1	1	211	8816.1
181	上海体育学院	1	1	1	1	0	1	0	0	81	8182.7
182	天津工业大学	1	1	0	1	1	1	1	1	37	6940.1
183	天津中医药大学	1	1	0	0	0	0	0	0	67	2549.7
184	上海中医药大学	0	0	0	0	0	0	0	0	0	0

（四）参照分析

将我国大学与海外 8 所参照大学进行对比分析，我国大学 Wikipedia 传播力指数远低于美国大学，但高于日韩 4 所大学。美国参照大学中排名第一的哈佛大学 Wikipedia 传播力指数为 455544.4，是国内排名第一北京交通大学（153316.2）的 3 倍，以及日韩 4 所大学中排名第一东京大学（86531.8）的 5.3 倍。从港澳台大学来看，其 Wikipedia 传播力指数低于国内大学，但高于日韩 4 所大学。

从 Wikipedia 各项指标来看，国内大学与美国 4 所大学之间的差异主要在链接数量上，日韩大学与国内大学主要在编辑情况上存在区别。哈佛大学、耶鲁大学、麻省理工学院以及斯坦福大学链接数量均超过 10000，而国内大学链接最多为北京大学，2296 条，哈佛大学的外部链接数量是北京大学的 13.5 倍。而对于日韩大学，其一年内词条编辑次数和词条编辑用户数也较少，两个指标最高均不过 70，相比之下国内大学一年内词条编辑的次数最高达 309，词条编辑的用户数最高达到 109。

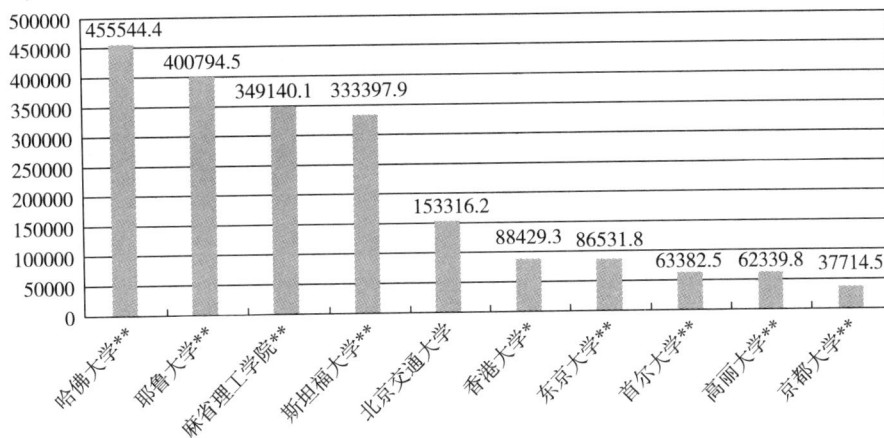

图 1-5 Wikipedia 传播力指数参照分析

六、维度三:Twitter传播力

(一)中国大学 Twitter 传播力指数排名

Twitter 是目前全球使用最为广泛的社交网络之一。对 Twitter 中各大学的测量可评估大学在全球社交网络中的传播影响力度。Twitter 传播力指数由官方主页、关注数量以及发布内容三个指标组成。针对发布内容统计近一年内发文数量、最高转发数量以及最高点赞数量三个因素。搜索方式是在 Twitter 官方页面内输入各大学英文名及简称,筛选官方账号,统计是否有官方认证,关注总数量以及一年内发文情况,最后得出 184 所大学 Twitter 传播力指数。

表 1-12 中国大学 Twitter 传播力指数排名

排名	中文名称	Twitter 传播力指数	排名	中文名称	Twitter 传播力指数
1	清华大学	856318.5	12	湖南大学	25940.6
2	香港理工大学*	389494.8	13	香港中文大学*	25923.7
3	北京大学	276372.8	14	台北医学大学*	21606.0
4	中国美术学院	173748.1	15	香港城市大学*	21286.9
5	北京航空航天大学	140337.4	16	浙江大学	20926.4
6	成功大学*	115061.5	17	对外经济贸易大学	19906.1
7	香港浸会大学*	105342.7	18	上海外国语大学	11652.3
8	岭南大学*	52348.1	19	北京外国语大学	11497.1
9	香港大学*	45588.4	20	中国科学技术大学	8943.4
10	澳门大学*	39814.8	21	陕西师范大学	8160.3
11	华东师范大学	33667.4	22	南京航空航天大学	7561.5

续表

排名	中文名称	Twitter 传播力指数	排名	中文名称	Twitter 传播力指数
23	华中农业大学	7304.5	44	合肥工业大学	39.0
24	石河子大学	6620.8	45	华南理工大学	34.7
25	宁波大学	3642.7	46	上海大学	34.2
26	武汉大学	3104.6	47	云林科技大学 *	33.6
27	福州大学	2615.8	48	中国人民大学	32.5
28	中国海洋大学	2332.0	49	暨南大学	25.5
29	山东大学	2200.9	50	河南大学	19.0
30	中央美术学院	1418.0	51	重庆大学	19.0
31	亚洲大学 *	1206.8	52	河海大学	17.9
32	复旦大学	1077.2	53	南开大学	15.7
33	香港科技大学 *	1023.0	54	华中师范大学	14.6
34	辽宁大学	961.8	55	中山大学	14.6
35	上海交通大学	434.8	56	同济大学	14.1
36	西安交通大学	364.9	57	西南交通大学	8.1
37	南京大学	135.5	58	天津大学	6.5
38	四川大学	119.8	59	哈尔滨工业大学	6.0
39	吉林大学	67.2	60	华南师范大学	6.0
40	北京师范大学	66.7	61	东南大学	3.3
41	西安电子科技大学	60.7	62	南京理工大学	3.3
42	中国传媒大学	49.3	63	暨南国际大学 *	2.7
43	上海财经大学	43.4	64	大同大学 *	0.5

注：未列出学校指数为0。

据统计，不同大学之间 Twitter 传播力指数差距十分显著，仅有 19 所大学指数高于 10000，120 所大学指数均为 0。我国大学 Twitter 传播力总体平均指数为 13297.3，仅有 9.2% 的大学高于此。

我国大学 Twitter 传播力指数排名前十位依次为清华大学、香港理工大学、北京大学、中国美术学院、北京航空航天大学、成功大学、香港浸会大学、岭南大学、香港大学、澳门大学。其中 4 所内地大学，其余均为港澳台大学。排名最高为清华大学，传播力指数达 856318.5。

（二）中国内地大学 Twitter 传播力指数排名

我国内地 Twitter 传播力排名前十位的大学依次为清华大学、北京大学、中国美术学院、北京航空航天大学、华东师范大学、湖南大学、浙江大学、对外经济贸易大学、上海外国语大学、北京外国语大学。其中 5 所大学位于北京、4 所大学位于江浙沪地区、1 所大学位于中部地区。

内地大学 Twitter 传播力指数平均为 11545.9,大学之间存在明显差异。清华大学位列首位,传播力指数为 856318.5。91 所大学无 Twitter 账号。在 141 所内地大学中,仅 9 所大学高于内地大学 Twitter 传播力指数平均值。

表 1–13 内地大学 Twitter 传播力指数排名

排名	中文名称	Twitter 传播力指数	排名	中文名称	Twitter 传播力指数
1	清华大学	856318.5	26	南京大学	135.5
2	北京大学	276372.8	27	四川大学	119.8
3	中国美术学院	173748.1	28	吉林大学	67.2
4	北京航空航天大学	140337.4	29	北京师范大学	66.7
5	华东师范大学	33667.4	30	西安电子科技大学	60.7
6	湖南大学	25940.6	31	中国传媒大学	49.3
7	浙江大学	20926.4	32	上海财经大学	43.4
8	对外经济贸易大学	19906.1	33	合肥工业大学	39.0
9	上海外国语大学	11652.3	34	华南理工大学	34.7
10	北京外国语大学	11497.1	35	上海大学	34.2
11	中国科学技术大学	8943.4	36	中国人民大学	32.5
12	陕西师范大学	8160.3	37	暨南大学	25.5
13	南京航空航天大学	7561.5	38	河南大学	19.0
14	华中农业大学	7304.5	39	重庆大学	19.0
15	石河子大学	6620.8	40	河海大学	17.9
16	宁波大学	3642.7	41	南开大学	15.7
17	武汉大学	3104.6	42	华中师范大学	14.6
18	福州大学	2615.8	43	中山大学	14.6
19	中国海洋大学	2332.0	44	同济大学	14.1
20	山东大学	2200.9	45	西南交通大学	8.1
21	中央美术学院	1418.0	46	天津大学	6.5
22	复旦大学	1077.2	47	哈尔滨工业大学	6.0
23	辽宁大学	961.8	48	华南师范大学	6.0
24	上海交通大学	434.8	49	东南大学	3.3
25	西安交通大学	364.9	50	南京理工大学	3.3

(三)Twitter 传播力具体指标分析

Twitter 传播力包括官方主页、关注数量以及发布内容三个指标,权重占总体传播力的15%。官方主页统计各大学主页是否获得 Twitter 官方认证,权重为 1.0%。关注数量是关注该大学 Twitter 账号的粉丝数量，权重为 3.5%。发布内容统计一年内发布的内容数量、一年内最高转发量和一年内最多评论数，每项权重分别为 3.5%。

1. 从是否有官方认证账号来看

国内仅有北京大学、清华大学、中国美术学院和香港理工大学 4 所大学有官方认证账号，60 所大学拥有非官方认证大学账号，78.3% 为内地大学，120 所大学没有 Twitter 账号。由此可见，国内大学整体 Twitter 建设水平均较低。

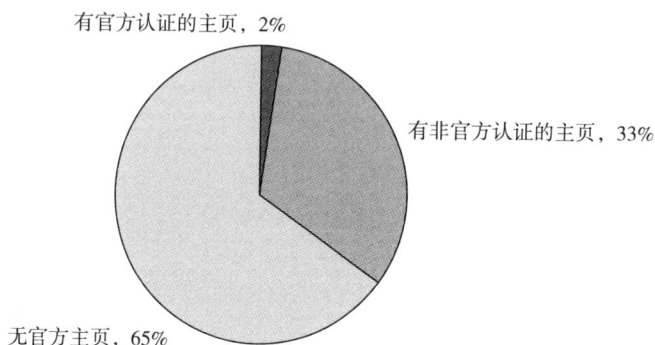

图 1-6 Twitter 官方认证主页比例

2. 从粉丝数量来看

各大学之间差异较大。最高为清华大学，共有 834000 位关注者。港澳台大学粉丝数量最多的为香港理工大学，共有 13600 位关注者。大学账号粉丝数量越多，大学之间差距越大，粉丝数量低于 1000 的各大学之间差距更小。

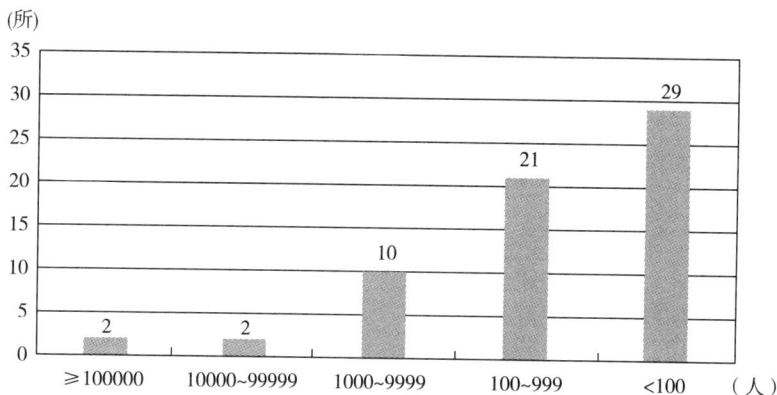

图 1-7 有 Twitter 主页的大学关注者数量分布

3. 从一年内发布的内容数量来看

国内大学 Twitter 内容运营最活跃的是香港理工大学和清华大学。香港理工大学年发布的内容数量最多并获得最多转发量。7 所大学年发布的内容数量高于 100，其中 3 所内地大学分别是清华大学、北京大学以及中国美术学院，其余均为港澳台大学：香港理工大学、香港浸会大学、成功大学以及岭南大学。64 所拥有主页的大学中，34 所大学一年内未发布内容，表明大学海外传播力在 Twitter 平台建设不足。

4. 从一年内最高转发量来看

仅有香港理工大学与清华大学两所大学年发布内容被转发次数最高超过 100 条，分别为 162 条和 121 条，仅有北京航空航天大学、成功大学、北京大学、中国美术学院 4 所大学最高转发量达到两位数。

5. 从一年内最多评论数来看

清华大学得到最多评论，达 1100 条，排名第一位。评论数超过 100 条的大学共 6 所，包含 4 所内地大学。评论量与转发量均超过 100 条的只有清华大学、香港理工大学两所大学。

表 1–14　Twitter 传播力五项指标具体情况（按 Twitter 传播力指数排名）

排名	中文名称	是否有官方认证账号	粉丝数量（人）	一年发布的内容数量（条）	一年内最高转发量（条）	一年内最多评论数（次）	Twitter 传播力指数
1	清华大学	1	834000	237	121	1100	856318.5
2	香港理工大学 *	1	13600	373	162	441	389494.8
3	北京大学	1	119000	221	31	176	276372.8
4	中国美术学院	1	7850	133	16	212	173748.1
5	北京航空航天大学	0	16900	61	44	528	140337.4
6	成功大学 *	0	2032	109	39	289	115061.5
7	香港浸会大学 *	0	835	217	3	7	105342.7
8	岭南大学 *	0	288	105	2	11	52348.1
9	香港大学 *	0	9432	68	4	42	45588.4
10	澳门大学 *	0	331	81	1	6	39814.8
11	华东师范大学	0	531	62	4	15	33667.4
12	湖南大学	0	158	48	7	1	25940.6
13	香港中文大学 *	0	2648	43	2	21	25923.7
14	台北医学大学 *	0	142	44	1	2	21606.0
15	香港城市大学 *	0	2885	34	3	15	21286.9
16	浙江大学	0	1072	36	7	2	20926.4
17	对外经济贸易大学	0	200	40	1	3	19906.1
18	上海外国语大学	0	799	18	3	9	11652.3
19	北京外国语大学	0	148	19	2	10	11497.1
20	中国科学技术大学	0	1469	16	1	1	8943.4
21	陕西师范大学	0	20	14	1	7	8160.3
22	南京航空航天大学	0	369	13	1	5	7561.5
23	华中农业大学	0	33	7	3	17	7304.5

排名	中文名称	是否有官方认证账号	粉丝数量（人）	一年发布的内容数量（条）	一年内最高转发量（条）	一年内最多评论数（次）	Twitter 传播力指数
24	石河子大学	0	16	14	0	0	6620.8
25	宁波大学	0	110	5	1	5	3642.7
26	武汉大学	0	931	1	2	8	3104.6
27	福州大学	0	34	3	2	2	2615.8
28	中国海洋大学	0	17	3	1	3	2332.0
29	山东大学	0	575	4	0	0	2200.9
30	中央美术学院	0	2	3	0	0	1418.0
31	亚洲大学＊	0	2226	0	0	0	1206.8
32	复旦大学	0	1987	0	0	0	1077.2
33	香港科技大学＊	0	1887	0	0	0	1023.0
34	辽宁大学	0	103	0	1	3	961.8
35	上海交通大学	0	802	0	0	0	434.8
36	西安交通大学	0	673	0	0	0	364.9
37	南京大学	0	250	0	0	0	135.5
38	四川大学	0	221	0	0	0	119.8
39	吉林大学	0	124	0	0	0	67.2
40	北京师范大学	0	123	0	0	0	66.7
41	西安电子科技大学	0	112	0	0	0	60.7
42	中国传媒大学	0	91	0	0	0	49.3
43	上海财经大学	0	80	0	0	0	43.4
44	合肥工业大学	0	72	0	0	0	39.0
45	华南理工大学	0	64	0	0	0	34.7
46	上海大学	0	63	0	0	0	34.2
47	云林科技大学＊	0	62	0	0	0	33.6
48	中国人民大学	0	60	0	0	0	32.5
49	暨南大学	0	47	0	0	0	25.5
50	河南大学	0	35	0	0	0	19.0
51	重庆大学	0	35	0	0	0	19.0
52	河海大学	0	33	0	0	0	17.9
53	南开大学	0	29	0	0	0	15.7
54	华中师范大学	0	27	0	0	0	14.6
55	中山大学	0	27	0	0	0	14.6
56	同济大学	0	26	0	0	0	14.1
57	西南交通大学	0	15	0	0	0	8.1
58	天津大学	0	12	0	0	0	6.5
59	哈尔滨工业大学	0	11	0	0	0	6.0

续表

排名	中文名称	是否有官方认证账号	粉丝数量（人）	一年发布的内容数量（条）	一年内最高转发量（条）	一年内最多评论数（次）	Twitter 传播力指数
60	华南师范大学	0	11	0	0	0	6.0
61	东南大学	0	6	0	0	0	3.3
62	南京理工大学	0	6	0	0	0	3.3
63	暨南国际大学*	0	5	0	0	0	2.7
64	大同大学*	0	1	0	0	0	0.5

（四）参照分析

我国大学 Twitter 传播力维度排名前四位依次为清华大学、香港理工大学、北京大学、中国美术学院，指数远高于日韩 4 所大学，与美国 4 所大学存在一定差距。

与日韩 4 所大学相比，我国大学 Twitter 建设有一定成效，特别是相较于韩国大学。目前 2 所韩国大学均无官方认证账号，且一年内 Twitter 内容运营频率较低，发布的内容数量均为个位数。日韩 4 所大学中 Twitter 传播力指数最高为京都大学，达 158071，是中国美术学院传播力指数的 0.9。

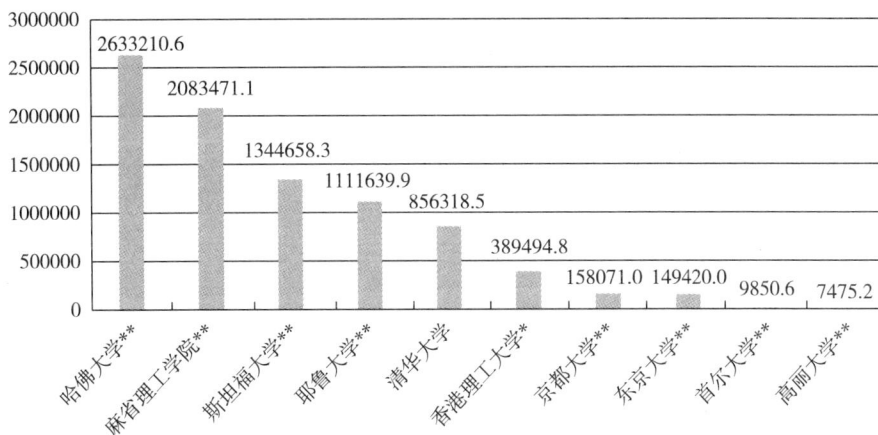

图 1-8　Twitter 传播力指数参照分析

与美国 4 所大学对比，我国大学 Twitter 传播力建设明显不足。美国 4 所大学 Twitter 传播力指数均超过 1000000，该维度下我国排名第一位的清华大学指数为 856318.5。从详细统计指标来看，美国 4 所大学均有 Twitter 官方认证账号，关注者均超过 10 万人，其中麻省理工学院关注者超过 100 万人，是清华大学的 1.2 倍。4 所大学年发布的内容数量均超过 100 条，哈佛大学年发布的内容数量为 988 条，平均日发布 3 条，而在中国大学中，发布的内容数量最高者为香港理工大学，日均发布 1 条，内容发布频率远低于美国大学。

美国 4 所大学在转发数量上均超过 500 次,而中国大学最高转发量为香港理工大学,达 162 次。在最多评论数上,美国 4 所大学均超过 1000,最高者为哈佛大学,达 4085 次,是清华大学的 4 倍。

相比于美国大学,中国大学 Twitter 平台传播力建设仍处于薄弱项,无论是在粉丝管理,还是在内容运营上,中国大学仍有较大的提升空间。

七、维度四:Facebook传播力

(一) 中国大学 Facebook 传播力指数排名

新浪财经数据显示,2019 年 Facebook 月度活跃用户达 23.8 亿人次,日活跃用户达 15.6 亿人次,其用户数量仍在持续增长。作为全球用户量最大的社交软件,Facebook 成为大学信息传播的重要战场,是衡量大学海外传播力的必要指标。通过在 Facebook 官网上精准搜索各大学英文名称和英文简称,筛选确定大学 Facebook 账号。在大学 Facebook 主页中采集 4 个方面的数据分别是:是否拥有官方认证账号、好友数量、一年内发布的内容数量、一年内最高赞数。最终获得 184 所大学 Facebook 传播力指数排名。

我国大学 Facebook 维度排名前十位依次为北京大学、东海大学、台北医学大学、台湾师范大学、清华大学、南京航空航天大学、台北大学、澳门大学、中国美术学院、阳明大学,包含 4 所内地大学、5 所台湾大学以及 1 所澳门大学。

在中国大学中,共计 20 所大学 Facebook 账号拥有官方认证,相较上年增长了 285.7%,分别是清华大学、北京大学、浙江大学、澳门大学、东海大学、成功大学、交通大学、台北大学、台北科技大学、台湾科技大学、台湾师范大学、阳明大学、政治大学、中兴大学、中央大学、香港大学、香港理工大学、香港浸会大学、香港科技大学、香港城市大学。大学平均粉丝数为 16877。

表 1 - 15　中国大学 Facebook 传播力指数排名

排名	中文名称	Facebook 传播力指数	排名	中文名称	Facebook 传播力指数
1	北京大学	530844.0	7	台北大学 *	313596.8
2	东海大学 *	481191.7	8	澳门大学 *	243110.9
3	台北医学大学 *	418453.4	9	中国美术学院	239695.1
4	台湾师范大学 *	415609.8	10	阳明大学 *	221835.9
5	清华大学	410640.4	11	成功大学 *	187069.6
6	南京航空航天大学	334423.5	12	天津大学	179895.7

排名	中文名称	Facebook 传播力指数	排名	中文名称	Facebook 传播力指数
13	交通大学*	173157.4	48	郑州大学	3501.8
14	香港大学*	161647.5	49	东华大学	3455.2
15	云林科技大学*	157812.6	50	哈尔滨工业大学	3336.2
16	政治大学*	154225.1	51	南京中医药大学	3092.9
17	北京师范大学	139769.6	52	西安交通大学	2959.0
18	中央大学*	136366.0	53	中国石油大学（华东）	2826.9
19	清华大学*	135237.6	54	中国人民大学	2687.6
20	中山大学*	122120.4	55	南昌大学	2468.3
21	中兴大学*	120555.6	56	广西大学	2380.8
22	岭南大学*	107430.1	57	南京信息工程大学	2081.2
23	香港理工大学*	106158.8	58	湖南大学	1977.7
24	浙江大学	102765.5	59	东南大学	1974.6
25	香港科技大学*	92991.5	60	陕西师范大学	1923.5
26	东华大学*	90012.9	61	高雄医学大学*	1895.6
27	大同大学*	83426.7	62	南京农业大学	1863.3
28	台湾科技大学*	74716.9	63	武汉大学	1834.7
29	香港城市大学*	62752.2	64	中国医药大学（台湾）*	1809.7
30	香港浸会大学*	58098.6	65	云南大学	1773.1
31	北京航空航天大学	53834.6	66	北京科技大学	1695.6
32	台北科技大学*	46341.2	67	大连海事大学	1614.5
33	上海交通大学	33579.7	68	华东理工大学	1521.0
34	成都中医药大学	28536.7	69	河北工业大学	1500.6
35	电子科技大学	24325.0	70	辽宁大学	1406.1
36	中央美术学院	14094.7	71	重庆大学	1325.3
37	华中科技大学	12579.2	72	暨南大学	1202.5
38	大连理工大学	11456.7	73	天津医科大学	1190.5
39	石河子大学	10304.0	74	中原大学*	1117.2
40	上海中医药大学	6727.4	75	南京邮电大学	1109.0
41	中国矿业大学（徐州）	5870.1	76	西安电子科技大学	1020.5
42	天津中医药大学	5225.8	77	四川大学	996.3
43	亚洲大学*	5123.4	78	苏州大学	995.4
44	中国科学院大学	3961.0	79	中正大学*	933.5
45	元智大学*	3873.8	80	台湾淡江大学*	873.4
46	湖南师范大学	3650.3	81	山东大学	868.6
47	南开大学	3502.4	82	华中农业大学	819.1

续表

排名	中文名称	Facebook 传播力指数	排名	中文名称	Facebook 传播力指数
83	中国科学技术大学	734.6	118	兰州大学	98.2
84	北京中医药大学	687.3	119	北京交通大学	97.7
85	南京大学	593.0	120	华南师范大学	87.4
86	宁夏大学	562.8	121	四川农业大学	86.0
87	东北大学	554.8	122	北京化工大学	84.0
88	中国地质大学（北京）	551.1	123	中南大学	82.1
89	哈尔滨工程大学	540.5	124	上海海洋大学	75.7
90	成都理工大学	537.9	125	北京工业大学	74.2
91	华北电力大学（保定）	526.3	126	延边大学	69.6
92	北京理工大学	519.5	127	南京师范大学	61.2
93	上海大学	497.8	128	华中师范大学	53.4
94	河海大学	399.8	129	贵州大学	51.4
95	江南大学	374.0	130	西北大学	48.0
96	中山大学	364.7	131	北京外国语大学	47.3
97	西北工业大学	363.0	132	新疆大学	47.0
98	南京理工大学	362.7	133	北京邮电大学	43.1
99	暨南国际大学 *	324.8	134	辅仁大学 *	38.9
100	福州大学	320.7	135	西南交通大学	38.2
101	中国矿业大学（北京）	311.1	136	北京体育大学	38.0
102	华北电力大学（北京）	282.7	137	外交学院	37.2
103	东北农业大学	278.3	138	内蒙古大学	35.3
104	北京林业大学	244.2	139	中国传媒大学	35.3
105	上海外国语大学	232.2	140	中央音乐学院	34.3
106	台湾大学 *	216.8	141	中国药科大学	33.1
107	天津工业大学	199.6	142	复旦大学	31.4
108	中国海洋大学	184.7	143	安徽大学	30.1
109	武汉理工大学	167.8	144	华东师范大学	28.9
110	宁波大学	160.4	145	东吴大学 *	27.9
111	同济大学	135.9	146	中国石油大学（北京）	27.2
112	华南理工大学	131.8	147	中南财经政法大学	25.2
113	北京协和医学院	131.3	148	台湾海洋大学 *	25.0
114	西南石油大学	127.6	149	合肥工业大学	24.5
115	河南大学	126.4	150	长安大学	21.1
116	吉林大学	123.7	151	西南财经大学	20.3
117	中国农业大学	112.2	152	首都师范大学	19.8

排名	中文名称	Facebook 传播力指数	排名	中文名称	Facebook 传播力指数
153	太原理工大学	19.1	165	南京林业大学	10.5
154	中国地质大学（武汉）	18.4	166	逢甲大学 *	8.8
155	中国政法大学	17.9	167	香港中文大学 *	6.9
156	东北师范大学	16.4	168	广州中医药大学	5.6
157	中央民族大学	15.4	169	中华大学 *	5.6
158	厦门大学	14.7	170	彰化师范大学 *	4.2
159	西北农林科技大学	13.7	171	长庚大学 *	4.2
160	高雄第一科技大学 *	13.7	172	中央戏剧学院	3.7
161	高雄应用科技大学 *	12.7	173	西藏大学	2.7
162	对外经济贸易大学	12.2	174	西南大学	2.0
163	上海财经大学	11.3	175	中央财经大学	1.5
164	上海音乐学院	11.0			

（二）中国内地大学 Facebook 传播力指数排名

我国内地大学 Facebook 传播力排名前十位的大学依次为北京大学、清华大学、南京航空航天大学、中国美术学院、天津大学、北京师范大学、浙江大学、北京航空航天大学、上海交通大学、成都中医药大学。10 所大学传播力指数差距较大，极差为 502307.3。

内地大学 Facebook 传播力平均指数为 15789.3，在平均分之上的大学占比 7.8%。指数在 10000 以上的大学共 15 所，占比 10.6%，指数在 1000～10000 的大学共 32 所，占比 22.7%。

表 1-16　内地大学 Facebook 传播力指数排名

排名	中文名称	Facebook 传播力指数	排名	中文名称	Facebook 传播力指数
1	北京大学	530844.0	10	成都中医药大学	28536.7
2	清华大学	410640.4	11	电子科技大学	24325.0
3	南京航空航天大学	334423.5	12	中央美术学院	14094.7
4	中国美术学院	239695.1	13	华中科技大学	12579.2
5	天津大学	179895.7	14	大连理工大学	11456.7
6	北京师范大学	139769.6	15	石河子大学	10304.0
7	浙江大学	102765.5	16	上海中医药大学	6727.4
8	北京航空航天大学	53834.6	17	中国矿业大学（徐州）	5870.1
9	上海交通大学	33579.7	18	天津中医药大学	5225.8

排名	中文名称	Facebook 传播力指数	排名	中文名称	Facebook 传播力指数
19	中国科学院大学	3961.0	54	南京大学	593.0
20	湖南师范大学	3650.3	55	宁夏大学	562.8
21	南开大学	3502.4	56	东北大学	554.8
22	郑州大学	3501.8	57	中国地质大学（北京）	551.1
23	东华大学	3455.2	58	哈尔滨工程大学	540.5
24	哈尔滨工业大学	3336.2	59	成都理工大学	537.9
25	南京中医药大学	3092.9	60	华北电力大学（保定）	526.3
26	西安交通大学	2959.0	61	北京理工大学	519.5
27	中国石油大学（华东）	2826.9	62	上海大学	497.8
28	中国人民大学	2687.6	63	河海大学	399.8
29	南昌大学	2468.3	64	江南大学	374.0
30	广西大学	2380.8	65	中山大学	364.7
31	南京信息工程大学	2081.2	66	西北工业大学	363.0
32	湖南大学	1977.7	67	南京理工大学	362.7
33	东南大学	1974.6	68	福州大学	320.7
34	陕西师范大学	1923.5	69	中国矿业大学（北京）	311.1
35	南京农业大学	1863.3	70	华北电力大学（北京）	282.7
36	武汉大学	1834.7	71	东北农业大学	278.3
37	云南大学	1773.1	72	北京林业大学	244.2
38	北京科技大学	1695.6	73	上海外国语大学	232.2
39	大连海事大学	1614.5	74	天津工业大学	199.6
40	华东理工大学	1521.0	75	中国海洋大学	184.7
41	河北工业大学	1500.6	76	武汉理工大学	167.8
42	辽宁大学	1406.1	77	宁波大学	160.4
43	重庆大学	1325.3	78	同济大学	135.9
44	暨南大学	1202.5	79	华南理工大学	131.8
45	天津医科大学	1190.5	80	北京协和医学院	131.3
46	南京邮电大学	1109.0	81	西南石油大学	127.6
47	西安电子科技大学	1020.5	82	河南大学	126.4
48	四川大学	996.3	83	吉林大学	123.7
49	苏州大学	995.4	84	中国农业大学	112.2
50	山东大学	868.6	85	兰州大学	98.2
51	华中农业大学	819.1	86	北京交通大学	97.7
52	中国科学技术大学	734.6	87	华南师范大学	87.4
53	北京中医药大学	687.3	88	四川农业大学	86.0

排名	中文名称	Facebook 传播力指数	排名	中文名称	Facebook 传播力指数
89	北京化工大学	84.0	111	中国石油大学（北京）	27.2
90	中南大学	82.1	112	中南财经政法大学	25.2
91	上海海洋大学	75.7	113	合肥工业大学	24.5
92	北京工业大学	74.2	114	长安大学	21.1
93	延边大学	69.6	115	西南财经大学	20.3
94	南京师范大学	61.2	116	首都师范大学	19.8
95	华中师范大学	53.4	117	太原理工大学	19.1
96	贵州大学	51.4	118	中国地质大学（武汉）	18.4
97	西北大学	48.0	119	中国政法大学	17.9
98	北京外国语大学	47.3	120	东北师范大学	16.4
99	新疆大学	47.0	121	中央民族大学	15.4
100	北京邮电大学	43.1	122	厦门大学	14.7
101	西南交通大学	38.2	123	西北农林科技大学	13.7
102	北京体育大学	38.0	124	对外经济贸易大学	12.2
103	外交学院	37.2	125	上海财经大学	11.3
104	内蒙古大学	35.3	126	上海音乐学院	11.0
105	中国传媒大学	35.3	127	南京林业大学	10.5
106	中央音乐学院	34.3	128	广州中医药大学	5.6
107	中国药科大学	33.1	129	中央戏剧学院	3.7
108	复旦大学	31.4	130	西藏大学	2.7
109	安徽大学	30.1	131	西南大学	2.0
110	华东师范大学	28.9	132	中央财经大学	1.5

（三）Facebook 传播力具体指标分析

Facebook 维度衡量大学传播力的指标为：是否有官方认证账号、好友数量、一年内发布的内容数量、一年内最高赞数。4 项指标在传播力测量中共占 15% 的比重。

1. 是否有官方认证账号

我国共有 20 所大学 Facebook 账号获官方认证，分别是北京大学、东海大学、台湾师范大学、清华大学、台北大学、澳门大学、阳明大学、成功大学、交通大学、香港大学、政治大学、中央大学、中兴大学、香港理工大学、浙江大学、香港科技大学、台湾科技大学、香港城市大学、香港浸会大学、台北科技大学，包含北京大学、清华大学、浙江大学 3 所内地大学，17 所港澳台大学。相较上年，官方认证账号增加约 285.7%。

2. 好友数量

国内大学账号平均好友数量为 16877。好友数量超过均值的大学共 21 所，占比约

11.4%。在 21 所大学中，6 所内地大学、15 所港澳台大学。本项指标中排名前十位的中国大学依次为北京大学、清华大学、南京航空航天大学、北京航空航天大学、台湾师范大学、天津大学、香港理工大学、中国美术学院、香港科技大学、东海大学。好友数量在 100000 人以上（包括 100000）的大学共 6 所，约占总体的 3.3%。好友数量在 10000 ~ 100000 人次的大学共 17 所，约占总体的 9.2%。好友数量在 1000 ~ 10000 人的大学共 42 所，约占总体的 22.8%。

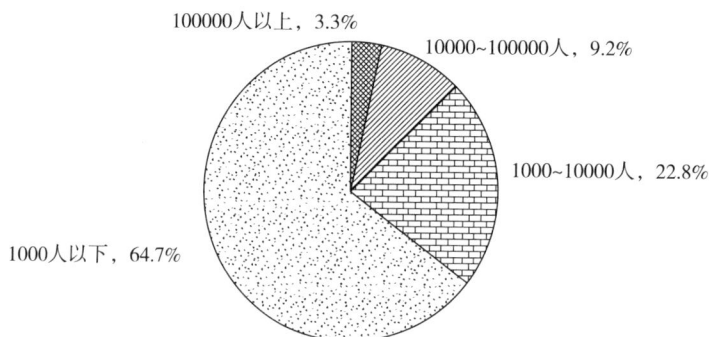

图 1 - 9　中国大学 Facebook 账号粉丝量分布

3. 一年内发布的内容数量

我国大学年均发布内容 62 条，发布的内容数量在平均数以上的大学共 31 所，约占 16.8%，其中 9 所内地大学、22 所港澳台大学。本项指标中排名前十位大学依次为澳门大学、台北大学、台北医学大学、北京师范大学、香港大学、清华大学、云林科技大学、交通大学、北京大学、台湾师范大学。包含北京师范大学、清华大学、北京大学 3 所内地大学，7 所港澳台大学。

4. 一年内最高赞数

我国大学一年内最高赞数平均为 348 次，最高赞数在平均值以上的大学共 25 所，约占 13.6%。内容获赞数排名前十位的大学分别为东海大学、南京航空航天大学、台湾师范大学、台北医学大学、中国美术学院、阳明大学、清华大学、台北大学、天津大学、北京大学。10 所大学中包含 5 所内地大学、5 所台湾大学。最高赞数差距较大，排名前四位最高赞数均位于 6000 以上，其余位于 4000 以内。

表 1 - 17　Facebook 传播力四项指标具体情况（按 Facebook 传播力指数排名）

排名	中文名称	是否有官方认证账号	好友数量（人）	一年内发布的内容数量（条）	一年内最高赞数（次）	Facebook 传播力指数
1	北京大学	1	1153893	515	2612	530844.0
2	东海大学 *	1	72100	345	8902	481191.7
3	台北医学大学 *	0	8453	760	6022	418453.4

续表

排名	中文名称	是否有官方认证账号	好友数量（人）	一年内发布的内容数量（条）	一年内最高赞数（次）	Facebook传播力指数
4	台湾师范大学 *	1	101514	434	6598	415609.8
5	清华大学	1	582094	527	3036	410640.4
6	南京航空航天大学	0	222199	39	6712	334423.5
7	台北大学 *	1	28145	761	2673	313596.8
8	澳门大学 *	1	17336	843	531	243110.9
9	中国美术学院	0	83855	301	3728	239695.1
10	阳明大学 *	1	2116	266	3351	221835.9
11	成功大学 *	1	32985	238	2461	187069.6
12	天津大学	0	100783	218	2613	179895.7
13	交通大学 *	1	12199	517	669	173157.4
14	香港大学 *	1	29658	536	171	161647.5
15	云林科技大学 *	0	18534	518	873	157812.6
16	政治大学 *	1	34992	250	1568	154225.1
17	北京师范大学	0	423	576	209	139769.6
18	中央大学 *	1	9017	324	866	136366.0
19	清华大学 *	0	24599	342	1270	135237.6
20	中山大学 *	0	7059	432	544	122120.4
21	中兴大学 *	1	20949	215	1017	120555.6
22	岭南大学 *	0	6188	208	1449	107430.1
23	香港理工大学 *	1	84809	128	764	106158.8
24	浙江大学	1	6574	288	252	102765.5
25	香港科技大学 *	1	75653	196	110	92991.5
26	东华大学 *	0	17162	224	861	90012.9
27	大同大学 *	0	8386	243	644	83426.7
28	台湾科技大学 *	1	22679	127	368	74716.9
29	香港城市大学 *	1	28839	73	339	62752.2
30	香港浸会大学 *	1	9671	34	560	58098.6
31	北京航空航天大学	0	122734	82	126	53834.6
32	台北科技大学 *	1	4262	32	313	46341.2
33	上海交通大学	0	2889	120	137	33579.7
34	成都中医药大学	0	783	123	8	28536.7
35	电子科技大学	0	8306	56	236	24325.0
36	中央美术学院	0	2417	52	41	14094.7
37	华中科技大学	0	9832	20	139	12579.2

排名	中文名称	是否有官方认证账号	好友数量（人）	一年内发布的内容数量（条）	一年内最高赞数（次）	Facebook传播力指数
38	大连理工大学	0	5170	27	100	11456.7
39	石河子大学	0	10945	23	59	10304.0
40	上海中医药大学	0	816	15	77	6727.4
41	中国矿业大学（徐州）	0	159	24	9	5870.1
42	天津中医药大学	0	1137	7	83	5225.8
43	亚洲大学 *	0	712	18	21	5123.4
44	中国科学院大学	0	5195	4	44	3961.0
45	元智大学 *	0	109	16	5	3873.8
46	湖南师范大学	0	1090	9	33	3650.3
47	南开大学	0	275	11	23	3502.4
48	郑州大学	0	932	11	19	3501.8
49	东华大学	0	788	9	30	3455.2
50	哈尔滨工业大学	0	3706	8	15	3336.2
51	南京中医药大学	0	239	8	30	3092.9
52	西安交通大学	0	1836	8	17	2959.0
53	中国石油大学（华东）	0	5169	1	33	2826.9
54	中国人民大学	0	504	7	24	2687.6
55	南昌大学	0	3883	4	15	2468.3
56	广西大学	0	617	5	27	2380.8
57	南京信息工程大学	0	891	8	1	2081.2
58	湖南大学	0	904	7	4	1977.7
59	东南大学	0	2138	3	19	1974.6
60	陕西师范大学	0	953	6	8	1923.5
61	高雄医学大学 *	0	615	5	15	1895.6
62	南京农业大学	0	1789	2	24	1863.3
63	武汉大学	0	7490	0	0	1834.7
64	中国医药大学（台湾） *	0	1148	6	4	1809.7
65	云南大学	0	867	1	33	1773.1
66	北京科技大学	0	6922	0	0	1695.6
67	大连海事大学	0	846	6	1	1614.5
68	华东理工大学	0	464	6	1	1521.0
69	河北工业大学	0	757	4	10	1500.6
70	辽宁大学	0	925	5	1	1406.1
71	重庆大学	0	1466	3	7	1325.3

续表

排名	中文名称	是否有官方认证账号	好友数量（人）	一年内发布的内容数量（条）	一年内最高赞数（次）	Facebook传播力指数
72	暨南大学	0	4909	0	0	1202.5
73	天津医科大学	0	975	4	1	1190.5
74	中原大学 *	0	3	1	22	1117.2
75	南京邮电大学	0	418	3	8	1109.0
76	西安电子科技大学	0	2141	2	1	1020.5
77	四川大学	0	1218	2	6	996.3
78	苏州大学	0	660	1	15	995.4
79	中正大学 *	0	3811	0	0	933.5
80	台湾淡江大学 *	0	716	2	6	873.4
81	山东大学	0	3546	0	0	868.6
82	华中农业大学	0	3344	0	0	819.1
83	中国科学技术大学	0	2999	0	0	734.6
84	北京中医药大学	0	616	2	2	687.3
85	南京大学	0	2421	0	0	593.0
86	宁夏大学	0	378	1	6	562.8
87	东北大学	0	405	2	0	554.8
88	中国地质大学（北京）	0	2250	0	0	551.1
89	哈尔滨工程大学	0	452	1	5	540.5
90	成都理工大学	0	6	2	2	537.9
91	华北电力大学（保定）	0	394	1	5	526.3
92	北京理工大学	0	2121	0	0	519.5
93	上海大学	0	172	2	0	497.8
94	河海大学	0	1632	0	0	399.8
95	江南大学	0	1527	0	0	374.0
96	中山大学	0	559	1	0	364.7
97	西北工业大学	0	1482	0	0	363.0
98	南京理工大学	0	56	1	3	362.7
99	暨南国际大学 *	0	1326	0	0	324.8
100	福州大学	0	379	1	0	320.7
101	中国矿业大学（北京）	0	1270	0	0	311.1
102	华北电力大学（北京）	0	224	1	0	282.7
103	东北农业大学	0	206	1	0	278.3
104	北京林业大学	0	997	0	0	244.2
105	上海外国语大学	0	948	0	0	232.2

排名	中文名称	是否有官方认证账号	好友数量（人）	一年内发布的内容数量（条）	一年内最高赞数（次）	Facebook传播力指数
106	台湾大学 *	0	885	0	0	216.8
107	天津工业大学	0	815	0	0	199.6
108	中国海洋大学	0	754	0	0	184.7
109	武汉理工大学	0	685	0	0	167.8
110	宁波大学	0	655	0	0	160.4
111	同济大学	0	555	0	0	135.9
112	华南理工大学	0	538	0	0	131.8
113	北京协和医学院	0	536	0	0	131.3
114	西南石油大学	0	521	0	0	127.6
115	河南大学	0	516	0	0	126.4
116	吉林大学	0	505	0	0	123.7
117	中国农业大学	0	458	0	0	112.2
118	兰州大学	0	401	0	0	98.2
119	北京交通大学	0	399	0	0	97.7
120	华南师范大学	0	357	0	0	87.4
121	四川农业大学	0	351	0	0	86.0
122	北京化工大学	0	343	0	0	84.0
123	中南大学	0	335	0	0	82.1
124	上海海洋大学	0	309	0	0	75.7
125	北京工业大学	0	303	0	0	74.2
126	延边大学	0	284	0	0	69.6
127	南京师范大学	0	250	0	0	61.2
128	华中师范大学	0	218	0	0	53.4
129	贵州大学	0	210	0	0	51.4
130	西北大学	0	196	0	0	48.0
131	北京外国语大学	0	193	0	0	47.3
132	新疆大学	0	192	0	0	47.0
133	北京邮电大学	0	176	0	0	43.1
134	辅仁大学 *	0	159	0	0	38.9
135	西南交通大学	0	156	0	0	38.2
136	北京体育大学	0	155	0	0	38.0
137	外交学院	0	152	0	0	37.2
138	内蒙古大学	0	144	0	0	35.3
139	中国传媒大学	0	144	0	0	35.3

排名	中文名称	是否有官方认证账号	好友数量（人）	一年内发布的内容数量（条）	一年内最高赞数（次）	Facebook传播力指数
140	中央音乐学院	0	140	0	0	34.3
141	中国药科大学	0	135	0	0	33.1
142	复旦大学	0	128	0	0	31.4
143	安徽大学	0	123	0	0	30.1
144	华东师范大学	0	118	0	0	28.9
145	东吴大学 *	0	114	0	0	27.9
146	中国石油大学（北京）	0	111	0	0	27.2
147	中南财经政法大学	0	103	0	0	25.2
148	台湾海洋大学 *	0	102	0	0	25.0
149	合肥工业大学	0	100	0	0	24.5
150	长安大学	0	86	0	0	21.1
151	西南财经大学	0	83	0	0	20.3
152	首都师范大学	0	81	0	0	19.8
153	太原理工大学	0	78	0	0	19.1
154	中国地质大学（武汉）	0	75	0	0	18.4
155	中国政法大学	0	73	0	0	17.9
156	东北师范大学	0	67	0	0	16.4
157	中央民族大学	0	63	0	0	15.4
158	厦门大学	0	60	0	0	14.7
159	西北农林科技大学	0	56	0	0	13.7
160	高雄第一科技大学 *	0	56	0	0	13.7
161	高雄应用科技大学 *	0	52	0	0	12.7
162	对外经济贸易大学	0	50	0	0	12.2
163	上海财经大学	0	46	0	0	11.3
164	上海音乐学院	0	45	0	0	11.0
165	南京林业大学	0	43	0	0	10.5
166	逢甲大学 *	0	36	0	0	8.8
167	香港中文大学 *	0	28	0	0	6.9
168	广州中医药大学	0	23	0	0	5.6
169	中华大学 *	0	23	0	0	5.6
170	彰化师范大学 *	0	17	0	0	4.2
171	长庚大学 *	0	17	0	0	4.2
172	中央戏剧学院	0	15	0	0	3.7
173	西藏大学	0	11	0	0	2.7

排名	中文名称	是否有官方认证账号	好友数量（人）	一年内发布的内容数量（条）	一年内最高赞数（次）	Facebook传播力指数
174	西南大学	0	8	0	0	2.0
175	中央财经大学	0	6	0	0	1.5

（四）参照分析

北京大学 Facebook 传播力指数位列我国大学之首（指数为 530844.0），远超日韩参照大学中排名第一的东京大学（指数为 200780.5）。在我国大学中，Facebook 主页好友数量最多者为北京大学（关注人数为 1153893），相较上年增长 254.9%，远超日韩参照大学中好友数量第一的首尔大学（关注人数为 108553）。我国大学 Facebook 账号发布内容最多的是澳门大学（一年内发布内容数量达 843 条），对比美日韩 3 国参照大学，位列第一。我国内地大学 Facebook 账号内容数量消息最多者为北京师范大学（一年内发布内容数量达 576 条），对比美日韩 3 国参照大学，位居第二。

对比美国参照大学，我国大学 Facebook 平台建设存在较大的差距，但差距正在逐渐缩小。国内 Facebook 传播力指数排名第一的北京大学（指数为 530844.0）超越耶鲁大学（指数为 524006.6）、麻省理工学院（指数为 498434.4）、斯坦福大学（指数为 461585.3），但还远低于哈佛大学（指数为 1647745.3），位列第二，在年发布内容数量方面位列首位，但在单次内容获赞数量方面均远低于美国参照大学。

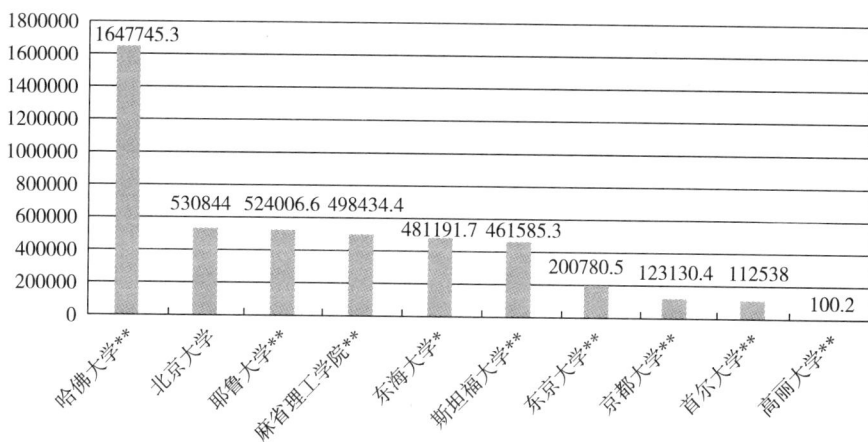

图 1-10　Facebook 传播力指数参照分析

我国内地大学与港澳台大学 Facebook 平台建设差距不断缩小。184 所大学中 Facebook 传播力排名前十位包含 4 所内地大学，依次为北京大学、清华大学、南京航空航天大学、中国美术学院。与 Facebook 维度港澳台传播力第一名的东海大学相比，北京大学在单条内容最高赞方面（获赞 2612 次）低于东海大学（获赞 8902 次），在好友数量和发布内容数量方面均远高于东海大学，指数高于东海大学（481191.7）。

八、维度五：Instagram传播力

（一）中国大学 Instagram 传播力指数排名

Instagram 作为一款免费提供在线图片及视频分享的社交应用软件，自 2010 年上线以来，受到国外年轻群体的青睐。2018 年 6 月 21 日，Instagram 宣布其月活用户已经突破 10 亿关口，成为内容传播、话题讨论、形象塑造等的重要平台。对大学在 Instagram 平台上是否有官方认证账号、粉丝数量、一年内发布的内容数量、一年内最多回复数量、一年内图文最高点赞量、一年内视频最高点击量 6 个方面进行统计，按权重计算指标对应数据，得到 184 所中国大学 Instagram 传播力指数排名。

我国大学 Instagram 传播力排名前十位依次为清华大学、香港城市大学、澳门大学、北京大学、浙江大学、天津大学、中国美术学院、亚洲大学、香港大学、香港中文大学。其中 5 所内地大学、3 所香港大学、1 所台湾大学、1 所澳门大学。Instagram 传播力维度平均指数为 11125.8，在平均分以上的大学共 24 所，约占中国大学的 13%。

表 1 – 18 中国大学 Instagram 传播力指数排名

排名	学校名称	Instagram 传播力指数	排名	学校名称	Instagram 传播力指数
1	清华大学	244858.1	12	台北医学大学 *	50513.8
2	香港城市大学 *	239830.4	13	湖南大学	40133.7
3	澳门大学 *	226795.0	14	四川大学	34626.8
4	北京大学	221214.3	15	成都中医药大学	33669.7
5	浙江大学	123449.6	16	上海交通大学	29874.4
6	天津大学	123021.2	17	上海大学	29861.4
7	中国美术学院	106132.5	18	宁波大学	29783.2
8	亚洲大学 *	101754.2	19	北京体育大学	28017.2
9	香港大学 *	90031.6	20	逢甲大学 *	28010.4
10	香港中文大学 *	83318.1	21	北京航空航天大学	25457.6
11	中华大学 *	65778.7	22	西南交通大学	19052.1

续表

排名	学校名称	Instagram 传播力指数	排名	学校名称	Instagram 传播力指数
23	中国海洋大学	16803.2	38	中国医药大学（台湾）*	215.7
24	长庚大学 *	12054.7	39	南开大学	188.8
25	中国石油大学（北京）	9074.7	40	中国石油大学（华东）	169.3
26	贵州大学	6243.4	41	郑州大学	143.1
27	北京理工大学	5477.9	42	中国人民大学	127.7
28	河南大学	5446.4	43	新疆大学	120.3
29	暨南国际大学 *	4428.0	44	中国农业大学	61.2
30	同济大学	4169.3	45	中央大学 *	43.7
31	北京师范大学	3035.6	46	南京师范大学	42.3
32	海南大学	1142.4	47	西北大学	40.3
33	复旦大学	927.3	48	武汉大学	34.3
34	东华大学	552.4	49	东北林业大学	12.1
35	中南大学	531.8	50	河海大学	12.1
36	东海大学 *	473.7	51	中山大学	10.8
37	山东大学	363.5	52	台湾淡江大学 *	8.7

（二）中国内地大学 Instagram 传播力指数排名

Instagram 传播力排名前十位的内地大学依次为清华大学、北京大学、浙江大学、天津大学、中国美术学院、湖南大学、四川大学、成都中医药大学、上海交通大学、上海大学。10 所大学中除清华大学、北京大学、天津大学 3 所大学坐落在北方地区，其余 7 所均位于我国南方地区。

内地大学 Instagram 传播力指数平均为 8112.6，在平均分之上的大学共 16 所，103 所大学指数为 0。

表 1-19　中国内地大学 Instagram 传播力指数

排名	大学名称	Instagram 传播力指数	排名	大学名称	Instagram 传播力指数
1	清华大学	244858.1	7	四川大学	34626.8
2	北京大学	221214.3	8	成都中医药大学	33669.7
3	浙江大学	123449.6	9	上海交通大学	29874.4
4	天津大学	123021.2	10	上海大学	29861.4
5	中国美术学院	106132.5	11	宁波大学	29783.2
6	湖南大学	40133.7	12	北京体育大学	28017.2

排名	大学名称	Instagram 传播力指数	排名	大学名称	Instagram 传播力指数
13	北京航空航天大学	25457.6	26	山东大学	363.5
14	西南交通大学	19052.1	27	南开大学	188.8
15	中国海洋大学	16803.2	28	中国石油大学（华东）	169.3
16	中国石油大学（北京）	9074.7	29	郑州大学	143.1
17	贵州大学	6243.4	30	中国人民大学	127.7
18	北京理工大学	5477.9	31	新疆大学	120.3
19	河南大学	5446.4	32	中国农业大学	61.2
20	同济大学	4169.3	33	南京师范大学	42.3
21	北京师范大学	3035.6	34	西北大学	40.3
22	海南大学	1142.4	35	武汉大学	34.3
23	复旦大学	927.3	36	东北林业大学	12.1
24	东华大学	552.4	37	河海大学	12.1
25	中南大学	531.8	38	中山大学	10.8

（三）Instagram 传播力具体指标分析

Instagram 传播力维度包含是否有官方认证账号、粉丝数量、一年内发布的内容数量、一年内最多回复数量、一年内图文最高点赞量和一年内视频最高点击量 6 项衡量指标。是否有官方认证账号权重为 1.0%，其余均为 2.8%，总体指标在传播力测量中占比 15%。

1. 是否有官方认证账号

我国 52 所大学拥有 Instagram 账号，但只有北京大学 1 所学校经过官方认证，说明我国大学在该平台的传播力建设中缺乏官方认证意识。

2. 粉丝数量

中国大学 Instagram 账号平均粉丝数量为 549 人，粉丝数量在平均数以上的大学共 22 所，占比 12%。该指标下排名前十位的大学依次为北京大学、清华大学、香港大学、香港中文大学、香港城市大学、浙江大学、天津大学、澳门大学、逢甲大学、中国美术学院，极差为 18057 人。

3. 一年内发布的内容数量

我国大学 Instagram 账号年均发布的内容数量为 15 条，超过平均数量的大学 23 所，占比 12.5%。发布数量排名前十位的大学依次为澳门大学、清华大学、北京大学、中国美术学院、亚洲大学、天津大学、浙江大学、台北医学大学、香港中文大学、中华大学。10 所大学发布的内容数量平均为 216 条，各大学之间发布内容数量差异较大。

4. 一年内最多回复数量

我国大学 Instagram 账号平均获回复 2 条。该指标下排名前十位的大学依次为香港城市大学、中华大学、香港大学、浙江大学、天津大学、湖南大学、清华大学、北京大学、香港中文大学、四川大学，所有大学单条内容获回复数均低于 100。

5. 一年内图文最高点赞量

我国大学 Instagram 账号单条图文平均最高点赞量为 79，获点赞量高于平均的大学有 21 所，占比约 11.4%。该指标下排名前十位的大学依次为北京大学、清华大学、香港大学、成都中医药大学、香港中文大学、浙江大学、香港城市大学、天津大学、北京体育大学、四川大学。前十位大学中包含 7 所内地大学、3 所港澳台大学。

6. 一年内视频最高点击量

我国大学 Instagram 账号单条视频平均最高点击量为 247 次，点击量在平均数之上的大学共 15 所，占比约 8.2%。一年内仅有 22 所大学 Instagram 账号发布视频。该指标下排名前十位的大学依次为香港城市大学、北京大学、清华大学、香港中文大学、香港大学、浙江大学、成都中医药大学、四川大学、澳门大学、天津大学。

表 1-20 Instagram 传播力六项指标具体情况（按 Instagram 传播力指数排名）

排名	大学名称	是否有官方认证账号	粉丝数量（人）	一年发布的内容数量（条）	一年内最多回复数量（次）	一年内视频最高点击量（次）	一年内图文最高点赞量（次）	Instagram传播力指数
1	清华大学	0	19436	359	15	3148	3815	244858.1
2	香港城市大学*	0	6566	66	90	350	20857	239830.4
3	澳门大学*	0	2698	468	3	181	737	226795
4	北京大学	1	19830	264	11	3758	4814	221214.3
5	浙江大学	0	4861	176	23	864	1927	123449.6
6	天津大学	0	3317	205	23	328	685	123021.2
7	中国美术学院	0	1773	213	5	110	226	106132.5
8	亚洲大学*	0	610	213	1	65	240	101754.2
9	香港大学*	0	12463	60	27	1372	3056	90031.6
10	香港中文大学*	0	11432	81	11	950	3272	83318.1
11	中华大学*	0	479	79	33	116	165	65778.7
12	台北医学大学*	0	507	98	4	69	158	50513.8
13	湖南大学	0	379	48	18	217	160	40133.7
14	四川大学	0	1414	35	11	266	976	34626.8
15	成都中医药大学	0	619	15	6	1043	1857	33669.7
16	上海交通大学	0	586	53	3	97	263	29874.4
17	上海大学	0	1198	44	5	259	353	29861.4
18	宁波大学	0	1145	44	4	193	581	29783.2
19	北京体育大学	0	220	47	4	302	0	28017.2

续表

排名	大学名称	是否有官方认证账号	粉丝数量（人）	一年发布的内容数量（条）	一年内最多回复数量（次）	一年内视频最高点击量（次）	一年内图文最高点赞量（次）	Instagram传播力指数
20	逢甲大学＊	0	1924	27	11	184	574	28010.4
21	北京航空航天大学	0	738	43	5	107	0	25457.6
22	西南交通大学	0	806	18	9	142	246	19052.1
23	中国海洋大学	0	175	30	3	40	0	16803.2
24	长庚大学＊	0	204	25	0	38	0	12054.7
25	中国石油大学（北京）	0	941	5	2	193	431	9074.7
26	贵州大学	0	119	10	1	76	0	6243.4
27	北京理工大学	0	60	8	2	12	0	5477.9
28	河南大学	0	56	8	2	9	0	5446.4
29	暨南国际大学＊	0	86	9	0	22	0	4428
30	同济大学	0	1	9	0	1	0	4169.3
31	北京师范大学	0	51	2	2	6	64	3035.6
32	海南大学	0	1700	0	0	0	0	1142.4
33	复旦大学	0	1380	0	0	0	0	927.3
34	东华大学	0	822	0	0	0	0	552.4
35	中南大学	0	18	1	0	6	0	531.8
36	东海大学＊	0	3	1	0	1	0	473.7
37	山东大学	0	541	0	0	0	0	363.5
38	中国医药大学（台湾）＊	0	321	0	0	0	0	215.7
39	南开大学	0	281	0	0	0	0	188.8
40	中国石油大学（华东）	0	252	0	0	0	0	169.3
41	郑州大学	0	213	0	0	0	0	143.1
42	中国人民大学	0	190	0	0	0	0	127.7
43	新疆大学	0	179	0	0	0	0	120.3
44	中国农业大学	0	91	0	0	0	0	61.2
45	中央大学＊	0	65	0	0	0	0	43.7
46	南京师范大学	0	63	0	0	0	0	42.3
47	西北大学	0	60	0	0	0	0	40.3
48	武汉大学	0	51	0	0	0	0	34.3
49	东北林业大学	0	18	0	0	0	0	12.1
50	河海大学	0	18	0	0	0	0	12.1
51	中山大学	0	16	0	0	0	0	10.8
52	台湾淡江大学＊	0	13	0	0	0	0	8.7

（四）参照分析

我国内地大学 Instagram 传播力指数最高为清华大学（指数为 244858.1），高于日韩参照大学中排名第一的京都大学（指数为 58658.7）。

在粉丝数量方面，北京大学粉丝数量为 19830 人次，远超日韩参照大学中粉丝数量最多的高丽大学（粉丝数量为 6049 人次）。在发布内容方面，清华大学年发布内容为 359 条，远超日韩参照大学中发布内容最多的京都大学（年发布内容 117 条）。在单次内容点赞量方面，清华大学单条图文最高点赞量为 3148 人次，是日韩参照大学中点赞量最高的高丽大学（最高点赞量为 723 人次）的 4.4 倍。在视频点击量方面，清华大学单条视频最高点击量为 3815 次，是该指标下日韩参照大学中排名第一的京都大学的 13.3 倍。在互动评论方面，清华大学单条内容最高回复为 15 条，超过该指标下日韩参照大学中排名第一的高丽大学（回复数量为 12 条）。

与美国参照大学相比，我国大学 Instagram 平台建设仍存在较大差距。Instagram 维度下，美国参照大学中传播力最高的是哈佛大学，为 3724999.5，是清华大学的 15.2 倍。哈佛大学在年发布内容（年发布内容数 264 条）指标上低于清华大学（年发布内容数 359 条）。除此之外，哈佛大学单条图文点赞数最高为 117648 次，单条视频最高点击量为 79176 次，回复数量为 1279 条，均远高于清华大学的各项指标。

内地大学与港澳台大学 Instagram 平台建设差距正不断缩小。内地大学 Instagram 传播力排名第一的清华大学指数远超港澳台大学排名第一的香港城市大学（指数为 239830.4）。在单条视频点击量和回复数量指标中，香港城市大学分别为 20857 次和 90 次，高于清华大学的 3815 次和 15 次。在年发布数量、粉丝数量和图文最高点赞量指标中，清华大学分别为 359 条、19436 人、3148 次，高于香港城市大学的 66 条、6566 人、350 次（见表 1-20）。

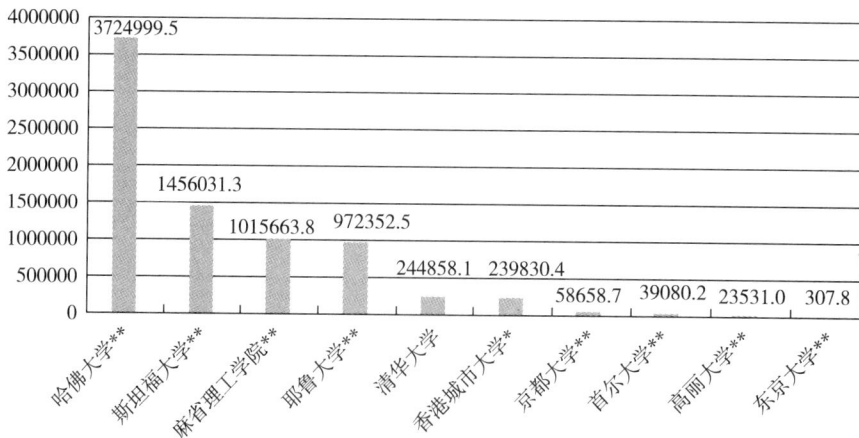

图 1-11　Instagram 传播力参照分析

九、维度六：YouTube传播力

（一）中国大学 YouTube 传播力指数排名

YouTube 是全球最大的视频分享网站。2018 年 5 月，CNET 报道，YouTube 每月注册用户达 18 亿人次，用户每分钟向 YouTube 上传 400 小时的视频内容。YouTube 为大学传播视频信息提供了重要平台，是衡量大学海外网络传播力的重要维度。

YouTube 维度下有 4 项指标数据分别是：是否有官方认证账号、订阅数量、一年内发布的内容数量、一年内最高点击量。按不同权重计算指标对应数据，得到大学 YouTube 传播力指数排名。

我国大学 YouTube 传播力排名前十位的大学依次为澳门大学、香港城市大学、香港浸会大学、清华大学、岭南大学、亚洲大学、中山大学（台湾）、阳明大学、台北大学、清华大学（台湾）。10 所大学中仅清华大学 1 所内地大学，其余 3 所香港大学、5 所台湾大学、1 所澳门大学。

我国大学对 YouTube 平台的使用整体偏弱。56 所大学拥有 YouTube 账号，仅占比约 30.4%，相较上年增加 3 所。YouTube 传播力维度，我国大学平均指数为 4000.1，超过平均指数的大学共 25 所，占比 13.6%。

表 1-21　中国大学 YouTube 传播力指数

排名	大学名称	YouTube 传播力指数	排名	大学名称	YouTube 传播力指数
1	澳门大学 *	123815.9	14	香港大学 *	11865.0
2	香港城市大学 *	70719.6	15	中华大学 *	10940.4
3	香港浸会大学 *	58591.9	16	中国美术学院	9669.9
4	清华大学	52374.9	17	台湾师范大学 *	9636.3
5	岭南大学 *	47593.5	18	北京大学	9575.4
6	亚洲大学 *	45435.3	19	天津大学	8143.0
7	中山大学 *	43821.8	20	北京外国语大学	7373.1
8	阳明大学 *	34510.6	21	香港科技大学 *	7322.4
9	台北大学 *	31587.3	22	政治大学 *	5470.7
10	清华大学 *	30377.3	23	台湾大学 *	5056.8
11	香港理工大学 *	28215.9	24	暨南国际大学 *	4401.9
12	香港中文大学 *	26162.5	25	台湾淡江大学 *	4310.1
13	逢甲大学 *	14651.5	26	辅仁大学 *	3268.2

排名	大学名称	YouTube 传播力指数	排名	大学名称	YouTube 传播力指数
27	东吴大学 *	3163.6	42	重庆大学	13.8
28	新疆大学	3130.5	43	南京航空航天大学	10.1
29	台北医学大学 *	3118.5	44	中央民族大学	8.1
30	浙江大学	3111.0	45	上海交通大学	8.0
31	广西大学	3057.8	46	上海财经大学	7.3
32	华东师范大学	3035.5	47	中国科学院大学	6.7
33	同济大学	2823.0	48	西北工业大学	4.8
34	中国石油大学（北京）	2638.1	49	中央大学 *	4.6
35	上海外国语大学	1912.5	50	大连理工大学	3.9
36	武汉大学	1907.1	51	北京工业大学	3.9
37	上海大学	1597.4	52	北京中医药大学	0.9
38	长庚大学 *	895.7	53	台湾海洋大学 *	0.4
39	南京邮电大学	627.7	54	华南理工大学	0.4
40	复旦大学	26.3	55	河海大学	0.3
41	东华大学	15.9	56	北京师范大学	0.2

（二）中国内地大学 YouTube 传播力指数排名

我国内地大学 YouTube 传播力排名前十位的依次为清华大学、中国美术学院、北京大学、天津大学、北京外国语大学、新疆大学、浙江大学、广西大学、华东师范大学、同济大学。

内地大学 YouTube 传播力平均指数为 788，在平均分之上的大学共 14 所，占比 9.9%。传播力指数在 1000 以上的大学共 14 所，在 0 分以上的大学共 30 所，占比 21.3%。清华大学 YouTube 传播力指数远超其他大学，为 52374.9。除清华大学外，所有大学传播力指数均低于 10000。

表 1-22　中国内地大学 YouTube 传播力指数排名

排名	中文名称	YouTube 传播力指数	排名	中文名称	YouTube 传播力指数
1	清华大学	52374.9	6	新疆大学	3130.5
2	中国美术学院	9669.9	7	浙江大学	3111.0
3	北京大学	9575.4	8	广西大学	3057.8
4	天津大学	8143.0	9	华东师范大学	3035.5
5	北京外国语大学	7373.1	10	同济大学	2823.0

排名	中文名称	YouTube 传播力指数	排名	中文名称	YouTube 传播力指数
11	中国石油大学（北京）	2638.1	21	上海交通大学	8.0
12	上海外国语大学	1912.5	22	上海财经大学	7.3
13	武汉大学	1907.1	23	中国科学院大学	6.7
14	上海大学	1597.4	24	西北工业大学	4.8
15	南京邮电大学	627.7	25	大连理工大学	3.9
16	复旦大学	26.0	26	北京工业大学	3.9
17	东华大学	15.9	27	北京中医药大学	0.9
18	重庆大学	13.8	28	华南理工大学	0.4
19	南京航空航天大学	10.1	29	河海大学	0.3
20	中央民族大学	8.1	30	北京师范大学	0.2

（三）YouTube 传播力具体指标分析

YouTube 维度大学传播力 4 项指标按照不同权重参与计算：是否有官方认证账号、订阅数量、一年内发布的内容数量、一年内最高点击量。4 项指标在传播力测量中占比 15%。

1. 是否有官方认证账号

184 所大学中，56 所大学拥有尚未获得官方认证的 YouTube 账号，其他 128 所大学未注册 YouTube 账号。

2. 订阅数量

56 所大学 YouTube 账号粉丝数量平均为 717 人。订阅数量排名前十位的大学依次为台湾大学、亚洲大学、香港大学、香港理工大学、逢甲大学、香港中文大学、澳门大学、香港浸会大学、香港科技大学、香港城市大学。10 所大学均位于我国港澳台地区。

3. 一年内发布的内容数量

过去一年中，39 所大学利用 YouTube 账号发布视频。发布数量排名前十位的大学依次为澳门大学、清华大学、亚洲大学、香港浸会大学、中山大学（台湾）、岭南大学、阳明大学、台北大学、清华大学（台湾）、香港理工大学。其中，除清华大学外，其余 9 所均位于我国港澳台地区。

4. 一年内最高点击量

56 所大学 YouTube 账号一年内单条内容最高点击量平均为 7924 次。单条视频最高点击量排名前十位的大学依次为香港城市大学、澳门大学、香港浸会大学、台湾师范大学、岭南大学、香港大学、逢甲大学、清华大学、台北大学、清华大学（台湾）。除清华大学外，其余 9 所大学均位于我国港澳台地区。

表 1－23　YouTube 传播力 4 项指标具体情况（按 YouTube 传播力指数排名）

排名	大学名称	是否有官方认证账号	订阅数量（人）	一年内发布的内容数量（条）	一年内最高点击量（次）	YouTube 传播力指数
1	澳门大学*	0	2570	128	130750	123815.9
2	香港城市大学*	0	1540	19	166385	70719.6
3	香港浸会大学*	0	2390	73	40515	58591.9
4	清华大学	0	0	84	4969	52374.9
5	岭南大学*	0	358	66	21940	47593.5
6	亚洲大学*	0	5120	74	1126	45435.3
7	中山大学*	0	120	72	1216	43821.8
8	阳明大学*	0	143	56	2135	34510.6
9	台北大学*	0	424	50	4011	31587.3
10	清华大学*	0	968	48	3862	30377.3
11	香港理工大学*	0	3470	45	2246	28215.9
12	香港中文大学*	0	3180	41	3321	26162.5
13	逢甲大学*	0	3430	19	8165	14651.5
14	香港大学*	0	4430	13	10248	11865.0
15	中华大学*	0	251	17	1902	10940.4
16	中国美术学院	0	39	16	75	9669.9
17	台湾师范大学*	0	133	2	23689	9636.3
18	北京大学	0	0	15	1514	9575.4
19	天津大学	0	158	13	835	8143.0
20	北京外国语大学	0	141	12	368	7373.1
21	香港科技大学*	0	2330	11	1378	7322.4
22	政治大学*	0	311	8	1754	5470.7
23	台湾大学*	0	5230	7	1065	5056.8
24	暨南国际大学*	0	53	7	506	4401.9
25	台湾淡江大学*	0	451	7	149	4310.1
26	辅仁大学*	0	192	5	672	3268.2
27	东吴大学*	0	413	5	323	3163.6
28	新疆大学	0	61	5	317	3130.5
29	台北医学大学*	0	62	5	283	3118.5
30	浙江大学	0	138	5	243	3111.0
31	广西大学	0	47	5	116	3057.8
32	华东师范大学	0	40	5	55	3035.5
33	同济大学	0	13	3	2854	2823.0
34	中国石油大学（北京）	0	88	4	620	2638.1

排名	大学名称	是否有官方认证账号	订阅数量（人）	一年内发布的内容数量（条）	一年内最高点击量（次）	YouTube 传播力指数
35	上海外国语大学	0	475	2	1873	1912.5
36	武汉大学	0	21	3	275	1907.1
37	上海大学	0	65	2	1088	1597.4
38	长庚大学*	0	0	1	825	895.7
39	南京邮电大学	0	8	1	69	627.7
40	复旦大学	0	298	0	0	26.3
41	东华大学	0	180	0	0	15.9
42	重庆大学	0	156	0	0	13.8
43	南京航空航天大学	0	115	0	0	10.1
44	中央民族大学	0	92	0	0	8.1
45	上海交通大学	0	91	0	0	8.0
46	上海财经大学	0	83	0	0	7.3
47	中国科学院大学	0	76	0	0	6.7
48	西北工业大学	0	54	0	0	4.8
49	中央大学*	0	52	0	0	4.6
50	北京工业大学	0	44	0	0	3.9
51	大连理工大学	0	44	0	0	3.9
52	北京中医药大学	0	10	0	0	0.9
53	台湾海洋大学*	0	5	0	0	0.4
54	华南理工大学	0	4	0	0	0.4
55	河海大学	0	3	0	0	0.3
56	北京师范大学	0	2	0	0	0.2

（四）参照分析

我国港澳台大学 YouTube 传播力已经超过日韩参照大学，内地大学与日韩参照大学存在一定差距。我国港澳台大学中 YouTube 传播力排名第一的澳门大学指数为 123815.9，各项指标均超过日韩参照大学中排名第一的京都大学（指数为 70679.4）。在内地大学中，清华大学 YouTube 传播力指数排名第一，为 52374.9，低于京都大学（70679.4）。在一年内发布的内容数量方面，清华大学年发布内容 84 条，低于京都大学的 116 条。在一年内最高点击量方面，清华大学为 4969 次，高于东京大学最高的 4330 次。YouTube 维度下，在包含 8 所参照大学的 192 所大学中，前 20 名内有 13 所港澳台大学，仅有京都大学和东京大学两所日韩参照大学。

我国大学在 YouTube 传播力建设上与美国参照大学差距极大。在美国 4 所参照大学中，YouTube 传播力指数最高为斯坦福大学（1034388.0），是澳门大学的 8.4 倍、清华大学的 19.6 倍。麻省理工学院和哈佛大学 YouTube 账号得到官方认证，我国大学均不具有官方认证账号。斯坦福大学年发布内容 190 条，超过澳门大学的 128 条，远超过清华大学的 84 条。我国大学与美国参照大学 YouTube 传播力指数的对比中，3 所美国参照大学位列前三名。

内地大学 YouTube 平台建设与我国港澳台大学差距较大。澳门大学作为港澳台大学中 YouTube 传播力指数第一名，单条视频最高点击 130750 次，是清华大学该指标的 26.3 倍，说明在 YouTube 平台上，清华大学的传播广度与澳门大学还存在不小差距。我国大学 YouTube 维度传播力排名前十位的大学中，仅清华大学 1 所内地大学位列，其他 9 所均为港澳台大学。

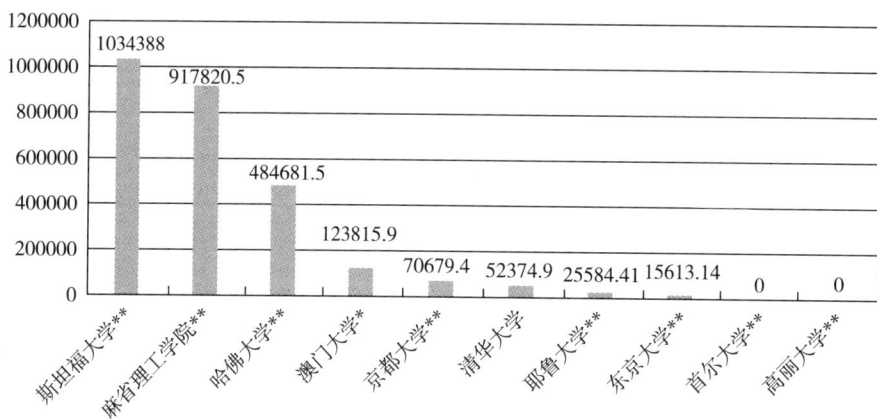

图 1-12　YouTube 传播力指数参照分析

十、结论

（一）我国内地大学海外传播力近 5 年榜单变化

对比近 5 年内地大学海外网络传播力排名前十位发现：

5 年内，始终稳定在榜单前十位的大学有清华大学、北京大学、复旦大学。

4 次进入榜单前十位的大学有南京大学、浙江大学。

3 次进入榜单前十位的大学有南京航空航天大学。

2 次进入榜单前十位的大学有中国人民大学、北京师范大学、中山大学、中国美术学院、天津大学、北京航空航天大学。

曾进入过海外传播力榜单前十位的大学还有中国石油大学、苏州大学、四川大学、上海交通大学、上海大学、上海财经大学、厦门大学、南京农业大学、吉林大学、国防科学技术大学、东北大学、北京外国语大学。

综合类大学在海外传播力建设中表现较为亮眼，排名较稳定。一些专业性较强的大学在近年开始注重海外社交平台建设，提升了自身海外网络传播力。

表 1-24　近 5 年中国内地大学海外网络传播力前十位

排名	2014 年	2015 年	2017 年	2018 年	2019 年
1	清华大学	清华大学	清华大学	北京大学	清华大学
2	北京大学	北京大学	北京大学	清华大学	北京大学
3	中国人民大学	复旦大学	南京大学	中国美术学院	中国美术学院
4	北京师范大学	中山大学	复旦大学	南京航空航天大学	浙江大学
5	上海财经大学	浙江大学	南京农业大学	南京大学	天津大学
6	复旦大学	厦门大学	浙江大学	浙江大学	南京航空航天大学
7	中国石油大学	南京大学	南京航空航天大学	复旦大学	复旦大学
8	中山大学	苏州大学	国防科学技术大学	天津大学	北京航空航天大学
9	上海大学	中国人民大学	北京外国语大学	北京航空航天大学	北京师范大学
10	东北大学	上海交通大学	吉林大学	四川大学	南京大学

（二）2019 年我国内地大学海外网络传播力维度榜单对比

对比不同维度下我国内地大学榜单前十位发现：

6 个维度榜单前两名较为稳定，第三名变化较大，前三位中综合性大学和具有鲜明学科特色的大学表现不相上下。清华大学在除 Wikipedia 外的 5 个维度榜单中均位于前两名，北京大学在除 Wikipedia 以及 YouTube 外的 4 个维度榜单中均位于前两名。Google、Wikipedia、Twitter、Facebook、Instagram 以及 YouTube 维度中第三位的分别为复旦大学、北京大学、中国美术学院、南京航空航天大学、浙江大学、北京大学。

对比内地大学在不同维度榜单中出现频率发现：

出现在 6 个维度榜单前十位的大学有清华大学、北京大学、浙江大学。

出现在 4 个维度榜单前十位的大学有中国美术学院。

出现在 3 个维度榜单前十位的大学有天津大学、上海交通大学。

出现在 3 个维度榜单前十位的大学有北京航空航天大学、北京师范大学、北京外国语大学、成都中医药大学、对外经济贸易大学、复旦大学、湖南大学、华东师范大学、南京大学。

曾出现在 1 个维度榜单前十位的内地大学有北京交通大学、广西大学、华中科技大学、南昌大学、南京航空航天大学、上海大学、上海外国语大学、四川大学、同济大学、武汉大学、新疆大学、中国人民大学、中山大学、重庆大学。

大学在某一维度上加强建设，不仅会明显提升该维度的得分，还有助于提升整体的海外网络传播力。

表 1－25　内地大学具体维度前十名对比

排名	Google	Wikipedia	Twitter	Facebook	Instagram	YouTube	综合排名
1	清华大学	北京交通大学	清华大学	北京大学	清华大学	清华大学	清华大学
2	北京大学	华中科技大学	北京大学	清华大学	北京大学	中国美术学院	北京大学
3	复旦大学	北京大学	中国美术学院	南京航空航天大学	浙江大学	北京大学	中国美术学院
4	南京大学	复旦大学	北京航空航天大学	中国美术学院	天津大学	天津大学	浙江大学
5	中山大学	南昌大学	华东师范大学	天津大学	中国美术学院	北京外国语大学	天津大学
6	中国人民大学	清华大学	湖南大学	北京师范大学	湖南大学	新疆大学	南京航空航天大学
7	浙江大学	浙江大学	浙江大学	浙江大学	四川大学	浙江大学	复旦大学
8	重庆大学	南京大学	对外经济贸易大学	北京航空航天大学	成都中医药大学	广西大学	北京航空航天大学
9	北京师范大学	武汉大学	上海外国语大学	上海交通大学	上海交通大学	华东师范大学	北京师范大学
10	对外经济贸易大学	上海交通大学	北京外国语大学	成都中医药大学	上海大学	同济大学	南京大学

（三）QS 世界大学排名与海外传播力排名呈强相关关系

2019 年 9 月 11 日，英国高等教育资讯和分析数据提供商 QS 发布第 16 届 QS 世界大学排行榜，中国内地进入排名前 500 位的大学有 24 所，将这 24 所大学的海外网络传播力排名与 QS 世界大学排名做相关性分析，发现 QS 世界大学排名与中国大学海外网络传播力呈显著相关。

表 1 – 26 QS 世界排名前 500 位的内地大学

排名	学校名称	QS 排名	海外传播力排名	排名	学校名称	QS 排名	海外传播力排名
1	清华大学	16	1	13	西安交通大学	307	60
2	北京大学	22	2	14	南开大学	368	30
3	复旦大学	40	7	15	华中科技大学	400	13
4	浙江大学	54	4	16	上海大学	412	16
5	上海交通大学	60	11	17	天津大学	429	5
6	中国科学技术大学	89	17	18	北京理工大学	436	30
7	南京大学	120	10	19	厦门大学	451	24
8	武汉大学	257	18	20	北京航空航天大学	462	8
9	同济大学	265	22	21	北京科技大学	462	62
10	北京师范大学	277	9	22	山东大学	468	33
11	哈尔滨工业大学	277	34	23	华南理工大学	480	40
12	中山大学	287	12	24	吉林大学	484	48

表 1 – 27 QS 世界大学排名 * 大学海外传播力相关性

皮尔逊相关性	Sig.（双尾）	个案数
0.568 **	0.01	24

注：** 表示显著相关。

（四）北京、上海、杭州、南京 4 地大学海外网络传播力建设较好

北京、上海、杭州、南京 4 地大学海外网络传播力排名更为突出。位于北京的 34 所大学海外网络传播力平均指数为 176684.1，其中清华大学、北京大学传播力指数在北京地区排名第一位和第二位，同时位列我国大学海外网络传播力总排名上第一位和第二位。位于上海的 14 所大学海外网络传播力平均指数为 92682.4，其中复旦大学排名第一位（内地大学中排名第七位）。内地大学传播力排名第三位和第四位的中国美术学院与浙江大学均位于杭州，排名第六位与第十位的南京航空航天大学与南京大学均位于南京。

中国内地传播力排名前二十位的大学依次为清华大学、北京大学、中国美术学院、浙江大学、天津大学、南京航空航天大学、复旦大学、北京航空航天大学、北京师范大学、南京大学、上海交通大学、中山大学、华中科技大学、中国人民大学、北京交通大学、上海大学、中国科学技术大学、武汉大学、华东师范大学、对外经济贸易大学。前十位中 9 所位于北京、上海、杭州和南京 4 地，前二十位中 15 所来自上述 4 座城市，其中北京 7 所、上海 4 所，杭州和南京各 2 所，但排名相对较高，均在前十位内。

（五）与国际相比，中国内地大学海外网络传播力进步明显

将4年内地大学海外网络传播力排名第一位与哈佛大学、日韩参照大学第一名、港澳台大学第一名相比，发现内地大学海外网络传播力从2015年开始高于港澳台与日韩参照大学，但与哈佛大学相比存在一定差距。整体而言，内地大学海外网络传播力仍有较大提升空间。

表1-28 2014年、2015年、2018年、2019年内地大学第一名得分与参照大学比值

单位:%

学校	2014年内地大学/其他大学	2015年内地大学/其他大学	2018年内地高校/其他高校	2019年内地大学/其他大学
内地大学	100	100	100	100
哈佛大学	0.8	9.0	17.4	16.9
日韩参照大学	19.9	146.1	265.6	245.4
港澳台大学	55.0	108.7	183.0	236.1

（六）中国内地大学Google传播力建设显著，Wikipedia平台、社交与视频平台建设相对较弱，与港澳台、日韩参照大学存在一定差距

1. Google平台

我国内地大学在Google平台上的传播力建设较好。Google传播力平均分略高于我国港澳台大学均分，表明我国内地大学在海外已具备一定的影响力，并能够成为海外地区的关注重点。

2. Wikipedia平台

Wikipedia平台中，我国内地大学缺乏完善的基本信息和外部链接的意识。虽然Wikipedia传播力排名前四位均为内地大学，但排名前二十位的大学中有10所港澳台大学。相比之下，我国内地大学在基本信息上完善力度不够，24.8%的内地大学缺乏基本信息，1所大学没有Wikipedia词条。我国港澳台大学仅6%的大学缺乏基本信息。

我国内地大学较为忽视外部链接。内地大学平均外部链接为316条，低于我国港澳台大学（平均为400条）。相比日韩参照大学，我国词条链接排名第一位的北京大学链接总数为2296条，比日韩4所参照大学排名第一的东京大学低1507条。

3. 社交平台

我国内地大学在Twitter、Facebook、Instagram三大海外社交平台上传播力建设意识相对薄弱，运营较少，与我国港澳台大学和日韩参照大学有一定差距。

三大社交平台上我国大学传播力指数排名第一位均为内地大学，但总体上港澳台大学排名相对更靠前。从平均分上看，我国内地大学在三大社交平台上平均分均低于港澳台大学各平台平均分，与日韩参照大学各平台平均分差距更大。

我国内地大学普遍缺乏海外社交平台建设。内地大学仅北京大学在 3 个社交平台上拥有官方认证账号。内地大学中仅 50 所大学有 Twitter 账号、132 所大学有 Facebook 账号、38 所大学有 Instagram 账号。Facebook 账号中仅 3 所大学获官方认证。而美国 4 所参照大学均已完成官方认证，更易于海外内容传播。

我国内地大学较为忽视粉丝运营，关注度较低。内地大学三大社交平台账号平均粉丝数量均低于日韩参照大学平均。其中 Twitter 高于 100000 的仅清华大学和北京大学两所，而美国 4 所参照大学中最低为耶鲁大学，达到 474700。Facebook 平台上，中国大学中仅北京大学粉丝数量高于 1000000 人次，而美国 4 所参照大学均超过 1000000 人次。Instagram 粉丝数量高于 10000 人次的内地大学仅北京大学和清华大学，远低于美国 4 所参照大学。

我国内地大学社交平台活跃度较低，发布内容频率及互动呈低迷状态。内地大学一年内 Facebook 账号平均发布内容数量为 26 条，是日韩 4 所参照大学平均发布内容数量的 10%。内地大学在 Twitter 平台一年内发布内容数量最高不超过 300 条，而美国 4 所参照大学发布内容数量均超过 500 条。38 所拥有 Instagram 账号的内地大学中，仅 5 所大学年发布内容数量高于 100，但点赞量均在 5000 以下，评论数量均低于 20 条，而美国 4 所参照大学的点赞量均高于 10000，评论量均高于 100。

4. 视频平台

我国内地大学在 YouTube 平台的传播力建设严重缺失，排名第一位的清华大学在 184 所高校排名中未进前三。56 所大学拥有 YouTube 账号，但无内地大学拥有官方订阅账号。清华大学 YouTube 指数仅为我国港澳台传播力指数排名第一位的澳门大学的 42.3%。内地大学普遍疏于 YouTube 平台建设，而港澳台大学 YouTube 平台建设已然超过日韩 4 所参照大学，但与美国参照大学存在差距。

十一、案例分析

（一）清华大学海外传播力案例分析

在 2019 年中国大学海外网络传播力的排名中，清华大学传播力指数为 2081137.4，居于榜首。其中 Google 传播力为 432612.2，列中国大学第二位，内地大学第一位。Wikipedia 传播力指数为 84333.2，相较其他维度排名较后，列内地大学第六位。Twitter 传播力指数为 856318.5，列中国大学第一位。Facebook 传播力指数为 410640.4，列内地大学第二位。YouTube 传播力指数为 52374.9，列中国大学第四位、内地大学第一位，Instagram 传播力指数为 244858.1，列中国大学第一位。其中 5 项指标排名均位列内地大学前二名，海外传播力居于内地大学顶尖水平。

清华大学 Google 传播力指数高于日韩参照大学，在与中国港澳台大学的对比中，仅落后于香港大学。在 Google 英文搜索引擎的新闻分类下检索一年内清华大学相关新闻数量，搜索结果为 6370 条，为内地大学最多，Google Trends 指数 53.4，为内地大学之首。清华大学具有极高的 Google 传播影响力，并构建了较强的正面形象。

Wikipedia 是清华大学海外传播力建设的薄弱环节。该项内地大学排名，传播力指数位列第六位。清华大学的 Wikipedia 词条中官方定义、历史发展、地址、部门结构、外部链接等要素内容信息齐全，词条链接高达 1927 条，但年词条编辑次数及参与词条编辑用户数量与排名第一位的北京交通大学存在较大差距。总体来说，清华大学 Wikipedia 词条信息完善，受众可以通过 Wikipedia 全方位获取清华大学的相关信息。

清华大学的海外社交网络平台运营成效显著，三大社交平台账号均获得官方认证，且定期发布内容。

清华大学 Twitter 传播力指数超越日韩参照大学及港澳台大学。其 Twitter 账号拥有 834000 名粉丝，相较上年增长了 202.4%，是 Twitter 平台拥有最多粉丝的内地大学。一年内清华大学发布 Twitter 内容数量为 237 条，相较上年（700 条）有所下降，发布数量在中国大学中仅低于香港理工大学（373 条），位于内地大学第一位。发布内容以校园新闻为主。

清华大学 Twitter 账号创建于 2015 年 11 月，是内地最早创建 Twitter 账号的学校之一，Twitter 账号的主页简介内容包括清华大学的学校性质、地址与历史，下方附清华大学官方网站链接。

图 1-13　清华大学 Twitter 账号主页

一年中清华大学 Twitter 账号单条信息获最高转发量 121 次，最高点赞量 1100 次。该条信息内容为：根据 QS 公布的 2020 年毕业生就业能力排行榜，清华大学的就业能力排名世界第 6 位。该信息得到了广泛的转发与点赞，体现了清华大学校友和社会公众对其的认同感。

图 1-14 清华大学 Twitter 账号最高转发内容图片

清华大学 Facebook 官方账号拥有 582094 位粉丝，相较上年增长 436%，超过日韩参照大学和我国港澳台地区对比大学，位列内地大学第二位。一年内发布消息 527 条，相较上年（353 条）有所增长。

其首页同 Twitter 账号一样标注了清华大学基本信息，添加官网、Twitter、Facebook、Instagram、YouTube 的链接，实现跨平台交流。

图 1-15 清华大学 Facebook 官方账号及简介

相比 Twitter 账号，清华大学 Facebook 账号发布内容较丰富，多配以图片、视频，而不仅仅是文字内容。

图 1 - 16　清华大学官方 Facebook 账号发布的图片内容

图 1 - 17　清华大学官方 Facebook 账号发布的视频内容

清华大学 Instagram 传播力指数为 244858.1，位列内地大学第一位。粉丝数量为 19436 人，是内地大学中最高的。一年内发布消息 359 条，超过日、韩、美 3 国参照大学，位列该指标下内地大学第一位。单条图文信息最高点赞量 3148 次，单条视频信息最高点赞量 3815 次，相较上年（827 次，1321 次）取得较大进步，两项指标均位列内地大学第二位。

清华大学 Instagram 账号头像是清华大学校徽，首页包含账号性质、官方网站、官方 Twitter 账号、官方 Facebook 账号的链接地址，实现跨平台宣传。

图 1-18 清华大学 Instagram 账号简介

清华大学 Instagram 账号发布内容以校园实践活动、学术活动和校园风景为主，得到最高点赞的图文信息与视频信息是以学生群体为主角的校园活动。

收获最高点赞的单条视频信息内容是 2019 年清华大学毕业典礼现场的视频。

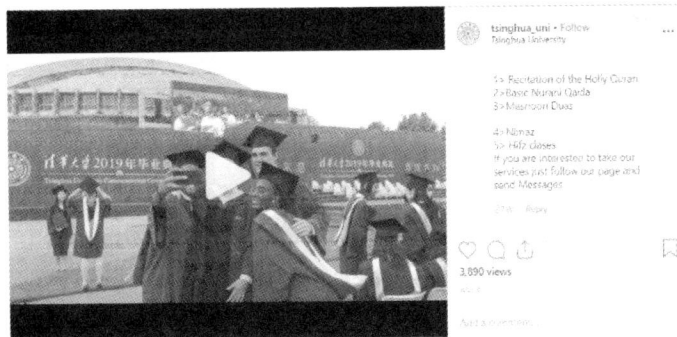

图 1-19 清华大学 Instagram 最高点赞视频

（二）北京大学 Facebook 平台海外传播力数据分析

在 2019 年中国大学海外网络传播力排名中，北京大学传播力指数为 1540756.7，位列第二位。在 6 个平台中，Facebook 传播力建设最为突出，列中国大学第一位、内地大学第一位。北京大学 Facebook 官方账号传播力指数超过日韩参照大学。在与 4 所美国参照大学的对比中，一年内北京大学的传播力建设优于耶鲁大学、麻省理工学院、斯坦福大学，与哈佛大学尚存在较大差距。

北京大学 Facebook 账号获官方认证，为内地大学账号获官方认证的 3 所大学之一。粉丝数量为 1153893 人次，相较上年（325111 人次）增长了 254.9%，远超中国大学及日韩参照大学。一年内账号发布信息 515 条，账号活跃度较高。单条图文最高获赞 2612 次，对比该项指标下的南京航空航天大学（6712 次）、中国美术学院（3728 次）等内地大学，还有较大进步空间。

最高点赞图文内容是北京大学暑期学校通知，鼓励学生参与暑期学校项目，提升学术技能，拓宽全球视野。

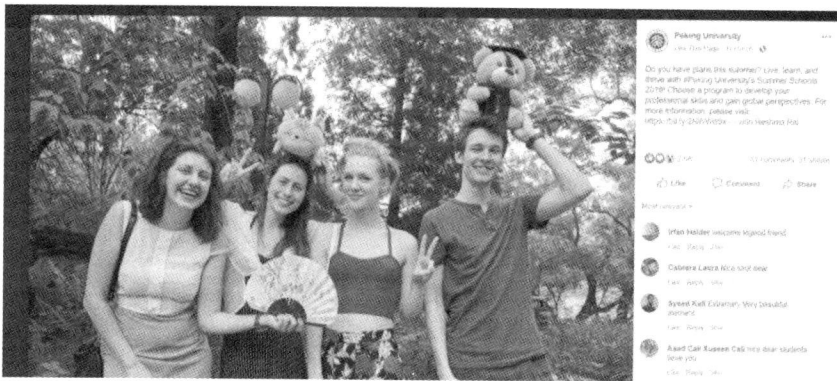

图 1-20　账号获最高点赞图文

（三）中国美术学院海外传播力数据分析

中国美术学院在 2019 年中国大学海外网络传播力中，位列内地大学第三位，与上年排名保持一致。在各维度传播力指数中，中国美术学院在三大社交平台的传播力建设尤为突出。Twitter 平台传播力指数为 173748.1，Facebook 平台传播力指数为 239695.1，分别位列内地大学第三、第四位，Instagram 平台传播力指数位列内地大学第五位，相比上年有所进步。

中国美术学院的海外社交平台均为官方运营，Twitter、Facebook 和 Instagram 传播力排名较为靠前。

中国美术学院 Twitter 账号是我国内地大学中除清华大学、北京大学之外唯一经过官方认证的大学账号，过去一年发布信息 133 条，最高点赞量达 212 次。中国美术学院官方 Twitter 账号由学校专职团队运营维护，内容贴近学校校园生活，提升了学校的国际知名度。截止到 2019 年 10 月，粉丝数量达 7850 人，比上年增加 86.3%。

中国美术学院的 Twitter 头像为其校徽及中英文名称，背景是中国美术学院正门照片与其官方英文名称，下方标注了中国美术学院官方网站链接，两个社交平台得以相互交融、共同发展。

图 1-21　中国美术学院官方 Twitter 账号

中国美术学院官方 Twitter 账号建立于 2017 年 6 月，截止到 2019 年 10 月已累计发表图片、视频 818 条。

中国美术学院官方 Twitter 账号以发布校园生活、展览预告、普及美术知识、展现学校发展成果为主，发送频率高。每条推文均配以图片或者视频，内容丰富翔实，使受众能够充分获取信息。

图 1-22　中国美术学院 Twitter 发布展讯

中国美术学院在 2018 年 12 月 4 日发表的"新时代新青年"展览预告收获 16 次转发与 212 次点赞，为当年最高点赞量与转发量。主要内容是介绍庆祝中国改革开放四十周年纪念展览会，同时发布展览地点时间等信息及主要展览内容。

中国美术学院 Facebook 账号由学校官方运营，主页包含学校官方宣传片，用于介绍各学院，头像与 Twitter 账号保持一致，为学校校徽及中英文名称。

图 1 - 23　中国美术学院官方 Facebook 账号

截止到 2019 年 10 月 15 日，中国美术学院 Facebook 账号共有 83855 位关注者，是上年的 300 倍，关注人数大幅提升。

中国美术学院 Instagram 账号由学校官方运营，内容主要是校园景色、校内活动以及所获荣誉。一年内发布消息 213 条，最高图文点赞量达 110 次，最高视频点赞量达 226 次。

中国美术学院 Instagram 账号头像是其校徽，首页说明了官方账号归属，下附官方网站、官方 Twitter 账号、官方 Facebook 账号及 YouTube 账号的链接地址，实现跨平台宣传。

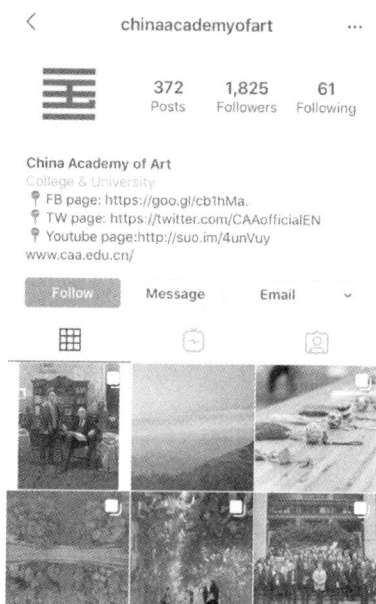

图 1 - 24　中国美术学院官方 Instagram 账号

中国美术学院年最高点赞的图文信息（获赞 117 次）为杭州第一场雪，图片呈现了雪景中的中国美术学院，文字部分表述校园如同梦幻仙境，同时附上 Facebook 相册链接，提供快速访问途径。

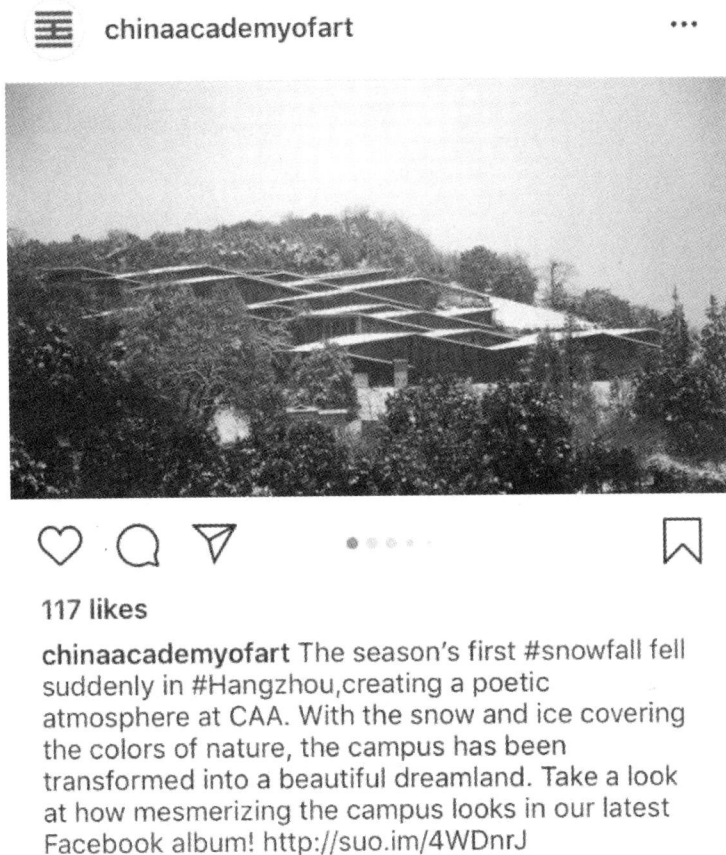

图 1-25　中国美术学院官方 Instagram 账号发布学校雪景

年最高浏览量的视频内容是获国家知名书法奖的中国美术学院硕士生进行书法展示的过程。视频下方辅以文字说明，指出所获奖项的权威性。

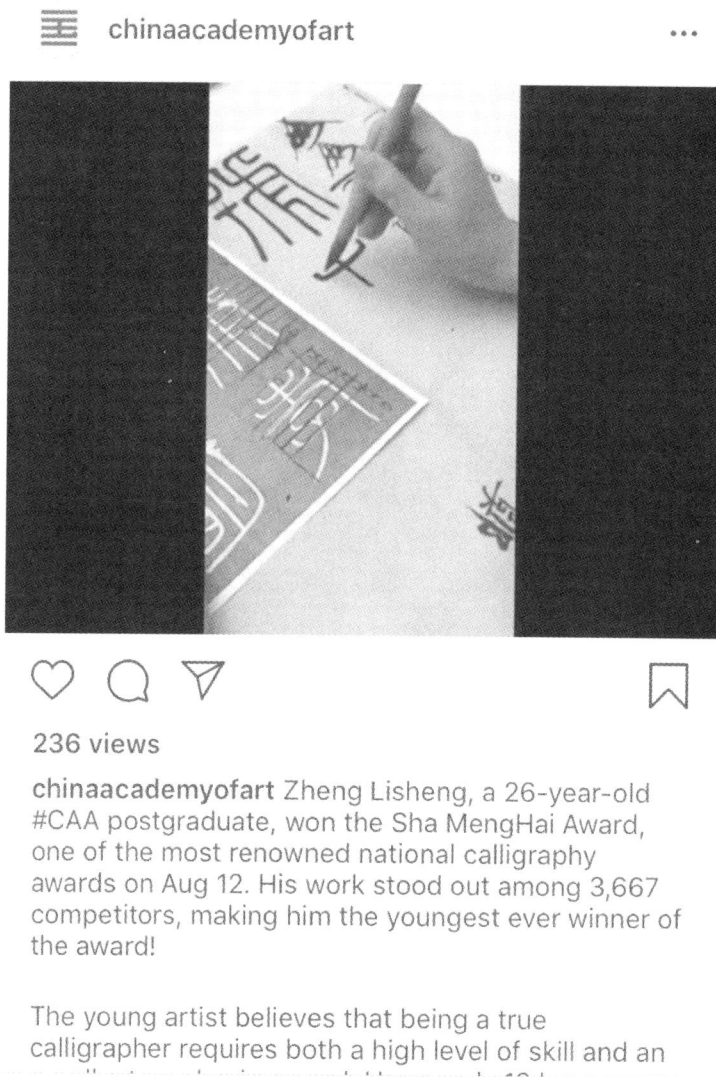

chinaacademyofart ···

236 views

chinaacademyofart Zheng Lisheng, a 26-year-old #CAA postgraduate, won the Sha MengHai Award, one of the most renowned national calligraphy awards on Aug 12. His work stood out among 3,667 competitors, making him the youngest ever winner of the award!

The young artist believes that being a true calligrapher requires both a high level of skill and an

图 1-26 中国美术学院官方 Instagram 账号发布奖项视频

第二章　2019中央企业海外网络传播力建设报告

摘　要

中央企业是我国国民经济的重要组成部分，是国家经济、文化和公共外交"走出去"的重要载体，应充分利用全球网络优势和资源优势，在国际传播场域上发出更加响亮的"中国声音"，加强我国国际传播能力建设。

本报告选取了国务院国有资产监督管理委员会管辖的95家中央企业作为研究对象，从集团层面开展研究，并选择中国民营企业500强中的第一名华为技术有限公司与世界第一大石油公司荷兰皇家壳牌集团作为对比参照。挖掘Google、Wikipedia、Facebook、Twitter、Instagram、YouTube 6个平台数据开展分析。

研究发现，2019年我国中央企业海外网络传播力具有以下特征：

1 民航和通信类企业在海外网络传播力方面居领先地位。95家中央企业海外传播力综合指数排名前十位的依次为中国航空集团有限公司、中国南方航空集团有限公司、中国中车集团有限公司、中国石油化工集团有限公司、中国东方航空集团有限公司、中国移动通信集团有限公司、中国电信集团有限公司、中国联合网络通信集团有限公司、国家电力投资集团有限公司、华润（集团）有限公司。

2 中国东方航空集团有限公司、中国南方航空集团有限公司、中国移动通信集团有限公司、中国石油化工集团有限公司4家企业连续4年进入中央企业海外传播力综合指数前十位。

3 中央企业海外传播力得分排名第一位的中国航空集团有限公司与两家参照企业的差距和上年相比明显缩小，2019年中央企业整体海外传播力进步明显，但与参照企业华为技术有限公司相比还有较大差距。

4 中国南方航空集团有限公司、中国航空集团有限公司、中国电信集团有限公司、中国联合网络通信集团有限公司、中国中车集团有限公司、中国移动通信集团有限公司、中国东方航空集团有限公司7家中央企业同时进入4个及4个以上传播力维度排名的前十位。

［本章作者］张洪忠、方增泉、石中甫、苏世兰、孙亚军、王思蕴、郑伟、祁雪晶、季晓旭等，王林楠、信德源参与数据采集工作。

5 中央企业 Instagram 维度进步明显。与上年相比，2019 年有 Instagram 账号的中央企业多了 9 家，中央企业 Instagram 账号平均粉丝数量和平均信息发布量均有明显增长。

6 中央企业社交媒体平台官方认证情况有待改善。在调查的 95 家企业中，只有 21 家企业拥有 Twitter 账号，占总体的 22.1%，仅有 4 家企业的账号经过官方认证。仅有 5 家企业拥有 Facebook 官方认证账号。95 家中央企业仅有 22.1%（21 家）的企业有 Instagram 账号。中央企业视频传播意识不强，YouTube 平台入驻率有待提高。

7 社交媒体平台互动性有待提高。中央企业在 Twitter、Facebook、Instagram 和 YouTube 这 4 个社交平台中与粉丝进行互动的情况依然较差，这些账号只起了发布信息的作用，没有起到沟通用户，与用户进行互动交流的作用。

一、背景与方法

（一）背景

2019 年上半年召开的中央企业宣传思想工作会议指出："中央企业要坚持稳中求进、守正创新，着力落实意识形态工作责任制，着力加强新闻宣传和舆论引导，着力推动精神文明和企业文化建设，着力提升国际传播能力，为中央企业改革发展和党的建设提供坚强思想保证和强大精神力量。"中央企业是我国国民经济的重要组成部分，随着中央企业国际化程度不断加大，国际社会对中央企业的关注度也会不断提高。在国际舆论"聚光灯"下的中央企业如何塑造良好的国际形象，如何更好地传播中国声音，这既是企业自身品牌文化建设问题，也是我国国际传播能力的建设问题。

为了更科学、准确地评价中央企业海外传播力建设的状况，为中央企业国际化经营及国家"走出去"战略提供更具针对性的参考，本报告选取 Google、Wikipedia、Twitter、Facebook、Instagram、YouTube 6 个平台作为中央企业海外网络传播力的考察维度，从一个侧面研究中国中央企业的海外传播力现状。

Google 作为全球最普及的搜索引擎，提供 30 余种语言服务，在全球搜索引擎平台上占据主导地位。因此以 Google News 为平台分析中央企业的新闻内容和报道数量具有较高的研究价值和可信度。Google Trends 是基于用户搜索行为的数据平台，可以反映中央企业某一时间段内在该平台上的搜索热度，从而整体把握中央企业在海外的受关注程度。

Wikipedia 是全球任何用户都可以编辑，基于多种语言写成的网络百科全书，也是一个动态的、可自由访问的全球知识体。Wikipedia 有强大的访问量，对受众来说，它是一个较受信赖的寻找答案、发现事实的平台。Wikipedia 上英文词条完整性能够反映我国中央企业面向全球编辑和完善英文媒体资料的主动性和积极性。

Twitter 为受众提供一个公共讨论平台，所有信息都可以及时检索。Twitter 在自媒体平台上有很强的国际影响力，在国际网站 Alexa. com 排名中，Twitter 影响力名列前茅。

Facebook 是全球最大的社交网络平台，用户可以利用该平台发布各种内容，与拥有共同兴趣的好友交流讨论和分享网络信息。Facebook 已覆盖 200 多个国家和地区，是全球影响力最高的社交媒体平台，也是全球市值最高的社交网络公司。Facebook 的官方主页是企业宣传和吸引粉丝的重要阵地，Facebook 平台的数据统计可以反映出中央企业海外传播的触达范围及触达深度。

Instagram 于 2010 年 10 月推出，不同于传统社交媒体，它更专注于单一的图片功能，主推图片社交，深受年轻人欢迎。自问世以来用户量一直保持高速增长，2018 年 6 月，月活跃用户量已经突破 10 亿人次关口，超过 400 亿张照片被分享，它的快速发展表明以图片及视频分享服务为主的社交媒体正在蓬勃发展，以图会友的新型社交媒体平台逐渐成为主流。

YouTube 是世界上规模最大和最有影响力的视频网站，用户可在平台内自主上传和浏览全球范围的视频内容，YouTube 影片内容包罗万象，深受中年和青少年人群青睐。在 YouTube 平台上进行影像视觉传播可以做到快速、大范围传播，吸引用户成为企业品牌粉丝。YouTube 平台的统计数据可以反映出中央企业的跨文化传播和沟通能力。

本报告将传播力分为三个层次。第一个层次是"在场"，衡量标准是一个国家在互联网场域中的出现频率，操作化定义为提及率；第二个层次是"评价"，即"在场"内容是正面还是负面，需得到关注和讨论；第三个层次是"承认"，即互联网世界对一个传播内容的价值认可程度。三个层次中，"在场"是基础，只有"在场"前提下，才可能有后面的层次。而"评价"则是重点，直接影响企业代表的形象。因此，本报告从第一层次的"在场"维度和第二层次的"评价"维度来考察我国中央企业在互联网英文世界中的传播力。

本报告选取 95 家中央企业作为研究样本，通过抓取国际搜索网站和大型社交平台数据，设定具体的维度和指标进行对比分析，以期了解我国企业海外网络传播力现状，提高企业海外传播能力，完善我国海外网络传播体系建设，进而提升中国的国际传播实力。

（二）方法

1. 指标

本报告采用专家法设立指标和权重。首先，选取 Google、Wikipedia、Twitter、Facebook、Instagram、YouTube 6 个平台作为考察维度；其次，对每个维度设立具体指标，通过赋予各项指标不同权重，计算我国中央企业的海外网络传播力综合指数。6 个维度共有二级指标 25 个，逐一赋予权重进行量化统计分析，得出 95 家中央企业的海外网络传播力综合指数得分，各项指标权重如下。

表 2 - 1　指标体系权重分布

单位:%

指标维度			
维度	指标	权重	
Google	Google News	25.0	30
	Google Trends	5.0	
Wikipedia	词条完整性	2.5	10
	一年内词条被编辑的次数	2.5	
	一年内参与词条编辑的用户数	2.5	
	链接情况（What links here）	2.5	
Twitter	是否有官方认证账号	1.0	15
	粉丝数量	3.5	
	一年内发布的内容数量	3.5	
	一年内最高转发量	3.5	
	一年内最多评论数	3.5	
Facebook	是否有官方认证账号	1.0	15
	好友数量	4.6	
	一年内发布的内容数量	4.7	
	一年内最高点赞数量	4.7	
Instagram	是否有官方认证账号	1.0	15
	粉丝数量	2.8	
	一年内发布的内容数量	2.8	
	一年内最多回复数量	2.8	
	一年内图文最高点赞量	2.8	
	一年内视频最高点击量	2.8	
YouTube	是否有官方认证账号	1.0	15
	订阅数量	4.6	
	一年内发布的内容数量	4.7	
	一年内最高点击量	4.7	

2. 算法

企业海外网络传播力综合指数的测量是由各个筛选指标乘以相应系数，加权然后相加得到的，具体算法如下：

（1）数据整理。将非定量数据转化成定量数据，非定量数据所在指标分别为：Wikipedia 中的"词条完整性"；Twitter 中的"是否有官方认证账号"；Facebook 中的"是否有官方认证账号"；Instagram 中的"是否有官方认证账号"；YouTube 中的"是否有官方认证账号"。

（2）计算各个指标的校正系数 X_{ij}。由于各项指标之间的数量级不同，为了平衡各项指标的数据差距，以确保各项指标在总体中所占的比重能够达到既定的权重，为此根据表 1 所列的指标权重计算每个指标的校正系数，计算参见公式（1）。

$$X_{ij} = \frac{K_{ij}A}{a_j} \tag{1}$$

（3）计算每一家企业的海外网络传播力的综合指数和单一指数。计算分别参见公式（2）和公式（3）。

$$Y = \sum_{i=1}^{6} \sum_{j} a_{ij}X_{ij} \tag{2}$$

$$Y_i = \sum_{j} a_{ij}X_{ij} \tag{3}$$

式中，Y 表示任意企业的海外网络传播力的综合指数；

Y_i 表示任意企业的海外网络传播力的单一指数，如 $i = 1$，Y_i 代表任意企业在 Google 搜索上的海外传播力；

a_{1j} 表示 Google 搜索任意指标的数值，$j = 1$，2；

a_{2j} 表示 Wikipedia 任意指标的数值，$j = 1$，2，3，4；

a_{2j} 表示 Twitter 任意指标的数值，$j = 1$，2，3，4，5；

a_{4j} 表示 Facebook 任意指标的数值，$j = 1$，2，3，4；

a_{5j} 表示 Instagram 任意指标的数值，$j = 1$，2，3，4，5，6；

a_{6j} 表示 Youtube 任意指标的数值，$j = 1$，2，3，4；

K_{ij} 表示任意指标的权重；

a_j 表示任意指标的均值；

A 表示所有指标的均值的和。

3. 数据采集时间

本报告中 Google、Wikipedia、Twitter、Facebook、Instagram、YouTube 6 个维度 25 个二级指标的采集时间均为 2018 年 10 月 15 日至 2019 年 10 月 15 日，覆盖时间一年。

4. 分析对象选择

本报告选取了国务院国有资产监督管理委员会管辖的 95 家中央企业作为研究对象。同时选择了中国民营企业 500 强中的第一名华为技术有限公司与世界第一大石油公司荷兰皇家壳牌集团作为参照分析。

研究从集团层面开展研究，只采集集团层面的相关数据，不对具体集团的子公司数据进行采集。

对中央企业的 Google、Wikipedia、Twitter、Facebook、Instagram、YouTube 这 6 个维度的考察，均使用其英文名称进行搜索，大部分企业的英文名称包含前缀 China，或使用中文名称的音译，如 China Huaneng Group（中国华能集团公司），因此其英文名称具有唯一性，可以直接对应到该企业；个别企业如国家电力投资集团公司的英文名称为 State Power Investment Corporation，则通过人工筛选的方法以确定其准确网址。

由于在数据采集过程中，中国保利集团有限公司与中国中丝集团有限公司于 2019 年

7月8日实施重组，中国中丝集团有限公司整体无偿划转进入中国保利集团有限公司，故使用中国中丝集团有限公司与中国保利集团有限公司的英文名称作为搜索关键词，并将两家公司的统计结果合并。

中国船舶工业集团有限公司与中国船舶重工集团有限公司于2019年10月25日宣布实施联合重组，新设中国船舶集团有限公司，故使用中国船舶工业集团有限公司与中国船舶重工集团有限公司的英文名称作为搜索关键词，并将两家公司的统计结果合并。

国家石油天然气管网集团有限公司于2019年12月9日在北京正式成立，不在本次数据采集时间范围（2018年10月15日至2019年10月15日）内，因此不列入分析对象表单。

企业中文名称与英文名称如下。

表2－2　95家中央企业名单

中文名称	英文名称	英文缩写
中国核工业集团有限公司	China National Nuclear Corporation	CNNC
中国航天科技集团有限公司	China Aerospace Science and Technology Corporation	CASC
中国航天科工集团有限公司	China Aerospace Science and Industry Corporation	CASIC
中国航空工业集团有限公司	Aviation Industry Corporation of China	AVIC
中国船舶集团有限公司	China State Shipbuilding Corporation Limited	CSSC
中国兵器工业集团有限公司	China North Industries Group Corporation	CNIGC
中国兵器装备集团有限公司	China South Industries Group Corporation	CSGC
中国电子科技集团有限公司	China Electronics Technology Group Corporation	CETC
中国航空发动机集团有限公司	Aero Engine Corporation of China	AECC
中国石油天然气集团有限公司	China National Petroleum Corporation	CNPC
中国石油化工集团有限公司	China Petroleum & Chemical Corporation	SINOPEC
中国海洋石油集团有限公司	China National Offshore Oil Corporation	CNOOC
国家电网有限公司	State Grid Corporation of China	SGCC
中国南方电网有限责任公司	China Southern Power Grid	CSG
中国华能集团有限公司	China Huaneng Group	CHNG
中国大唐集团有限公司	China Datang Corporation	CDT
中国华电集团有限公司	China Huadian Corporation	CHD
国家电力投资集团有限公司	State Power Investment Corporation	SPIC
中国长江三峡集团有限公司	China Three Gorges Corporation	CTG
国家能源投资集团有限责任公司	China Energy Investment Corporation	CHN ENERGY
中国电信集团有限公司	China Telecommunications Corporation	CHINA TELECOM
中国联合网络通信集团有限公司	China United Network Communications Group Co., Ltd.	CHINA UNICOM
中国移动通信集团有限公司	China Mobile Limited	CHINA MOBILE
中国电子信息产业集团有限公司	China Electronics Corporation	CEC
中国第一汽车集团有限公司	China FAW Group Corporation	FAW
东风汽车集团有限公司	Dongfeng Motor Corporation	DFM

续表

中文名称	英文名称	英文缩写
中国一重集团有限公司	China First Heavy Industries	CFHI
中国机械工业集团有限公司	China National Machinery Industry Corporation	SINOMACH
哈尔滨电气集团有限公司	Harbin Electric Corporation	HE
中国东方电气集团有限公司	Dongfang Electric Corporation	DEC
鞍钢集团有限公司	Ansteel Group Corporation	ANSTEEL
中国宝武钢铁集团有限公司	China Baowu Steel Group Corporation Limited	BAOWU
中国铝业集团有限公司	Aluminum Corporation of China	CHINALCO
中国远洋海运集团有限公司	China Cosco Shipping Corporation Limted	COSCO
中国航空集团有限公司	China National Aviation Coporation（Group）Limited	AIR CHINA
中国东方航空集团有限公司	China Eastern Airlines	CHINA EASTERN
中国南方航空集团有限公司	China Southern Airlines	CHINA SOUTHERN
中国中化集团有限公司	Sinochem Group	SINOCHEM
中粮集团有限公司	China National Cereals，Oils and Foodstuffs Corporation	COFCO
中国五矿集团有限公司	China Minmetals Corporation	CMC
中国通用技术（集团）控股有限责任公司	China General Technology（Group）Holding Co.，Ltd.	GENERTEC
中国建筑集团有限公司	China State Construction Engineering Corporation	CSCEC
中国储备粮管理集团有限公司	China Grain Reserves Corporation	SINOGRAIN
国家开发投资集团有限公司	State Development & Investment Corporation	SDIC
招商局集团有限公司	China Merchants Group	CMHK
华润（集团）有限公司	China Resources（Holdings）Co.，Ltd.	China Resources Group（CRC）
中国旅游集团有限公司［香港中旅（集团）有限公司］	China National Travel Service Group CorporationChina Travel Service（Holdings）Hong Kong limited	HKCTS
中国商用飞机有限责任公司	Commercial Aircraft Corporation of China, Ltd.	COMAC
中国节能环保集团有限公司	China Energy Conservation and Environmental Protection Group	CECEP
中国国际工程咨询有限公司	China International Engineering Consulting Corporation	CIECC
中国诚通控股集团有限公司	China Chengtong Holdings Group Limited	CCT
中国中煤能源集团有限公司	China National Coal Group Corporation	ChinaCoal
中国煤炭科工集团有限公司	China Coal Technology & Engineering Group Corp.	CCTEG
机械科学研究总院集团有限公司	China Academy of Machinery Science and Technology	CAM
中国中钢集团有限公司	Sinosteel Corporation	SINOSTEEL
中国钢研科技集团有限公司	China Iron & Steel Research Institute Group	CISRI
中国化工集团有限公司	China National Chemical Corporation	CHEMCHINA
中国化学工程集团有限公司	China National Chemical Engineering Group Corporation	CNCEC
中国盐业集团有限公司	China National Salt Industry Corporation	CNSIC

续表

中文名称	英文名称	英文缩写
中国建材集团有限公司	China National Building Materials Group Corporation	CNBM
中国有色矿业集团有限公司	China Nonferrous Metal Mining（Group）Co.，Ltd.	CNMC
有研科技集团有限公司	General Research Institute for Nonferrous Metals	GRINM
北京矿冶科技集团有限公司	Beijing General Research Institute of Mining & Metallurgy	BGRIMM
中国国际技术智力合作有限公司	China International Intellectech Corporation	CIIC
中国建筑科学研究院有限公司	China Academy of Building Research	CABR
中国中车集团有限公司	CRRC Corporation Limited	CRRC
中国铁路通信信号集团有限公司	China Railway Signal & Communication Corporation Limited	CRSC
中国铁路工程集团有限公司	China Railway Group Limited	CREC
中国铁道建筑有限公司	China Railway Construction Corporation	CRCC
中国交通建设集团有限公司	China Communications Construction Company Limited	CCCC
中国普天信息产业集团有限公司	Potevio Company Limited	POTEVIO
中国信息通信科技集团有限公司	China Information Communication Technologies Group Corporation	CICT
中国农业发展集团有限公司	China National Agricultural Development Group Co.，Ltd.	CNADC
中国林业集团有限公司	China Forestry Group Corporation	CFGC
中国医药集团有限公司	China National Pharmaceutical Group Corporation	SINOPHARM
中国保利集团有限公司	China Poly Group Corporation	CPGC
中国建设科技有限公司	China Architecture Design & Research Group	CAG
中国冶金地质总局	China Metallurgical Geology Bureau	CMGB
中国煤炭地质总局	China National Administration of Coal Geology	CNACG
新兴际华集团有限公司	Xinxing Cathay International Group Co.，Ltd.	XXCIG
中国民航信息集团有限公司	China TravelSky Holding Company	TRAVELSKY
中国航空油料集团有限公司	China National Aviation Fuel	CNAF
中国航空器材集团有限公司	China Aviation Supplies Holding Company	CASC
中国电力建设集团有限公司	The Power Construction Corporation of China	POWERCHINA
中国能源建设集团有限公司	China Energy Engineering Corporation Limited	CEEC
中国安能建筑集团有限公司	China Anneng Construction Group Co.，Ltd.	
中国黄金集团有限公司	China National Gold Group Corporation	China Gold
中国广核集团有限公司	China General Nuclear Power Corporation	CGN
中国华录集团有限公司	China Hualu Group Co.，Ltd.	Hualu
上海诺基亚贝尔股份有限公司	Nokia－Sbell	Nokia－Sbell
华侨城集团有限公司	Overseas Chinese Town Holdings Company	OCT
南光（集团）有限公司 ［中国南光集团有限公司］	Nam Kwong（group）Company Limited	Nam Kwong

中文名称	英文名称	英文缩写
中国西电集团有限公司	China XD Group Company	XD
中国铁路物资集团有限公司	China Railway Materials Company Limited	CRM
中国国新控股有限责任公司	China Reform Holdings Corporation Ltd.	CRHC

二、中央企业海外网络传播力综合指数

（一）95 家中央企业海外传播力综合指数排名

本报告整理并汇集我国 95 家中央企业在 Google、Wikipedia、Twitter、Facebook、Instagram 和 YouTube 6 个维度上 25 个指标数据，通过综合模型计算分析得出海外网络传播力综合指数与排名。

在这 95 家企业中，综合指数得分最高的是中国航空集团有限公司（7258318.0），其后排第二位到第五位依次是中国南方航空集团有限公司（6904087.0）、中国中车集团有限公司（4643682.2）、中国石油化工集团有限公司（3052745.9）、中国东方航空集团有限公司（2224538.0）。民航和通信类企业在海外网络传播力方面居于领先地位。

表 2-3 95 家中央企业海外传播力综合指数排名

序号	中文名称	传播力综合指数
1	中国航空集团有限公司	7258318.0
2	中国南方航空集团有限公司	6904087.0
3	中国中车集团有限公司	4643682.2
4	中国石油化工集团有限公司	3052745.9
5	中国东方航空集团有限公司	2224538.0
6	中国移动通信集团有限公司	1369095.3
7	中国电信集团有限公司	1347669.0
8	中国联合网络通信集团有限公司	1131870.3
9	国家电力投资集团有限公司	1094133.8
10	华润（集团）有限公司	679953.8
11	中国建筑集团有限公司	667484.5

序号	中文名称	传播力综合指数
12	中粮集团有限公司	588772.2
13	中国电力建设集团有限公司	512343.8
14	中国商用飞机有限责任公司	405449.1
15	中国铁路工程集团有限公司	394197.7
16	中国核工业集团有限公司	380275.4
17	新兴际华集团有限公司	373366.6
18	中国长江三峡集团有限公司	346227.5
19	中国旅游集团有限公司〔香港中旅（集团）有限公司〕	340766.0
20	国家电网有限公司	310824.3
21	中国广核集团有限公司	310173.8
22	中国船舶集团有限公司	284295.6
23	中国宝武钢铁集团有限公司	270588.7
24	中国石油天然气集团有限公司	270289.1
25	中国交通建设集团有限公司	264783.5
26	中国第一汽车集团有限公司	255198.8
27	中国远洋海运集团有限公司	253882.0
28	中国航天科技集团有限公司	249647.7
29	中国铁道建筑集团有限公司	247117.8
30	中国兵器工业集团有限公司	241080.7
31	中国保利集团有限公司	237202.9
32	中国航空工业集团有限公司	221264.3
33	中国建材集团有限公司	214983.2
34	中国海洋石油集团有限公司	210577.3
35	招商局集团有限公司	207910.9
36	中国南方电网有限责任公司	191743.7
37	中国医药集团有限公司	177801.4
38	中国节能环保集团有限公司	173304.2
39	东风汽车集团有限公司	165493.1
40	中国中钢集团有限公司	160824.9
41	中国航空发动机集团有限公司	153393.9
42	中国民航信息集团有限公司	150295.2
43	中国华能集团有限公司	146166.6
44	中国中化集团有限公司	146034.6
45	中国化工集团有限公司	145690.4
46	中国铝业集团有限公司	140511.6

序号	中文名称	传播力综合指数
47	中国大唐集团有限公司	133723.8
48	南光（集团）有限公司［中国南光集团有限公司］	132633.6
49	中国能源建设集团有限公司	131634.6
50	中国电子科技集团有限公司	131250.4
51	中国诚通控股集团有限公司	125723.7
52	中国华电集团有限公司	125149.0
53	国家能源投资集团有限责任公司	123643.0
54	中国信息通信科技集团有限公司	122470.5
55	鞍钢集团有限公司	121603.0
56	中国航天科工集团有限公司	119486.0
57	中国华录集团有限公司	119221.1
58	华侨城集团有限公司	113531.1
59	中国黄金集团有限公司	111513.9
60	中国机械工业集团有限公司	109253.2
61	中国航空油料集团有限公司	107439.5
62	中国兵器装备集团有限公司	106595.3
63	中国中煤能源集团有限公司	103073.7
64	中国航空器材集团有限公司	101079.4
65	中国有色矿业集团有限公司	85726.2
66	中国普天信息产业集团有限公司	81908.9
67	中国五矿集团有限公司	81888.1
68	中国东方电气集团有限公司	79115.1
69	哈尔滨电气集团有限公司	78206.3
70	中国西电集团有限公司	73193.8
71	上海诺基亚贝尔股份有限公司	66280.4
72	中国铁路通信信号集团有限公司	63129.0
73	中国建筑科学研究院有限公司	63077.0
74	中国电子信息产业集团有限公司	57335.1
75	中国铁路物资集团有限公司	56929.8
76	中国农业发展集团有限公司	56274.4
77	中国储备粮管理集团有限公司	50576.3
78	中国通用技术（集团）控股有限责任公司	45439.7
79	有研科技集团有限公司	43103.5
80	中国化学工程集团有限公司	38215.8
81	中国盐业集团有限公司	35083.5

续表

序号	中文名称	传播力综合指数
82	中国国际工程咨询有限公司	34572.6
83	国家开发投资集团有限公司	21582.4
84	机械科学研究总院集团有限公司	15097.2
85	中国一重集团有限公司	12095.6
86	中国国际技术智力合作有限公司	6977.9
87	中国建设科技有限公司	6248.9
88	北京矿冶科技集团有限公司	381.2
89	中国钢研科技集团有限公司	166.9
90	中国林业集团有限公司	85.3
91	中国国新控股有限责任公司	64.3
92	中国煤炭地质总局	32.2
93	中国煤炭科工集团有限公司	16.6
94	中国冶金地质总局	8.0
95	中国安能建筑集团有限公司	1.6

（二）参照系比较

中央企业中排行第一位的是中国航空集团有限公司（传播力指数：7258318.0），其海外传播力总得分低于参照企业华为技术有限公司（传播力指数：50440710.1）以及荷兰皇家壳牌集团（传播力指数：16121495.6）。其中华为技术有限公司的传播力指数是中国航空集团有限公司的 6.9 倍，荷兰皇家壳牌集团的传播力综合指数是中国航空集团有限公司的 2.2 倍。

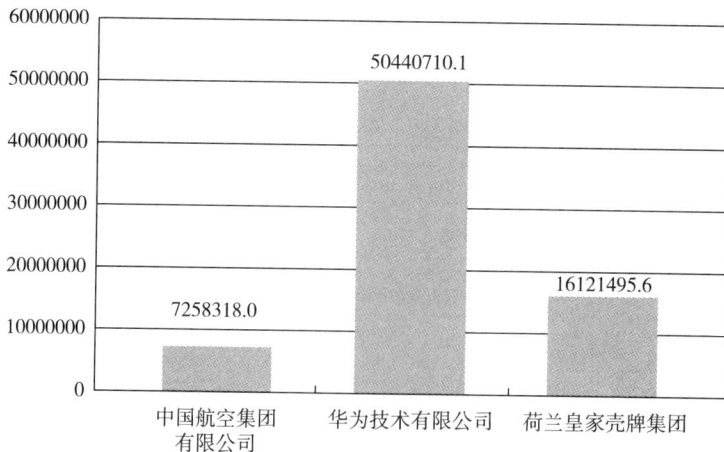

图 2-1　海外传播力综合指数得分比较

三、维度一:中央企业的Google传播力

本报告通过在 Google 搜索引擎的新闻检索,了解中央企业在国外英文网站上新闻出现的总体数量,并分析 Google Trends 指数精确地掌握中央企业在近一年内的搜索热度情况,从而整体把握中央企业在海外的受关注程度。

(一) Google 传播力得分

在 Google 传播力维度中,各项指标权重如下:Google News 指数占 25% 权重,Google Trends 指数占 5% 的权重,在影响力测量中共占 30% 的比重。

中央企业 Google News 搜索的平均新闻量为 3552 条。其中 Google News 搜索量最高的是中国诚通控股集团有限公司 (35400)。83% (79 家) 的中央企业有 Google Trends 热度指数,Google Trends 最高的是中国保利集团有限公司 (90.2)。

1. Google 传播力得分排名

在 Google 传播力维度中,得分排在前五位的中央企业依次是中国船舶集团有限公司、中国移动通信集团有限公司、中国航空工业集团有限公司、中国商用飞机有限责任公司、中国航空集团有限公司 (中国船舶工业集团有限公司与中国船舶重工集团有限公司于 2019 年 10 月 25 日宣布实施联合重组,新设中国船舶集团有限公司,中国船舶集团有限公司的得分为中国船舶工业集团有限公司与中国船舶重工集团有限公司的统计结果合并得到)。

表 2 - 4　95 家中央企业 Google 传播力得分排名

序号	中文名称	得分
1	中国船舶集团有限公司	189260.4
2	中国移动通信集团有限公司	153322.6
3	中国航空工业集团有限公司	149407.8
4	中国商用飞机有限责任公司	147044.9
5	中国航空集团有限公司	146638.7
6	中国联合网络通信集团有限公司	146299.6
7	中国南方航空集团有限公司	144609.1
8	中国保利集团有限公司	144345.1
9	中国石油天然气集团有限公司	143952.4

序号	中文名称	得分
10	中国远洋海运集团有限公司	142012.6
11	中国东方航空集团有限公司	140609.7
12	中国节能环保集团有限公司	126614.7
13	中国海洋石油集团有限公司	119548.1
14	中国第一汽车集团有限公司	117850.2
15	中国建材集团有限公司	113179.1
16	中国兵器工业集团有限公司	111048.3
17	中国电力建设集团有限公司	108987.7
18	中国交通建设集团有限公司	108305.7
19	中国民航信息集团有限公司	105632.4
20	中国核工业集团有限公司	101308.2
21	中国铁道建筑集团有限公司	101231.0
22	中国铁路工程集团有限公司	94543.3
23	中国中钢集团有限公司	93498.8
24	中国长江三峡集团有限公司	93199.5
25	中国建筑集团有限公司	92530.1
26	中国中车集团有限公司	91626.8
27	中国能源建设集团有限公司	90737.5
28	国家电网有限公司	88322.8
29	中国电信集团有限公司	87478.1
30	中国石油化工集团有限公司	87106.2
31	中国航天科技集团有限公司	86902.3
32	中国化工集团有限公司	84872.3
33	中国电子科技集团有限公司	83928.3
34	中国华能集团有限公司	83654.7
35	中国医药集团有限公司	77788.2
36	中国华电集团有限公司	75014.6
37	中国宝武钢铁集团有限公司	72103.9
38	中国诚通控股集团有限公司	71938.9
39	中国铝业集团有限公司	71058.2
40	中国中化集团有限公司	70845.8
41	华润（集团）有限公司	69970.4
42	中粮集团有限公司	69793.8
43	中国广核集团有限公司	68689.9
44	中国航空发动机集团有限公司	67471.7

续表

序号	中文名称	得分
45	中国大唐集团有限公司	63714.2
46	中国五矿集团有限公司	63105.9
47	招商局集团有限公司	57572.8
48	华侨城集团有限公司	53390.7
49	中国机械工业集团有限公司	53358.1
50	中国南方电网有限责任公司	49925.8
51	中国中煤能源集团有限公司	49368.7
52	中国航空油料集团有限公司	48459.0
53	中国西电集团有限公司	48194.2
54	东风汽车集团有限公司	47982.1
55	南光（集团）有限公司［中国南光集团有限公司］	47291.4
56	国家能源投资集团有限责任公司	46625.4
57	中国普天信息产业集团有限公司	46551.1
58	中国信息通信科技集团有限公司	45772.6
59	中国华录集团有限公司	41645.5
60	鞍钢集团有限公司	39362.2
61	中国有色矿业集团有限公司	38554.5
62	上海诺基亚贝尔股份有限公司	35262.9
63	中国兵器装备集团有限公司	35217.7
64	哈尔滨电气集团有限公司	33795.4
65	中国建筑科学研究院有限公司	27172.2
66	中国航天科工集团有限公司	27006.2
67	新兴际华集团有限公司	26589.9
68	中国航空器材集团有限公司	23006.8
69	国家开发投资集团有限公司	21582.4
70	中国铁路通信信号集团有限公司	21054.6
71	中国通用技术（集团）控股有限责任公司	21018.4
72	中国东方电气集团有限公司	18975.7
73	机械科学研究总院集团有限公司	15097.2
74	中国黄金集团有限公司	12662.9
75	中国盐业集团有限公司	12109.1
76	中国一重集团有限公司	12095.6
77	中国国际技术智力合作有限公司	6977.9
78	中国建设科技有限公司	6248.9
79	国家电力投资集团有限公司	4890.2

序号	中文名称	得分
80	中国农业发展集团有限公司	3149.4
81	中国电子信息产业集团有限公司	1377.0
82	北京矿冶科技集团有限公司	381.2
83	中国储备粮管理集团有限公司	347.5
84	中国化学工程集团有限公司	225.2
85	中国钢研科技集团有限公司	157.6
86	中国国际工程咨询有限公司	111.0
87	中国林业集团有限公司	85.3
88	中国国新控股有限责任公司	64.3
89	有研科技集团有限公司	48.3
90	中国煤炭地质总局	32.2
91	中国旅游集团有限公司〔香港中旅（集团）有限公司〕	9.7
92	中国铁路物资集团有限公司	9.7
93	中国冶金地质总局	8.0
94	中国煤炭科工集团有限公司	6.4
95	中国安能建筑集团有限公司	1.6

2. 参照系比较

得分排名第一位的中国船舶集团有限公司（189260.4）低于华为技术有限公司（26738984.2），略高于荷兰皇家壳牌集团（180459.9），华为技术有限公司的得分是中国船舶集团有限公司的141.3倍。

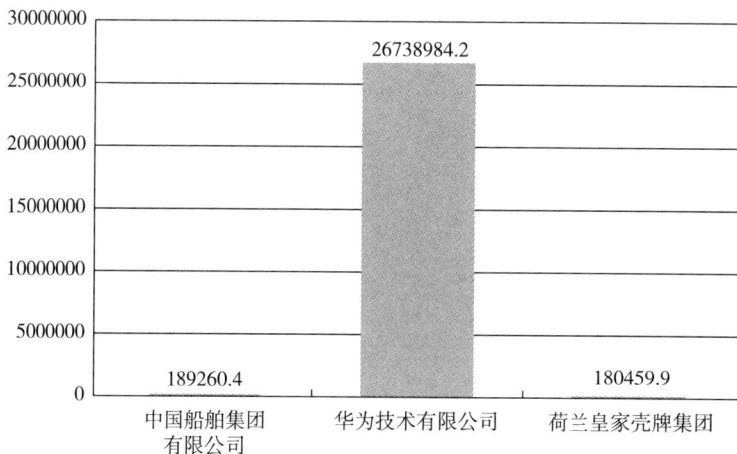

图 2 - 2　Google 传播力总得分分析

（二）Google 传播力具体指标

在 Google（www.google.com）英文搜索引擎的新闻分类下，采用输入双引号加中央企业英文全称的方法，即中央企业英文全称，限定搜索时间为 2018 年 10 月 15 日到 2019 年 10 月 15 日，得到各企业的新闻数量。运用 Google Trends 平台搜索各企业英文全称，从而获得该企业的搜索热度。

1. Google News 搜索量方面

得分排名前三位依次为中国诚通控股集团有限公司（35400 条）、中国节能环保集团有限公司（33200 条）、中国船舶集团有限公司（30400 条）。95 家企业平均 Google News 数量为 3552 条。

2. Google Trends 指数方面

得分排名前三位依次为中国保利集团有限公司（90.2）、中国商用飞机有限责任公司（88.3）、中国船舶集团有限公司（变动后）（87.8）。95 家企业平均 Google Trends 指数为 34.9。

表 2 - 5　95 家中央企业 Google 传播力具体指标

序号	中文名称	新闻搜索（条）	Trends 分析
1	中国核工业集团有限公司	1550	61.82
2	中国航天科技集团有限公司	5850	48.48
3	中国航天科工集团有限公司	701	16.19
4	中国航空工业集团有限公司	6530	86.90
5	中国船舶集团有限公司	30400	87.81
6	中国兵器工业集团有限公司	73	69.40
7	中国兵器装备集团有限公司	112	21.92
8	中国电子科技集团有限公司	1060	51.44
9	中国航空发动机集团有限公司	14300	27.82
10	中国石油天然气集团有限公司	13900	76.07
11	中国石油化工集团有限公司	13300	41.11
12	中国海洋石油集团有限公司	6430	68.32
13	国家电网有限公司	4080	51.15
14	中国南方电网有限责任公司	203	31.03
15	中国华能集团有限公司	4010	48.30
16	中国大唐集团有限公司	557	39.30
17	中国华电集团有限公司	666	46.26
18	国家电力投资集团有限公司	3040	0
19	中国长江三峡集团有限公司	1090	57.21
20	国家能源投资集团有限责任公司	79	29.09
21	中国电信集团有限公司	5890	48.80

序号	中文名称	新闻搜索（条）	Trends 分析
22	中国联合网络通信集团有限公司	5820	85.67
23	中国移动通信集团有限公司	11100	84.75
24	中国电子信息产业集团有限公司	856	0
25	中国第一汽车集团有限公司	436	73.29
26	东风汽车集团有限公司	2870	27.13
27	中国一重集团有限公司	27	7.54
28	中国机械工业集团有限公司	876	32.50
29	哈尔滨电气集团有限公司	768	20.37
30	中国东方电气集团有限公司	856	11.01
31	鞍钢集团有限公司	870	23.75
32	中国宝武钢铁集团有限公司	1450	43.65
33	中国铝业集团有限公司	2360	42.08
34	中国远洋海运集团有限公司	19600	69.12
35	中国航空集团有限公司	6160	85.54
36	中国东方航空集团有限公司	7440	80.48
37	中国南方航空集团有限公司	9330	81.08
38	中国中化集团有限公司	3470	40.83
39	中粮集团有限公司	3760	39.88
40	中国五矿集团有限公司	934	38.54
41	中国通用技术（集团）控股有限责任公司	69	13.08
42	中国建筑集团有限公司	1280	56.60
43	中国储备粮管理集团有限公司	216	0
44	国家开发投资集团有限公司	668	12.83
45	招商局集团有限公司	1310	34.70
46	华润（集团）有限公司	84	43.69
47	中国旅游集团有限公司［香港中旅（集团）有限公司］	6	0
48	中国商用飞机有限责任公司	3670	88.30
49	中国节能环保集团有限公司	33200	45.80
50	中国国际工程咨询有限公司	69	0
51	中国诚通控股集团有限公司	35400	9.38
52	中国中煤能源集团有限公司	2470	28.40
53	中国煤炭科工集团有限公司	4	0
54	机械科学研究总院集团有限公司	5	9.44
55	中国中钢集团有限公司	978	57.51
56	中国钢研科技集团有限公司	98	0
57	中国化工集团有限公司	2720	50.36
58	中国化学工程集团有限公司	140	0

序号	中文名称	新闻搜索（条）	Trends 分析
59	中国盐业集团有限公司	95	7.48
60	中国建材集团有限公司	553	70.25
61	中国有色矿业集团有限公司	11000	13.05
62	有研科技集团有限公司	30	0
63	北京矿冶科技集团有限公司	237	0
64	中国国际技术智力合作有限公司	542	3.82
65	中国建筑科学研究院有限公司	993	16.00
66	中国中车集团有限公司	6750	50.53
67	中国铁路通信信号集团有限公司	171	13.00
68	中国铁路工程集团有限公司	15300	43.75
69	中国铁道建筑集团有限公司	1820	61.50
70	中国交通建设集团有限公司	4330	63.40
71	中国普天信息产业集团有限公司	162	28.96
72	中国信息通信科技集团有限公司	6	28.63
73	中国农业发展集团有限公司	50	1.92
74	中国林业集团有限公司	53	0
75	中国医药集团有限公司	691	47.97
76	中国保利集团有限公司	64	90.24
77	中国建设科技有限公司	59	3.85
78	中国冶金地质总局	5	0
79	中国煤炭地质总局	20	0
80	新兴际华集团有限公司	5	16.63
81	中国民航信息集团有限公司	184	65.90
82	中国航空油料集团有限公司	732	29.58
83	中国航空器材集团有限公司	5230	9.13
84	中国电力建设集团有限公司	988	67.19
85	中国能源建设集团有限公司	4180	52.56
86	中国安能建筑集团有限公司	1	0
87	中国黄金集团有限公司	797	7.12
88	中国广核集团有限公司	6800	36.13
89	中国华录集团有限公司	322	25.73
90	上海诺基亚贝尔股份有限公司	1	22.06
91	华侨城集团有限公司	2	33.40
92	南光（集团）有限公司［中国南光集团有限公司］	26	29.56
93	中国西电集团有限公司	1	30.15
94	中国铁路物资集团有限公司	6	0
95	中国国新控股有限责任公司	40	0

表 2 - 6　参照企业 Google 传播力具体指标

序号	中文名称	新闻搜索（条）	Trends 分析
1	华为技术有限公司	16600000	22.31
2	荷兰皇家壳牌集团	34200	78.48

（三）Google 海外传播力案例分析

中国中车集团有限公司（以下简称中国中车）在 Google 传播力中排名第 26 位，较 2018 年上升 17 位，上升速度较快。在 Google News 中搜索 CRRC，共得出 6750 条结果，主要分为技术成就、安全威胁、客观中立等方面。

第一部分为反映中国中车技术先进，在国外获得广泛赞誉或者获得国外专业组织认可的新闻。

第二部分为反映中国中车对其他国家的经济、安全等方面造成影响的新闻，如 "Chinese train deal hits US security problems" 中称，中国中车提供给美国的新火车会给美国的安全、商务方面带来威胁，并称在美国总统唐纳德·特朗普颁布行政命令将中国电信巨头华为公司列入黑名单后，审查中国铁路公司的列车及其整体运营的呼吁热烈起来。

New York's subway system is the largest public transportation network in the US. Photo: Asia Times

Chinese train deal hits US security problems

Senator calls for security assessment before Chinese rail maker CRRC is awarded New York contract

By ASIA TIMES STAFF

图 2 - 3　中国中车在 Google 新闻中检索的偏负面新闻

第三部分则从较客观的角度描述中国中车的发展，如该企业进步或存在问题等的新闻，如 "Chinese train maker CRRC to take over German factory" 中称 CRRC 是世界上最大的火车制造商，它将通过与德国制造商 Vossloh 的交易收购其在欧洲大陆的第一家机车工厂，从而在欧洲取得重要地位。但是中国中车在美国面临压力，国会两院均已采取措施，禁止使用联邦资金购买中国有轨电车和公共汽车。

TRANSPORTATION

Chinese train maker CRRC to take over German factory

Deal comes as US Congress moves to block funding for company orders

JENS KASTNER, Contributing writer
AUGUST 27, 2019 22:04 JST

图 2 - 4　中国中车在 Google 新闻中检索的较客观新闻

四、维度二：中央企业Wikipedia传播力

Wikipedia 是一个全球任何用户都可以参与编辑、基于多语言写成的网络百科全书，也是一个动态的、可自由访问的全球知识体。Wikipedia 英文词条完整性在一定程度上反映出中央企业面向全球范围编辑和完善媒体资料的主动性和积极性，编辑频率和链接数量也体现了企业与用户之间沟通交流的互动性。

（一）Wikipedia 传播力得分

在 Wikipedia 传播力维度中，各项指标权重如下：根据各媒体在 Wikipedia 的英文词条建设情况，词条完整性占 2.5%；一年内词条被编辑的次数占 2.5%；一年内参与词条编辑的用户数占 2.5%，链接情况占 2.5%，4 项指标共在传播力测量中占 10%的比重。

中央企业 Wikipedia 词条普及率较高，但编辑次数和参编人数较低。有 80 家中央企业有 Wikipedia 词条，词条普及率为 85%。而词条年平均编辑次数为 10 次，年平均参编用户数仅为 5 人。在链接方面，平均关联链接数为 162 条。整体指标数据均较上年有所提升。

1. Wikipedia 传播力得分排名

中央企业得分排名前五位的依次为中国南方航空集团有限公司、中国航空集团有限公司、中国东方航空集团有限公司、中国电信集团有限公司、中国移动通信集团有限公司。

表 2-7　95 家中央企业 Wikipedia 传播力得分排名

排名	中文名称	得分
1	中国南方航空集团有限公司	864907.7
2	中国航空集团有限公司	756526.9
3	中国东方航空集团有限公司	592963.4
4	中国电信集团有限公司	448447.8
5	中国移动通信集团有限公司	405288.8
6	中国铁路工程集团有限公司	294584.3
7	中国联合网络通信集团有限公司	283669.3
8	华润（集团）有限公司	224354.7
9	中国宝武钢铁集团有限公司	198484.8
10	国家电网有限公司	158068.7
11	招商局集团有限公司	150338.0
12	中国石油化工集团有限公司	144178.9
13	中国南方电网有限责任公司	141817.9
14	中国铁道建筑集团有限公司	137967.2
15	中国第一汽车集团有限公司	137317.3
16	中国兵器工业集团有限公司	130032.4
17	中国航天科技集团有限公司	128206.2
18	中国核工业集团有限公司	123318.4
19	中国石油天然气集团有限公司	119029.6
20	中国建筑集团有限公司	116927.1
21	东风汽车集团有限公司	115893.3
22	中国黄金集团有限公司	98851.0
23	中国船舶集团有限公司	95035.0
24	中国保利集团有限公司	92857.8
25	中国广核集团有限公司	92737.1
26	中国航天科工集团有限公司	91052.9
27	中国海洋石油集团有限公司	91021.3
28	中国旅游集团有限公司［香港中旅（集团）有限公司］	90999.1
29	中国商用飞机有限责任公司	86628.3
30	中国航空发动机集团有限公司	85922.2
31	南光（集团）有限公司［中国南光集团有限公司］	85342.3
32	中国交通建设集团有限公司	84140.4
33	鞍钢集团有限公司	82240.7
34	中国医药集团有限公司	78711.3
35	国家电力投资集团有限公司	78276.4

排名	中文名称	得分
36	中国航空器材集团有限公司	78072.6
37	中国华录集团有限公司	77575.6
38	国家能源投资集团有限责任公司	77017.6
39	中国信息通信科技集团有限公司	73177.4
40	中国远洋海运集团有限公司	72850.6
41	新兴际华集团有限公司	72373.6
42	中国航空工业集团有限公司	71835.8
43	中国兵器装备集团有限公司	71377.6
44	中国大唐集团有限公司	70009.5
45	中国铝业集团有限公司	69001.6
46	中国中钢集团有限公司	67287.2
47	中粮集团有限公司	66955.2
48	中国华能集团有限公司	62511.9
49	中国中化集团有限公司	62157.8
50	中国长江三峡集团有限公司	62127.3
51	中国化工集团有限公司	60675.3
52	华侨城集团有限公司	60140.4
53	中国航空油料集团有限公司	58980.5
54	中国铁路物资集团有限公司	56920.1
55	中国电子信息产业集团有限公司	55939.8
56	中国机械工业集团有限公司	55591.0
57	中国中车集团有限公司	55291.6
58	中国诚通控股集团有限公司	53784.8
59	中国中煤能源集团有限公司	53705.0
60	中国农业发展集团有限公司	53125.0
61	中国储备粮管理集团有限公司	50226.2
62	中国华电集团有限公司	50060.2
63	中国电子科技集团有限公司	47322.1
64	中国有色矿业集团有限公司	47171.8
65	中国节能环保集团有限公司	46689.5
66	中国东方电气集团有限公司	45754.4
67	中国民航信息集团有限公司	44662.8
68	哈尔滨电气集团有限公司	44410.6
69	有研科技集团有限公司	43055.3
70	中国铁路通信信号集团有限公司	42022.4

排名	中文名称	得分
71	中国能源建设集团有限公司	40897.1
72	中国建材集团有限公司	40823.5
73	中国普天信息产业集团有限公司	35357.8
74	中国国际工程咨询有限公司	34461.7
75	中国化学工程集团有限公司	33853.3
76	中国建筑科学研究院有限公司	33818.6
77	上海诺基亚贝尔股份有限公司	31017.4
78	中国通用技术（集团）控股有限责任公司	24421.2
79	中国盐业集团有限公司	22974.4
80	中国五矿集团有限公司	18782.3

注：未列出企业指数为 0。下同。

2. 参照系比较

在 Wikipedia 传播力得分中，排名第一位的中国南方航空集团有限公司总得分（864907.7）与华为技术有限公司（1416777.0）的差距依然存在，但是已经超过荷兰皇家壳牌集团（201277.6），说明中央企业在 Wikipedia 传播力建设方面发展稳定。2018 年，荷兰皇家壳牌集团 Wikipedia 传播力得分是中国南方航空集团有限公司的 1.4 倍，2019 年后者的得分已经是前者的 4.3 倍了。

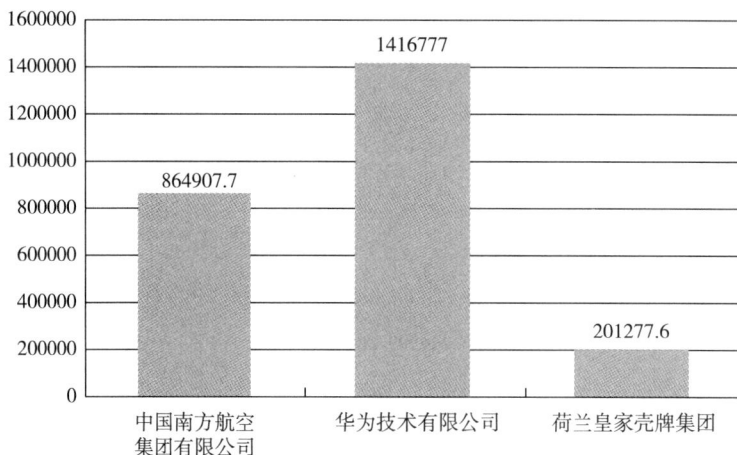

图 2-5 Wikipedia 传播力总得分比较

（二）Wikipedia 传播力具体指标分析

对中央企业 Wikipedia 传播力的考察主要分为两个层面。第一层面是词条的完整性，主要通过是否包含官方定义、历史发展、地址和外部链接4项指标统计；第二层面是中央企业英文Wikipedia词条在最近一年的受关注程度，主要通过被编辑次数和参与编辑的用户数以及各企业的Wikipedia英文词条与其他词条的链接情况。编辑次数和参与编辑用户数的统计时间段为2018年10月15日至2019年10月15日。

1. 词条完整性方面

有40家的中央企业的词条包含官方定义、历史发展、地址和外部链接4项指标，词条构建较为完善，占总体的42.1%。

2. 词条编辑方面

中央企业的词条编辑次数和参与编辑用户数都较少，在词条编辑次数方面，除中国南方航空集团有限公司（149次）和中国航空集团有限公司（100次）2家企业以外，其他中央企业的年编辑次数均小于100次。在参与编辑用户数量方面，除中国航空集团有限公司（67人）和中国南方航空集团公司（67人）外，其他中央企业的词条编辑数均在50人以下，总体水平较上年有所下降。平均参与编辑的用户数也较上年有所下降。中央企业Wikipedia词条年平均编辑次数为10次，年平均参与编辑用户数为5人。

在词条编辑情况统计中，Wikipedia传播力得分排名第一位的中央企业中国南方航空集团有限公司编辑频率及参编人数均高于荷兰皇家壳牌集团，与华为技术有限公司的差距依旧不小。在词条编辑次数方面，华为技术有限公司是中国南方航空集团有限公司的1.5倍，而中国南方航空集团有限公司是荷兰皇家壳牌集团的8.8倍。在词条参与编辑用户数方面，华为技术有限公司是中国南方航空集团有限公司的2.3倍，中国南方航空集团有限公司是荷兰皇家壳牌集团的11.2倍。

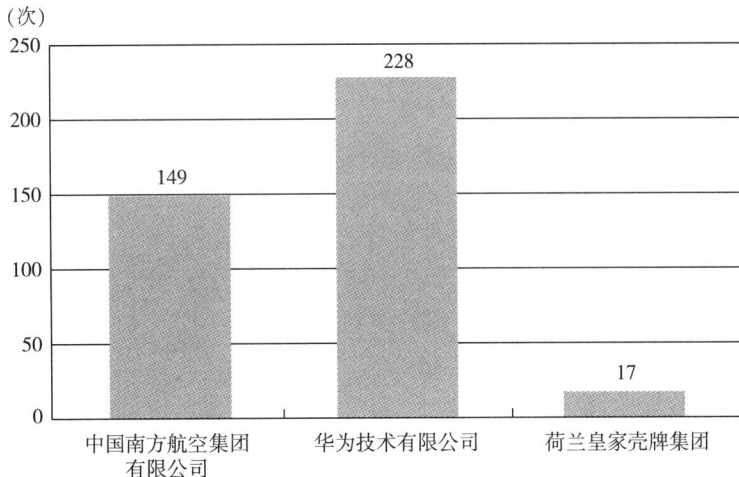

图2-6 Wikipedia词条被编辑次数比较

3. 词条的链接方面

中央企业平均关联链接数为162条。中国航空集团有限公司的词条关联链接数（1209条）最高，高于华为技术有限公司（999条）以及荷兰皇家壳牌集团（581条）。

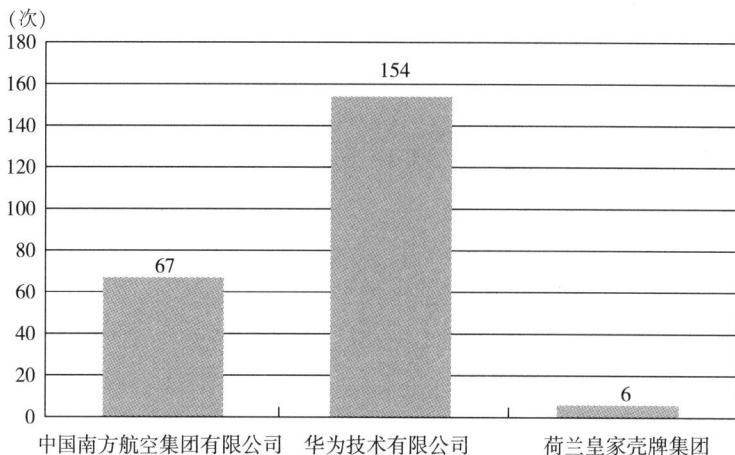

图 2 - 7　Wikipedia 词条参与编辑的次数比较

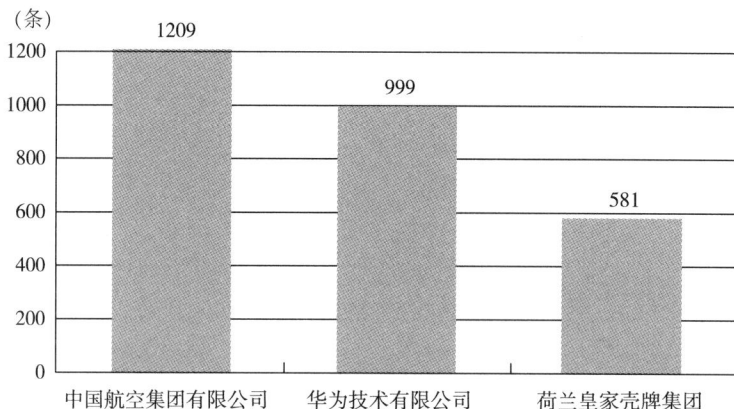

图 2 - 8　Wikipedia 链接情况比较

表 2 - 8　95 家中央企业 Wikipedia 传播力具体指标

排名	中文名称	词条完整性	官方定义	历史发展	地址	外部链接	一年内词条被编辑的次数（次）	一年内参与词条编辑的用户数（人）	What link here（条）
1	中国核工业集团有限公司	1	1	1	1	1	13	5	182
2	中国航天科技集团有限公司	1	1	0	1	1	10	7	266
3	中国航天科工集团有限公司	1	1	0	1	1	1	1	331
4	中国航空工业集团有限公司	1	1	1	1	1	1	1	147
5	中国船舶集团有限公司	1	1	1	1	1	4	2	220
6	中国兵器工业集团有限公司	1	1	1	1	1	7	4	339

排名	中文名称	词条完整性	官方定义	历史发展	地址	外部链接	一年内词条被编辑的次数（次）	一年内参与词条编辑的用户数（人）	What link here（条）
7	中国兵器装备集团有限公司	1	1	0	1	0	3	3	189
8	中国电子科技集团有限公司	1	1	0	1	1	0	0	101
9	中国航空发动机集团有限公司	1	1	0	1	1	9	6	45
10	中国石油天然气集团有限公司	1	1	0	1	1	2	2	463
11	中国石油化工集团有限公司	1	1	1	1	1	7	4	427
12	中国海洋石油集团有限公司	1	1	1	1	1	5	3	153
13	国家电网有限公司	1	1	1	1	1	14	14	137
14	中国南方电网有限责任公司	1	1	1	1	1	25	6	94
15	中国华能集团有限公司	1	1	1	1	1	1	1	89
16	中国大唐集团有限公司	1	1	0	1	1	4	4	74
17	中国华电集团有限公司	1	1	0	1	1	1	1	76
18	国家电力投资集团有限公司	1	1	1	1	1	3	3	103
19	中国长江三峡集团有限公司	1	1	0	1	1	3	3	67
20	国家能源投资集团有限责任公司	1	1	0	1	1	9	5	17
21	中国电信集团有限公司	1	1	1	1	1	64	25	910
22	中国联合网络通信集团有限公司	1	1	1	1	1	17	15	847
23	中国移动通信集团有限公司	1	1	1	1	1	56	19	923
24	中国电子信息产业集团有限公司	1	1	0	0	1	2	2	135
25	中国第一汽车集团有限公司	1	1	1	1	3	10	8	292
26	东风汽车集团有限公司	1	1	1	1	1	3	3	337
27	中国一重集团有限公司	0	0	0	0	0	0	0	0
28	中国机械工业集团有限公司	1	1	1	0	2	3	2	116
29	哈尔滨电气集团有限公司	1	1	0	0	1	4	2	34
30	中国东方电气集团有限公司	1	1	1	0	0	3	2	57
31	鞍钢集团有限公司	1	1	0	0	1	2	1	326
32	中国宝武钢铁集团有限公司	1	1	1	1	10	8	7	668
33	中国铝业集团有限公司	1	1	1	0	3	1	1	255
34	中国远洋海运集团有限公司	1	1	1	0	1	6	5	35
35	中国航空集团有限公司	1	1	1	1	4	100	67	1209
36	中国东方航空集团有限公司	1	1	1	1	4	79	44	1129
37	中国南方航空集团有限公司	1	1	1	1	2	149	67	1168
38	中国中化集团有限公司	1	1	1	1	2	3	3	65
39	中粮集团有限公司	1	1	1	1	0	4	4	55

续表

排名	中文名称	词条完整性	官方定义	历史发展	地址	外部链接	一年内词条被编辑的次数（次）	一年内参与词条编辑的用户数（人）	What link here（条）
40	中国五矿集团有限公司	1	1	0	0	4	0	0	48
41	中国通用技术（集团）控股有限责任公司	1	1	0	0	1	0	0	23
42	中国建筑集团有限公司	1	1	0	1	2	12	4	311
43	中国储备粮管理集团有限公司	1	1	0	1	1	2	2	35
44	国家开发投资集团有限公司	0	0	0	0	0	0	0	0
45	招商局集团有限公司	1	1	1	1	1	10	5	394
46	华润（集团）有限公司	1	1	1	1	1	37	13	240
47	中国旅游集团有限公司 [香港中旅（集团）有限公司]	1	1	1	1	2	9	7	47
48	中国商用飞机有限责任公司	1	1	1	1	1	7	4	69
49	中国节能环保集团有限公司	1	1	1	1	0	2	2	13
50	中国国际工程咨询有限公司	1	1	1	1	0	0	0	21
51	中国诚通控股集团有限公司	1	1	0	1	0	7	3	21
52	中国中煤能源集团有限公司	1	1	0	1	1	3	2	42
53	中国煤炭科工集团有限公司	0	0	0	0	0	0	0	0
54	机械科学研究总院集团有限公司	0	0	0	0	0	0	0	0
55	中国中钢集团有限公司	1	1	1	1	1	4	3	20
56	中国钢研科技集团有限公司	0	0	0	0	0	0	0	0
57	中国化工集团有限公司	1	1	0	1	1	2	2	100
58	中国化学工程集团有限公司	1	1	0	1	0	2	1	25
59	中国盐业集团有限公司	1	0	0	1	1	0	0	14
60	中国建材集团有限公司	1	1	0	1	0	1	1	83
61	中国有色矿业集团有限公司	1	1	0	1	1	2	2	16
62	有研科技集团有限公司	1	1	1	1	1	0	0	10
63	北京矿冶科技集团有限公司	0	0	0	0	0	0	0	0
64	中国国际技术智力合作有限公司	0	0	0	0	0	0	0	0
65	中国建筑科学研究院有限公司	1	1	0	1	0	0	0	17
66	中国中车集团有限公司	1	1	0	1	0	1	1	173
67	中国铁路通信信号集团有限公司	1	1	0	1	1	1	1	26
68	中国铁路工程集团有限公司	1	1	1	1	1	96	3	87
69	中国铁道建筑有限公司	1	1	1	1	1	6	4	403
70	中国交通建设集团有限公司	1	1	0	1	1	1	1	288

排名	中文名称	词条完整性	官方定义	历史发展	地址	外部链接	一年内词条被编辑的次数（次）	一年内参与词条编辑的用户数（人）	What link here（条）
71	中国普天信息产业集团有限公司	1	1	0	1	0	1	1	49
72	中国信息通信科技集团有限公司	1	1	1	1	1	5	3	42
73	中国农业发展集团有限公司	1	1	0	1	1	3	3	11
74	中国林业集团有限公司	0	0	0	0	0	0	0	0
75	中国医药集团有限公司	1	1	1	1	1	6	5	7
76	中国保利集团有限公司	1	1	1	1	1	6	5	95
77	中国建设科技有限公司	0	0	0	0	0	0	0	0
78	中国冶金地质总局	0	0	0	0	0	0	0	0
79	中国煤炭地质总局	0	0	0	0	0	0	0	0
80	新兴际华集团有限公司	1	1	1	1	1	5	3	37
81	中国民航信息集团有限公司	1	1	1	1	1	0	0	20
82	中国航空油料集团有限公司	1	1	1	1	1	2	2	25
83	中国航空器材集团有限公司	1	1	1	1	1	11	2	12
84	中国电力建设集团有限公司	0	0	0	0	0	0	0	0
85	中国能源建设集团有限公司	1	1	0	1	1	1	1	19
86	中国安能建筑集团有限公司	0	0	0	0	0	0	0	0
87	中国黄金集团有限公司	1	1	1	1	1	8	5	103
88	中国广核集团有限公司	1	1	1	1	1	7	4	107
89	中国华录集团有限公司	1	1	1	1	1	4	3	84
90	上海诺基亚贝尔股份有限公司	1	1	0	0	1	1	1	22
91	华侨城集团有限公司	1	0	1	1	1	4	3	40
92	南光（集团）有限公司 [中国南光集团有限公司]	1	1	1	1	1	7	4	61
93	中国西电集团有限公司	0	0	0	0	0	0	0	0
94	中国铁路物资集团有限公司	1	1	0	1	1	3	2	62
95	中国国新控股有限责任公司	0	0	0	0	0	0	0	0

表 2 - 9　参照企业 Wikipedia 传播力具体指标

排名	中文名称	词条完整性	官方定义	历史发展	地址	外部链接	一年内词条被编辑的次数（次）	一年内参与词条编辑的用户数（人）	What link here（条）
1	华为技术有限公司	1	1	1	1	1	228	154	999
2	荷兰皇家壳牌集团	1	1	1	1	1	17	6	581

（三）Wikipedia 海外传播力案例分析

中国建筑集团有限公司（以下简称中国建筑）在 Wikipedia 传播力表现较好。总体来看，中国建筑的 Wikipedia 平台建设有以下几个特点：

1. 在词条完整性方面

中国建筑 Wikipedia 词条较完整，包含官方定义、企业地址、外部链接等关键的企业信息介绍部分，对中国建筑的经营业务、公司标识、旗下公司等做了详细的介绍，但是缺少公司的历史发展，仍需补足。

2. 在一年内词条被编辑次数方面

中国建筑的 Wikipedia 词条共被编辑 12 次，有 4 位用户参与编辑词条，最近一年内的编辑次数和参与编辑的用户数量直接影响中央企业 Wikipedia 传播力的总排行情况，反映出一个企业对于 Wikipedia 平台的更新和维护的积极程度，可以看出中国建筑在 Wikipedia 词条的维护方面还有待加强。

3. 在链接情况方面

中国建筑共被外部链接引用 311 次，在中央企业内排名位列上游。引用中国建筑信息的词条包括中国建筑股份旗下的其他公司、中国建筑工程总公司、中国建筑股份有限公司旗下分公司、财富世界 500 强及其他。越多的词条可以链接到中国建筑，说明中国建筑可以出现在更多的词条介绍中，其潜在的传播影响力也就越大。

五、维度三：中央企业Twitter传播力

Twitter 作为全球最大的社交媒体平台之一，是一个开放的社交媒体平台，在多个国家和地区被网民广泛使用，是全球互联网平台访问量最大的 10 个网站之一，平台的数据统计在一定程度上可以反映中央企业在海外的影响力。

（一）Twitter 传播力得分

在 Twitter 传播力维度中，具体指标如下：是否有官方认证账号、粉丝数量、一年内发布的内容数量、一年内最高转发量和一年内最多评论数。其中，是否有官方认证账号所占权重为 1.0%，其余 4 项指标均占 3.5%。

总体来看，中央企业的 Twitter 传播力较弱，在调查的 95 家企业中，只有 21 家企业拥有 Twitter 账号，占总体的 22.1%，仅有 4 家企业的账号经过官方认证，分别是中国石油化工集团有限公司、国家电力投资集团有限公司、中国航空集团有限公司和中国南方航空集团有限公司。

1. Twitter 传播力得分排名

在 Twitter 传播力维度中，中央企业得分排名前五位依次为中国石油化工集团有限公司、中国航空集团有限公司、中国南方航空集团有限公司、国家电力投资集团有限公司、中国中车集团有限公司。

表 2 – 10　95 家中央企业 Twitter 传播力得分排名

排名	中文名称	得分
1	中国石油化工集团有限公司	2754473.9
2	中国航空集团有限公司	2578404.5
3	中国南方航空集团有限公司	1097342.2
4	国家电力投资集团有限公司	804491.1
5	中国中车集团有限公司	504041.1
6	中国联合网络通信集团有限公司	287919.2
7	中国商用飞机有限责任公司	169181.2
8	中国广核集团有限公司	148746.8
9	中国电信集团有限公司	69708.1
10	中国东方航空集团有限公司	12883.4
11	中国石油天然气集团有限公司	5400.3
12	中国化学工程集团有限公司	4137.3
13	东风汽车集团有限公司	470.0
14	中国铝业集团有限公司	294.9
15	中国医药集团有限公司	216.6
16	中国中化集团有限公司	193.5
17	中国化工集团有限公司	142.8
18	中国长江三峡集团有限公司	106.0
19	中国旅游集团有限公司［香港中旅（集团）有限公司］	46.1
20	中国中钢集团有限公司	36.9
21	中国钢研科技集团有限公司	9.2

2. 参照系比较

将中央企业中 Twitter 传播力得分第一的中国石油化工集团有限公司（2754473.9）与华为技术有限公司（2851638.3）和荷兰皇家壳牌集团（5090807.4）进行比较，华为技术有限公司的得分是中国石油化工集团有限公司得分的 1.03 倍；荷兰皇家壳牌集团得分是中国石油化工集团有限公司的 1.85 倍。

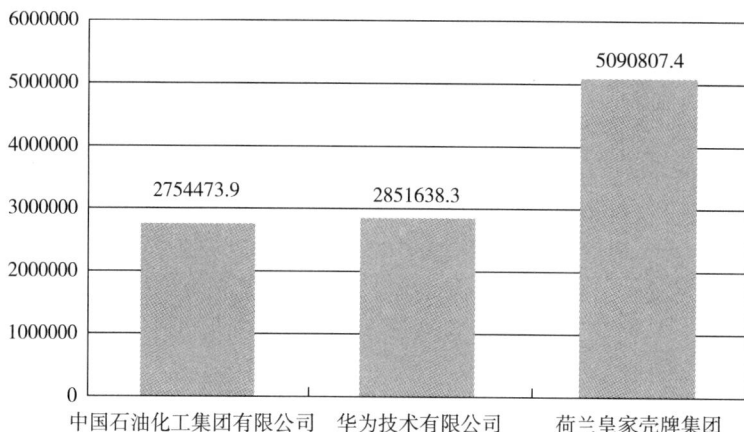

图 2-9 Twitter 传播力得分比较

（二）Twitter 传播力具体指标

1. Twitter 账号方面

在 95 家中央企业中，22.1%（21 家）的企业拥有 Twitter 账号，4 家企业拥有 Twitter 官方认证账号，分别是中国石油化工集团有限公司、国家电力投资集团有限公司、中国航空集团有限公司和中国南方航空集团有限公司。

2. 粉丝数量方面

中央企业 Twitter 账号平均粉丝数量为 1958 人，共有 4 家中央企业的粉丝数量在 10000 以上，占总体的 4.2%。其中，粉丝数量最多的是中国石油化工集团有限公司和国家电力投资集团有限公司，有约 50000 名粉丝。但是，中国石油化工集团有限公司与华为技术有限公司及荷兰皇家壳牌集团的 Twitter 粉丝数量相比仍差距较大，华为技术有限公司是中国石油化工集团有限公司的 2.1 倍，荷兰皇家壳牌集团是中国石油化工集团有限公司的 10.8 倍。

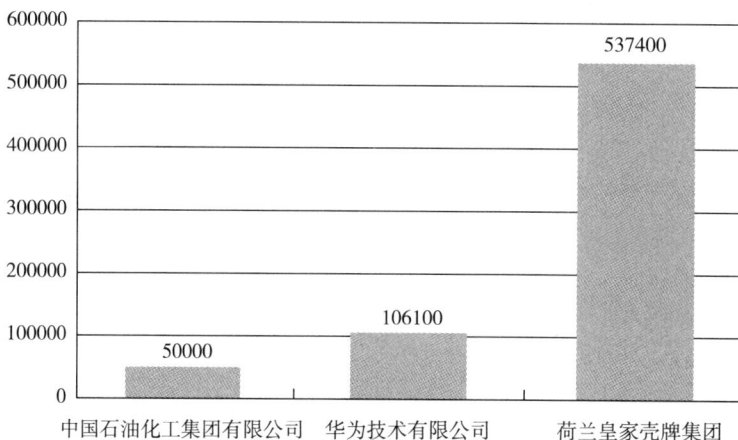

图 2-10 Twitter 账号粉丝量比较

3. 一年内发布的内容数量方面

中央企业 Twitter 账号一年内平均发布 22 条信息，有 10.5%（10 家）的企业一年内在 Twitter 上发布了内容。其中，中国航空集团有限公司发布的信息数量最多，为 565 条。中国航空集团有限公司的 Twitter 的内容发布量（565 条）是华为技术有限公司（476 条）的 1.19 倍，是荷兰皇家壳牌集团（258 条）的 2.19 倍。

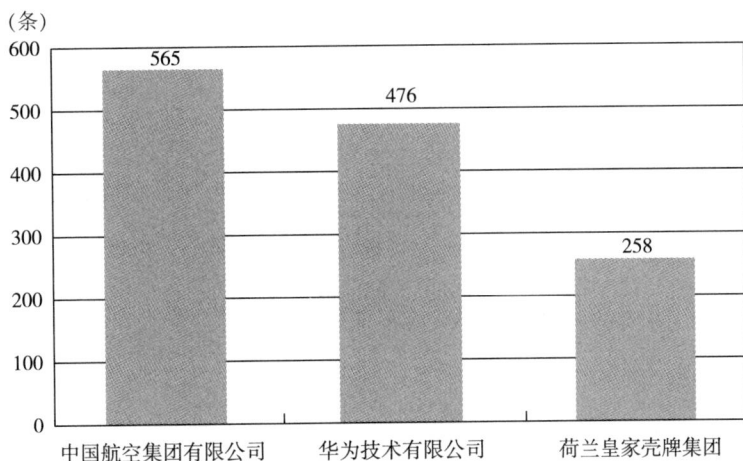

图 2-11 Twitter 一年内发布的内容数量比较

4. 一年内最高转发量方面

有两家中央企业最高转发量超过 1000 条，分别是中国石油化工集团有限公司（2100 条）和中国航空集团有限公司（1500 条）。中国石油化工集团的 Twitter 最高转发量是华为技术有限公司的 12.7 倍，荷兰皇家壳牌集团的 11.5 倍。

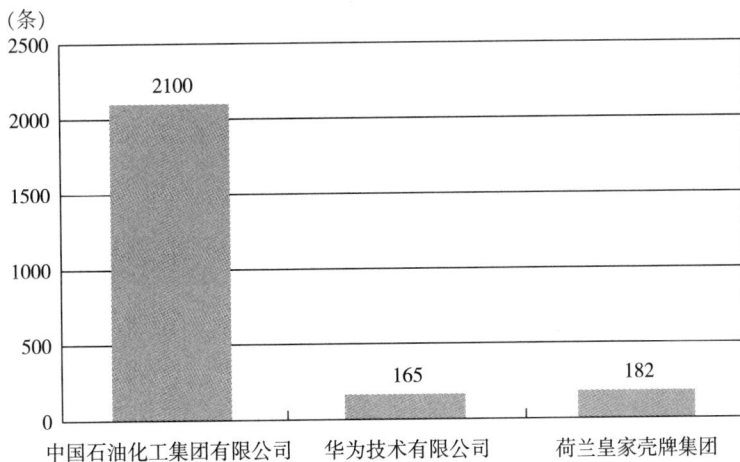

图 2-12 Twitter 一年内最高转发量比较

5. 一年内最多评论数量方面

中国航空集团有限公司在中央企业中排在第一位，有 139 条，远低于华为技术有限公司及荷兰皇家壳牌集团，华为技术有限公司是中国航空集团有限公司的 6.7 倍，荷兰皇家壳牌集团是中国航空集团有限公司的 9.4 倍。

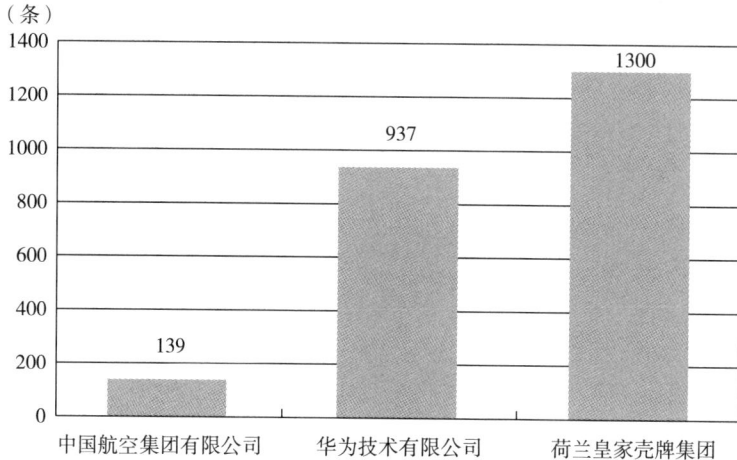

图 2-13 Twitter 一年内最多评论数比较

表 2-11 95 家中央企业 Twitter 传播力具体指标

排名	中文名称	是否有官方认证账号	粉丝数量（人）	一年内发布的内容数量（条）	一年内最高转发量（次）	一年内最多评论数（次）
1	中国核工业集团有限公司	0	0	0	0	0
2	中国航天科技集团有限公司	0	0	0	0	0
3	中国航天科工集团有限公司	0	0	0	0	0
4	中国航空工业集团有限公司	0	0	0	0	0
5	中国船舶集团有限公司（变动后，缺英文名称和简称）	0	0	0	0	0
6	中国兵器工业集团有限公司	0	0	0	0	0
7	中国兵器装备集团有限公司	0	0	0	0	0
8	中国电子科技集团有限公司	0	0	0	0	0
9	中国航空发动机集团有限公司	0	0	0	0	0
10	中国石油天然气集团有限公司	0	1172	0	0	0
11	中国石油化工集团有限公司	1	50000	233	2100	123
12	中国海洋石油集团有限公司	0	0	0	0	0
13	国家电网有限公司	0	0	0	0	0
14	中国南方电网有限责任公司	0	0	0	0	0
15	中国华能集团有限公司	0	0	0	0	0

续表

排名	中文名称	是否有官方认证账号	粉丝数量（人）	一年内发布的内容数量（条）	一年内最高转发量（次）	一年内最多评论数（次）
16	中国大唐集团有限公司	0	0	0	0	0
17	中国华电集团有限公司	0	0	0	0	0
18	国家电力投资集团有限公司	1	50000	166	164	14
19	中国长江三峡集团有限公司	0	23	0	0	0
20	国家能源投资集团有限责任公司	0	0	0	0	0
21	中国电信集团有限公司	0	3373	29	8	5
22	中国联合网络通信集团有限公司	0	6705	175	11	5
23	中国移动通信集团有限公司	0	0	0	0	0
24	中国电子信息产业集团有限公司	0	0	0	0	0
25	中国第一汽车集团有限公司	0	0	0	0	0
26	东风汽车集团有限公司	0	102	0	0	0
27	中国一重集团有限公司	0	0	0	0	0
28	中国机械工业集团有限公司	0	0	0	0	0
29	哈尔滨电气集团有限公司	0	0	0	0	0
30	中国东方电气集团有限公司	0	0	0	0	0
31	鞍钢集团有限公司	0	0	0	0	0
32	中国宝武钢铁集团有限公司	0	0	0	0	0
33	中国铝业集团有限公司	0	64	0	0	0
34	中国远洋海运集团有限公司	0	0	0	0	0
35	中国航空集团有限公司	1	22000	565	1500	139
36	中国东方航空集团有限公司	0	2796	0	0	0
37	中国南方航空集团有限公司	1	41000	401	107	56
38	中国中化集团有限公司	0	42	0	0	0
39	中粮集团有限公司	0	0	0	0	0
40	中国五矿集团有限公司	0	0	0	0	0
41	中国通用技术（集团）控股有限责任公司	0	0	0	0	0
42	中国建筑集团有限公司	0	0	0	0	0
43	中国储备粮管理集团有限公司	0	0	0	0	0
44	国家开发投资集团有限公司	0	0	0	0	0
45	招商局集团有限公司	0	0	0	0	0
46	华润（集团）有限公司	0	0	0	0	0
47	中国旅游集团有限公司［香港中旅（集团）有限公司］	0	10	0	0	0
48	中国商用飞机有限责任公司	0	2219	79	51	4

排名	中文名称	是否有官方认证账号	粉丝数量（人）	一年内发布的内容数量（条）	一年内最高转发量（次）	一年内最多评论数（次）
49	中国节能环保集团有限公司	0	0	0	0	0
50	中国国际工程咨询有限公司	0	0	0	0	0
51	中国诚通控股集团有限公司	0	0	0	0	0
52	中国中煤能源集团有限公司	0	0	0	0	0
53	中国煤炭科工集团有限公司	0	0	0	0	0
54	机械科学研究总院集团有限公司	0	0	0	0	0
55	中国中钢集团有限公司	0	8	0	0	0
56	中国钢研科技集团有限公司	0	2	0	0	0
57	中国化工集团有限公司	0	31	0	0	0
58	中国化学工程集团有限公司	0	5	3	0	0
59	中国盐业集团有限公司	0	0	0	0	0
60	中国建材集团有限公司	0	0	0	0	0
61	中国有色矿业集团有限公司	0	0	0	0	0
62	有研科技集团有限公司	0	0	0	0	0
63	北京矿冶科技集团有限公司	0	0	0	0	0
64	中国国际技术智力合作有限公司	0	0	0	0	0
65	中国建筑科学研究院有限公司	0	0	0	0	0
66	中国中车集团有限公司	0	5890	307	57	4
67	中国铁路通信信号集团有限公司	0	0	0	0	0
68	中国铁路工程集团有限公司	0	0	0	0	0
69	中国铁道建筑有限公司	0	0	0	0	0
70	中国交通建设集团有限公司	0	0	0	0	0
71	中国普天信息产业集团有限公司	0	0	0	0	0
72	中国信息通信科技集团有限公司	0	0	0	0	0
73	中国农业发展集团有限公司	0	0	0	0	0
74	中国林业集团有限公司	0	0	0	0	0
75	中国医药集团有限公司	0	47	0	0	0
76	中国保利集团有限公司	0	0	0	0	0
77	中国建设科技有限公司	0	0	0	0	0
78	中国冶金地质总局	0	0	0	0	0
79	中国煤炭地质总局	0	0	0	0	0
80	新兴际华集团有限公司	0	0	0	0	0
81	中国民航信息集团有限公司	0	0	0	0	0

续表

排名	中文名称	是否有官方认证账号	粉丝数量（人）	一年内发布的内容数量（条）	一年内最高转发量（次）	一年内最多评论数（次）
82	中国航空油料集团有限公司	0	0	0	0	0
83	中国航空器材集团有限公司	0	0	0	0	0
84	中国电力建设集团有限公司	0	0	0	0	0
85	中国能源建设集团有限公司	0	0	0	0	0
86	中国安能建筑集团有限公司	0	0	0	0	0
87	中国黄金集团有限公司	0	0	0	0	0
88	中国广核集团有限公司	0	512	95	15	2
89	中国华录集团有限公司	0	0	0	0	0
90	上海诺基亚贝尔股份有限公司	0	0	0	0	0
91	华侨城集团有限公司	0	0	0	0	0
92	南光（集团）有限公司[中国南光集团有限公司]	0	0	0	0	0
93	中国西电集团有限公司	0	0	0	0	0
94	中国铁路物资集团有限公司	0	0	0	0	0
95	中国国新控股有限责任公司	0	0	0	0	0

表 2-12　参照企业 Twitter 传播力具体指标

排名	中文名称	是否有官方认证账号	粉丝数量（人）	一年内发布的内容数量（条）	一年内最高转发量（次）	一年内最多评论数（次）
1	荷兰皇家壳牌集团	1	106100	476	165	937
2	华为技术有限公司	1	537400	258	182	1300

（三）Twitter 海外传播力案例分析

中国中车集团有限公司（以下简称中国中车）比较注重在 Twitter 上的运营，过去一年共发布了 307 条推文，发布的内容数量上在中央企业中排名第三位，而且推文的质量较高，传播效果较好，过去一年内推文最高转发量为 57 次，就最高转发量来看，在中央企业中排名第五位。

中国中车在社交媒体的对外传播过程中注重运用短视频的形式来展现自身形象，而且这些视频大多都是进行了精心的策划，或是选取不同的角度，或是选用一些有趣、创意十足的方式，经过专业剪辑，短视频质量较高。例如，为了展现高铁技术的领先优势和创新，中国中车推出了一系列短视频来呈现未来感十足的高科技设计，这些炫酷的科技再结合短视频的呈现方式，取得了良好的传播效果。这些短视频的推文无论是在评论量还是在转发量上都远高于其他图文类型的推文。

图 2 – 14　中国中车 Twitter 平台的短视频推文

六、维度四：中央企业Facebook传播力

Facebook 是全球最大的社交网络平台，已覆盖200 多个国家和地区，是全球范围内影响力最高的社交媒体平台。Facebook 的官方主页是企业宣传和吸引粉丝的重要阵地，平台的统计数据在一定程度上可以反映出中央企业海外传播的触达范围及触达深度。

（一）Facebook 传播力得分

在 Facebook 传播力维度中，各项指标权重如下：是否有官方认证账号占 1.0%，好友数量占4.6%，一年内发布的内容数量占4.7%，一年内最高点赞数占4.7%。总体在中央企业的海外传播综合指数测量中占15%的比重。

中央企业在 Facebook 平台的认证状况相对较差，在 95 家中央企业中，仅有 5 家企业拥有 Facebook 官方认证账号。其中全部企业的平均粉丝好友量为144109 人，但其中 54 家企业在 Facebook 并无好友。中国南方航空集团有限公司的粉丝好友量为 8585362 人，明显高于其他企业。仅有20 家企业在过去一年内发布了信息，中国南方航空集团有限公司发布的信息最多，共发布516 条。而中国中车集团有限公司被"点赞"次数最高，收到

23000 个赞。

1. Facebook 传播力得分排名

在 Facebook 传播力维度中，排名在前五位的依次为中国南方航空集团有限公司、中国东方航空集团有限公司、中国航空集团有限公司、中国移动通信集团有限公司、中国中车集团有限公司。

表 2 – 13　95 家中央企业 Facebook 得分排名

序号	中文名称	得分
1	中国南方航空集团有限公司	2523926.8
2	中国东方航空集团有限公司	1137544.1
3	中国航空集团有限公司	1028742.8
4	中国移动通信集团有限公司	709427.9
5	中国中车集团有限公司	515711.3
6	中粮集团有限公司	370912.8
7	中国电信集团有限公司	352649.1
8	中国联合网络通信集团有限公司	300892.8
9	国家电力投资集团有限公司	206476.1
10	中国长江三峡集团有限公司	190794.8
11	中国核工业集团有限公司	155648.8
12	中国建材集团有限公司	60980.5
13	国家电网有限公司	53133.9
14	华润（集团）有限公司	38831.6
15	中国航天科技集团有限公司	34539.2
16	中国远洋海运集团有限公司	23529.0
17	中国东方电气集团有限公司	14385.0
18	中国医药集团有限公司	8599.8
19	中国信息通信科技集团有限公司	3520.4
20	中国石油天然气集团有限公司	1906.7
21	中国航天科工集团有限公司	1426.9
22	中国铁道建筑集团有限公司	366.6
23	中国中化集团有限公司	155.8
24	中国华电集团有限公司	74.2
25	中国铁路通信信号集团有限公司	52.0
26	中国第一汽车集团有限公司	31.4
27	中国西电集团有限公司	26.5
28	中国航空工业集团有限公司	20.8
29	中国商用飞机有限责任公司	20.6
30	东风汽车集团有限公司	18.5
31	中国电子信息产业集团有限公司	18.3
32	中国建筑集团有限公司	11.7

序号	中文名称	得分
33	中国海洋石油集团有限公司	7.9
34	中国交通建设集团有限公司	3.0
35	中国储备粮管理集团有限公司	2.7
35	中国建筑科学研究院有限公司	2.7
37	中国中钢集团有限公司	2.0
38	哈尔滨电气集团有限公司	0.4
39	中国旅游集团有限公司〔香港中旅（集团）有限公司〕	0.2
39	招商局集团有限公司	0.2
39	中国船舶集团有限公司	0.2

2. 参照系比较

将中央企业中 Facebook 传播力得分第一的中国南方航空集团有限公司（2523926.8）与华为技术有限公司（6379507.9）和荷兰皇家壳牌集团（2323078.0）进行比较，华为技术有限公司的得分是中国南方航空集团有限公司的 2.5 倍，而中国南方航空集团有限公司则是荷兰皇家壳牌集团得分的 1.1 倍。

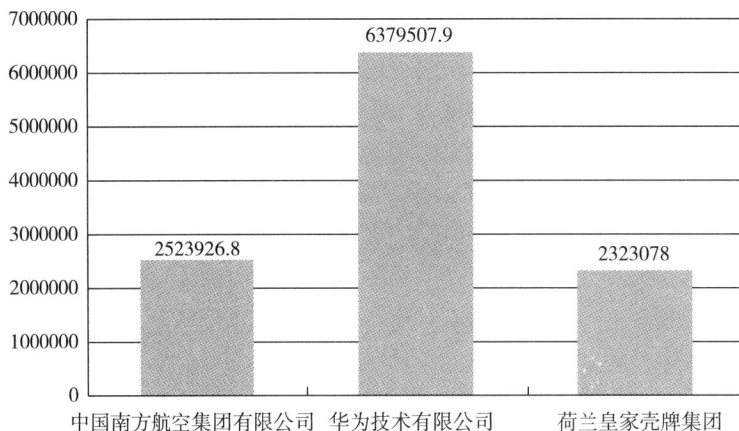

图 2-15　Facebook 传播力得分比较

（二）Facebook 传播力具体指标

95 家企业在 Facebook 平台内的活跃度（信息发布、粉丝、点赞）存在两极分化的现象。95 家中央企业中仅有 5 家企业拥有 Facebook 官方认证账号，分别是中国移动通信集团有限公司、中国航空集团有限公司、中国东方航空集团有限公司、中国南方航空集团有限公司、中粮集团有限公司。

1. 好友数量方面

中央企业间的好友数量差距较大。中央企业 Facebook 账号平均好友数量为 144109

人。其中有 7 家企业的好友数量在 200000 人以上，分别为中国南方航空集团有限公司、中国电信集团有限公司、中国东方航空集团有限公司、中国航空集团有限公司、中国移动通信集团有限公司、中国中车集团有限公司、国家电力投资集团有限公司。有 65 家中央企业的好友数量未达到 100 人。其中，中国南方航空集团有限公司的好友数量最多且领先其他中央企业较多，为 8585362 人，比华为技术有限公司高出 28%，基本同荷兰皇家壳牌集团持平。

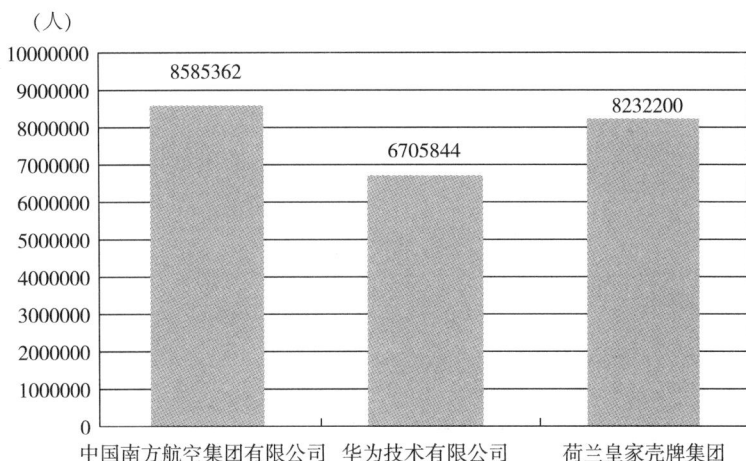

图 2-16　Facebook 好友数量比较

2. 发布内容数量方面

一年内有 20 家企业在 Facebook 平台上发布了内容，中央企业平均发布的内容数量为 30 条。其中有 5 家企业发布内容数量在 200 条以上，分别为中国南方航空集团有限公司、中国航空集团有限公司、中国东方航空集团有限公司、中国移动通信集团有限公司、中国中车集团有限公司。其中，中国南方航空集团有限公司发布的内容数量最多，共发布 516 条信息，相比华为技术有限公司少了 24%，是荷兰皇家壳牌集团的 15.2 倍。

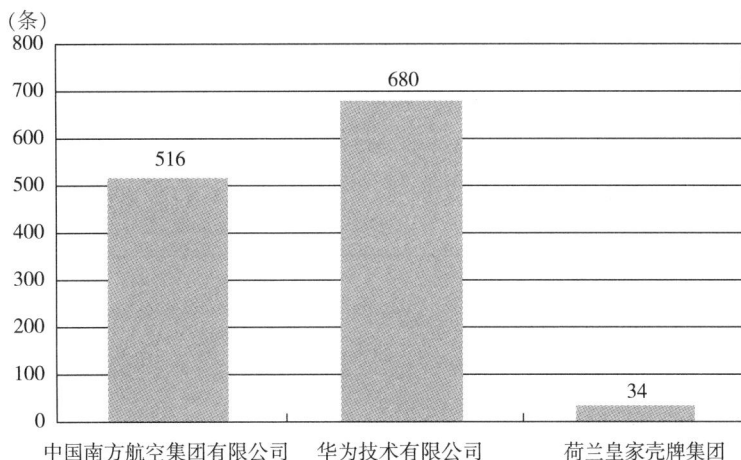

图 2-17　Facebook 一年内发布的内容数量比较

3. 点赞数量方面

最高点赞数排名前三位的分别是中国中车集团有限公司、中国南方航空集团有限公司、中国东方航空集团有限公司。中国中车集团有限公司的最高点赞数最多，共收到23000 个赞。但仍低于华为技术有限公司和荷兰皇家壳牌集团，与华为技术有限公司相差约 26 倍，与荷兰皇家壳牌集团相差约 3 倍。

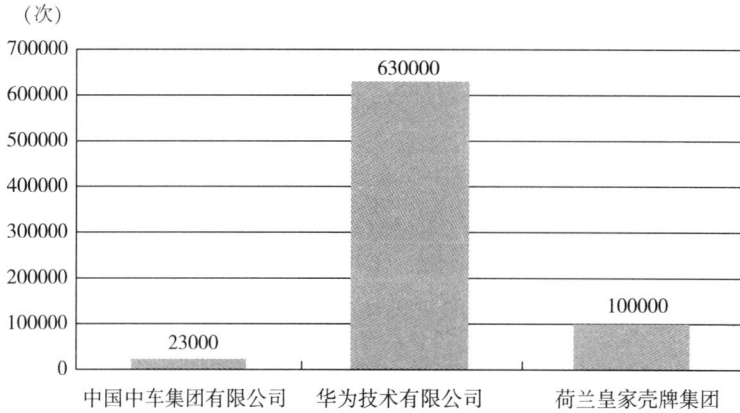

图 2 - 18　Facebook 一年内最高点赞量比较

表 2 - 14　95 家中央企业 Facebook 传播力具体指标

排名	中文名称	是否有官方认证账号	好友数量（人）	一年内发布的内容数量（条）	一年内最多点赞数（次）
1	中国核工业集团有限公司	0	40419	103	146
2	中国航天科技集团有限公司	0	638	24	10
3	中国航天科工集团有限公司	0	7959	0	0
4	中国航空工业集团有限公司	0	116	0	0
5	中国船舶集团有限公司	0	1	0	0
6	中国兵器工业集团有限公司	0	0	0	0
7	中国兵器装备集团有限公司	0	0	0	0
8	中国电子科技集团有限公司	0	0	0	0
9	中国航空发动机集团有限公司	0	0	0	0
10	中国石油天然气集团有限公司	0	1682	1	27
11	中国石油化工集团有限公司	0	0	0	0
12	中国海洋石油集团有限公司	0	44	0	0
13	国家电网有限公司	0	326	37	16
14	中国南方电网有限责任公司	0	0	0	0
15	中国华能集团有限公司	0	0	0	0

排名	中文名称	是否有官方认证账号	好友数量（人）	一年内发布的内容数量（条）	一年内最多点赞数（次）
16	中国大唐集团有限公司	0	0	0	0
17	中国华电集团有限公司	0	414	0	0
18	国家电力投资集团有限公司	0	299856	106	149
19	中国长江三峡集团有限公司	0	1222	133	25
20	国家能源投资集团有限责任公司	0	0	0	0
21	中国电信集团有限公司	0	1471114	36	5815
22	中国联合网络通信集团有限公司	0	81318	199	219
23	中国移动通信集团有限公司	1	408754	322	2978
24	中国电子信息产业集团有限公司	0	102	0	0
25	中国第一汽车集团有限公司	0	175	0	0
26	东风汽车集团有限公司	0	103	0	0
27	中国一重集团有限公司	0	0	0	0
28	中国机械工业集团有限公司	0	0	0	0
29	哈尔滨电气集团有限公司	0	2	0	0
30	中国东方电气集团有限公司	0	129	10	7
31	鞍钢集团有限公司	0	0	0	0
32	中国宝武钢铁集团有限公司	0	0	0	0
33	中国铝业集团有限公司	0	0	0	0
34	中国远洋海运集团有限公司	0	14208	14	146
35	中国航空集团有限公司	1	1014342	480	571
36	中国东方航空集团有限公司	1	1339712	468	11100
37	中国南方航空集团有限公司	1	8585362	516	14000
38	中国中化集团有限公司	0	869	0	0
39	中粮集团有限公司	1	44965	138	1443
40	中国五矿集团有限公司	0	0	0	0
41	中国通用技术（集团）控股有限责任公司	0	0	0	0
42	中国建筑集团有限公司	0	65	0	0
43	中国储备粮管理集团有限公司	0	15	0	0
44	国家开发投资集团有限公司	0	0	0	0
45	招商局集团有限公司	0	1	0	0
46	华润（集团）有限公司	0	11177	24	384
47	中国旅游集团有限公司［香港中旅（集团）有限公司］	0	1	0	0
48	中国商用飞机有限责任公司	0	115	0	0
49	中国节能环保集团有限公司	0	0	0	0

排名	中文名称	是否有官方认证账号	好友数量（人）	一年内发布的内容数量（条）	一年内最多点赞数（次）
50	中国国际工程咨询有限公司	0	0	0	0
51	中国诚通控股集团有限公司	0	0	0	0
52	中国中煤能源集团有限公司	0	0	0	0
53	中国煤炭科工集团有限公司	0	0	0	0
54	机械科学研究总院集团有限公司	0	0	0	0
55	中国中钢集团有限公司	0	11	0	0
56	中国钢研科技集团有限公司	0	0	0	0
57	中国化工集团有限公司	0	0	0	0
58	中国化学工程集团有限公司	0	0	0	0
59	中国盐业集团有限公司	0	0	0	0
60	中国建材集团有限公司	0	1680	40	531
61	中国有色矿业集团有限公司	0	0	0	0
62	有研科技集团有限公司	0	0	0	0
63	北京矿冶科技集团有限公司	0	0	0	0
64	中国国际技术智力合作有限公司	0	0	0	0
65	中国建筑科学研究院有限公司	0	15	0	0
66	中国中车集团有限公司	0	359315	212	23000
67	中国铁路通信信号集团有限公司	0	290	0	0
68	中国铁路工程集团有限公司	0	0	0	0
69	中国铁道建筑有限公司	0	2045	0	0
70	中国交通建设集团有限公司	0	17	0	0
71	中国普天信息产业集团有限公司	0	0	0	0
72	中国信息通信科技集团有限公司	0	1622	2	57
73	中国农业发展集团有限公司	0	0	0	0
74	中国林业集团有限公司	0	0	0	0
75	中国医药集团有限公司	0	18	6	1
76	中国保利集团有限公司	0	0	0	0
77	中国建设科技有限公司	0	0	0	0
78	中国冶金地质总局	0	0	0	0
79	中国煤炭地质总局	0	0	0	0
80	新兴际华集团有限公司	0	0	0	0
81	中国民航信息集团有限公司	0	0	0	0
82	中国航空油料集团有限公司	0	0	0	0
83	中国航空器材集团有限公司	0	0	0	0

排名	中文名称	是否有官方认证账号	好友数量（人）	一年内发布的内容数量（条）	一年内最多点赞数（次）
84	中国电力建设集团有限公司	0	0	0	0
85	中国能源建设集团有限公司	0	0	0	0
86	中国安能建筑集团有限公司	0	0	0	0
87	中国黄金集团有限公司	0	0	0	0
88	中国广核集团有限公司	0	0	0	0
89	中国华录集团有限公司	0	0	0	0
90	上海诺基亚贝尔股份有限公司	0	0	0	0
91	华侨城集团有限公司	0	0	0	0
92	南光（集团）有限公司 ［中国南光集团有限公司］	0	0	0	0
93	中国西电集团有限公司	0	148	0	0
94	中国铁路物资集团有限公司	0	0	0	0
95	中国国新控股有限责任公司	0	0	0	0

表 2 - 15　参照企业 Facebook 传播力具体指标

排名	中文名称	是否有官方认证账号	好友数量（人）	一年内发布的内容数量（条）	一年内最多点赞数（次）
1	华为技术有限公司	1	6705844	680	630000
2	荷兰皇家壳牌集团	1	8232200	34	100000

（三）Facebook 海外传播力案例分析

中国中车集团有限公司（以下简称中国中车）在 Facebook 传播力排名中位列第五位，相比上年 Facebook 传播力排名上升了 26 位。同时中国中车是在 Facebook 平台上单条内容获得点赞量（23000 次）最高的企业。在国际传播过程中，过于宏大的叙事和官方化的表达常常难以俘获受众，而故事化的表达则更有感染力、更能打动人心。中国中车通过讲故事展现细节，塑造人物，这些具有跨国、跨文化的身份特征和细节描写引发共鸣，帮助中国中车在 Facebook 上的排名上升迅速。

2019 年 5 月 28 日，中国中车发布了一项有关中国和老挝教育合作项目的推文，内容是来自老挝的 12 名国际学生正在中国上海学习铁路运输知识。他们有成为老挝最好的铁路工程师的共同梦想。这项交流计划是中国和老挝之间的教育合作项目之一。12 人中有一个叫温米的男学生，他的家乡是老挝北部的一座古老城市，那里有许多山脉和美丽的风景。在许多旅行爱好者的眼中，这就是所谓的"世外桃源"。但是对于温米来说，这些崎岖的山路使他出行非常困难。目前，承载着两国友谊与繁荣远景的中老铁路正在建设中。这条铁路将穿过温米的故乡。他说："我小时候听说过火车，但我从未真正看到过。我从没想过有一天我会参加到我家乡的铁路建设。我真的很想继续工作，然后在我亲自创建的铁路上旅行。"这种个人化的叙事方式引来许多粉丝的关注，共获得 2.3 万次点赞。

图 2-19　中车集团 Facebook 平台单条点赞量最高图文

七、维度五：中央企业Instagram传播力

Instagram 于 2010 年 10 月推出，不同于传统社交媒体，它更专注于单一的图片功能，主推图片社交，深受年轻人的欢迎。自 2010 年问世以来一直保持高速增长，2018 年 6 月，月活跃用户量已经突破 10 亿人次关口，它的迅速发展表明以图片及视频分享服务为主的社交媒体正在蓬勃发展。同时，Instagram 平台的统计数据在一定程度上也可以反映出中央企业的国际传播能力。

（一）Instagram 传播力得分

在 Instagram 传播力维度中，具体指标如下：是否有官方认证账号占 1.0%、粉丝数量、一年内发布的内容数量、一年内最多回复数量、一年内图文最高点赞量和一年内视频最高点击量均占 2.8%，总体在海外传播影响力测量中占 15% 的比重。

在 Instagram 平台上，中央企业的传播力偏弱，平台使用度较低，企业间差距大。95

家中央企业仅有 22.1%（21 家）的企业有 Instagram 账号，较上年数据有所提升。中央企业 Instagram 账号平均粉丝数量为 2565 人，一年内平均信息发布量为 25 条，较上年有较大提升。

1. Instagram 传播力得分排名

在 Instagram 传播力维度中，排名在前五位的中央企业是中国中车集团有限公司、中国南方航空集团有限公司、华润（集团）有限公司、中国东方航空集团有限公司、中国旅游集团有限公司［香港中旅（集团）有限公司］。

表 2 – 16　95 家中央企业 Instagram 传播力得分

排名	中文名称	得分
1	中国中车集团有限公司	2015672.3
2	中国南方航空集团有限公司	1743936.1
3	华润（集团）有限公司	346797
4	中国东方航空集团有限公司	335624.1
5	中国旅游集团有限公司［香港中旅（集团）有限公司］	249710.9
6	中国电信集团有限公司	201732.4
7	中国建筑集团有限公司	99125.4
8	中粮集团有限公司	80260.4
9	中国交通建设集团有限公司	72334.4
10	中国石油化工集团有限公司	66986.9
11	中国联合网络通信集团有限公司	62875.4
12	中国航空集团有限公司	36127.3
13	中国远洋海运集团有限公司	15484.7
14	国家电网有限公司	11299
15	中国铁道建筑集团有限公司	7552.9
16	中国铁路工程集团有限公司	5070.1
17	中国商用飞机有限责任公司	2574.1
18	中国建筑科学研究院有限公司	2083.5
19	中国机械工业集团有限公司	304.1
20	中国中化集团有限公司	126.4
21	中国移动通信集团有限公司	21.1

2. 参照系比较

将中央企业 Instagram 传播力得分排名第一位的中国中车集团有限公司（2015672.3）与华为技术有限公司（8377478.4）和荷兰皇家壳牌集团（2647513.8）进行比较，华为技术有限公司的得分是中国中车集团有限公司的 4.2 倍；荷兰皇家壳牌集团的得分是中国中车集团有限公司的 1.3 倍，中国中车集团有限公司同华为技术有限公司相比差距仍较大，但和荷兰皇家壳牌集团相比差距较小。

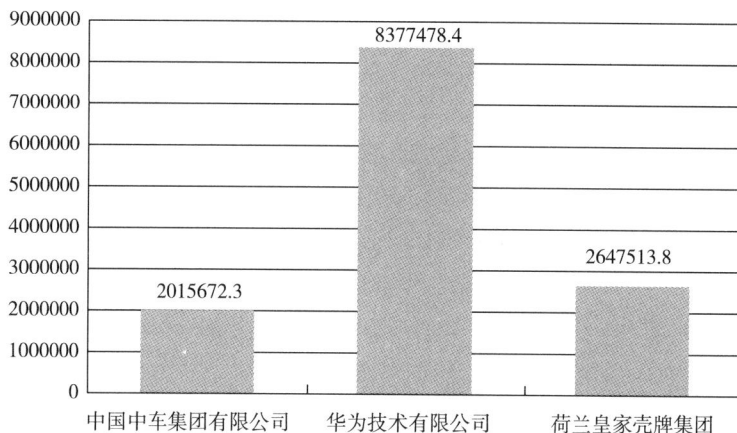

图 2 - 20　Instagram 传播力得分比较

（二）Instagram 传播力具体指标

大多数中央企业在 Instagram 平台上的整体活跃度（信息发布、粉丝、点赞、回复、视频播放量）较低。在 95 家中央企业中，有 21 家企业拥有 Instagram 的英文账号，仅有中国南方航空集团有限公司进行了官方认证。

1. 粉丝数量方面

拥有账号的 21 家企业间粉丝数量差距较大。企业 Instagram 账号的平均粉丝数量为 2564 人。3 家企业的粉丝数量超过 5000 人，分别为中国南方航空集团有限公司（175000 人）、中国中车集团有限公司（23000 人）以及中国东方航空集团有限公司（22000 人）。中国南方航空集团有限公司是 Instagram 粉丝量最多的中央企业，但仍低于华为技术有限公司和荷兰皇家壳牌的粉丝量，且与华为技术有限公司差距较大，华为是其的 3 倍。

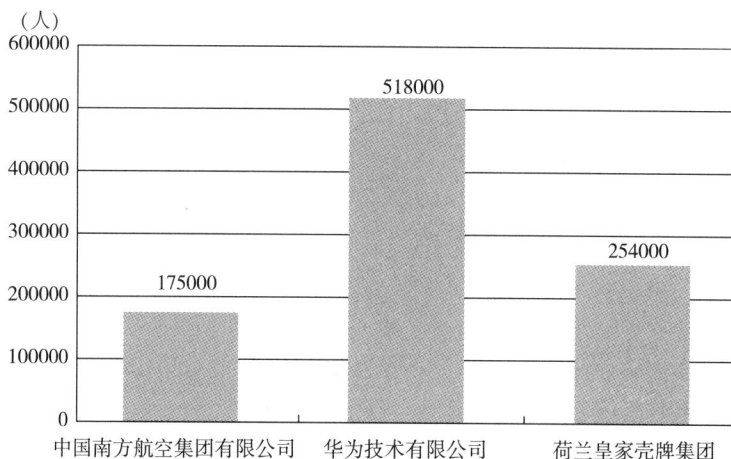

图 2 - 21　Instagram 粉丝数量比较

2. 发布内容方面

95 家中央企业一年内平均发布的内容数量为 25 条。有 12 家企业在 Instagram 上发布了内容，其中 5 家企业的内容发布数量在 100 条以上，分别为中国旅游集团有限公司［香港中旅（集团）有限公司］（126 条）、中国电信集团有限公司（158 条）、中国东方航空集团有限公司（218 条）、中国南方航空集团有限公司（319 条）、中国中车集团有限公司（1274 条）。与参照企业相比，中国中车集团有限公司的内容发布数量已经是华为技术有限公司（157 条）的 8.1 倍，且是荷兰皇家壳牌集团（16 条）的 79.6 倍。

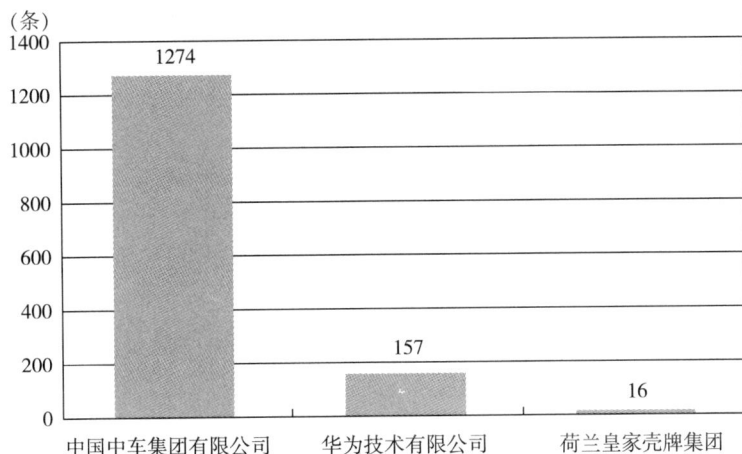

图 2 - 22　Instagram 一年内发布的内容数量比较

3. 最多回复数量方面

中国南方航空集团有限公司"一年内最多回复数量"位列第一，单条消息最高获 554 个评论。同华为技术有限公司相比相差 1 倍，同荷兰皇家壳牌集团相比相差约 2 倍。在一年内图文最高点赞量方面，中国中车集团有限公司位列中央企业第一，最高获得 48000 个赞，同参照公司相比，与华为技术有限公司相差约 8 倍，是荷兰皇家壳牌集团的约 8 倍。

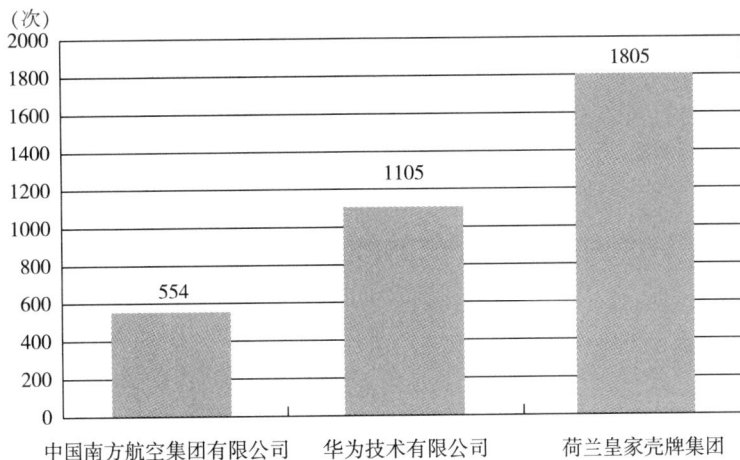

图 2 - 23　Instagram 一年内最多回复数量比较

在一年内视频最高点击量方面,华润(集团)有限公司最高,点击率为 107357 次,是荷兰皇家壳牌集团的 6 倍,但与华为技术有限公司的差距很大,相差约 22 倍。

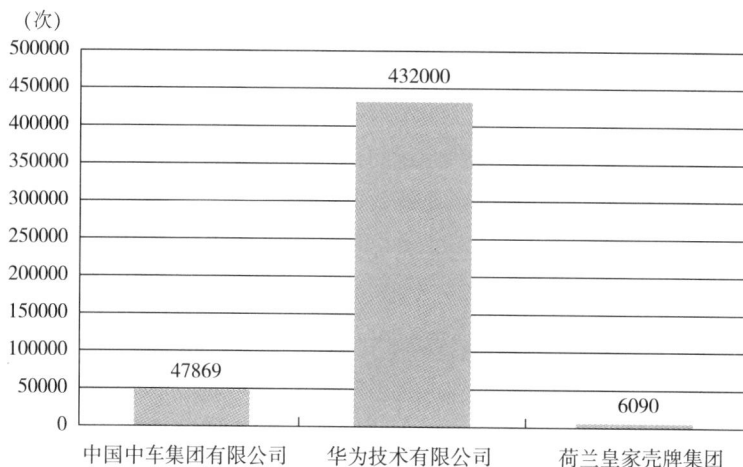

图 2-24　Instagram 一年内图文最高点赞量比较

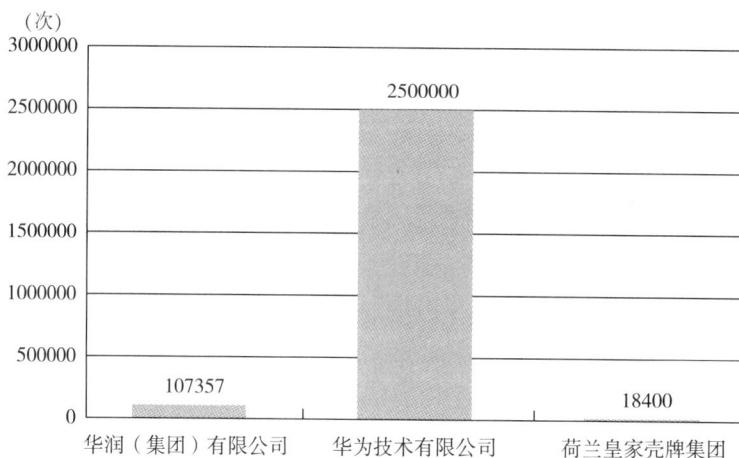

图 2-25　Instagram 一年内视频最高点击量比较

表 2-17　95 家中央企业 Instagram 传播力具体指标

排名	中文名称	是否有官方认证账号	粉丝数量（人）	一年内发布的内容数量（条）	一年内最多回复数量（次）	一年内图文最高点赞量（次）	一年内视频最高点击量（次）
1	中国核工业集团有限公司	0	0	0	0	0	0
2	中国航天科技集团有限公司	0	0	0	0	0	0
3	中国航天科工集团有限公司	0	0	0	0	0	0
4	中国航空工业集团有限公司	0	0	0	0	0	0
5	中国船舶集团有限公司	0	0	0	0	0	0
6	中国兵器工业集团有限公司	0	0	0	0	0	0

排名	中文名称	是否有官方认证账号	粉丝数量（人）	一年内发布的内容数量（条）	一年内最多回复数量（次）	一年内图文最高点赞量（次）	一年内视频最高点击量（次）
7	中国兵器装备集团有限公司	0	0	0	0	0	0
8	中国电子科技集团有限公司	0	0	0	0	0	0
9	中国航空发动机集团有限公司	0	0	0	0	0	0
10	中国石油天然气集团有限公司	0	0	0	0	0	0
11	中国石油化工集团有限公司	0	1004	52	2	31	0
12	中国海洋石油集团有限公司	0	0	0	0	0	0
13	国家电网有限公司	0	218	6	4	32	72
14	中国南方电网有限责任公司	0	0	0	0	0	0
15	中国华能集团有限公司	0	0	0	0	0	0
16	中国大唐集团有限公司	0	0	0	0	0	0
17	中国华电集团有限公司	0	0	0	0	0	0
18	国家电力投资集团有限公司	0	0	0	0	0	0
19	中国长江三峡集团有限公司	0	0	0	0	0	0
20	国家能源投资集团有限责任公司	0	0	0	0	0	0
21	中国电信集团有限公司	0	985	158	7	719	0
22	中国联合网络通信集团有限公司	0	1527	48	0	147	12
23	中国移动通信集团有限公司	0	7	0	0	0	0
24	中国电子信息产业集团有限公司	0	0	0	0	0	0
25	中国第一汽车集团有限公司	0	0	0	0	0	0
26	东风汽车集团有限公司	0	0	0	0	0	0
27	中国一重集团有限公司	0	0	0	0	0	0
28	中国机械工业集团有限公司	0	101	0	0	0	0
29	哈尔滨电气集团有限公司	0	0	0	0	0	0
30	中国东方电气集团有限公司	0	0	0	0	0	0
31	鞍钢集团有限公司	0	0	0	0	0	0
32	中国宝武钢铁集团有限公司	0	0	0	0	0	0
33	中国铝业集团有限公司	0	0	0	0	0	0
34	中国远洋海运集团有限公司	0	267	10	2	191	0
35	中国航空集团有限公司	0	12000	0	0	0	0
36	中国东方航空集团有限公司	0	22000	218	5	613	965
37	中国南方航空集团有限公司	1	175000	319	554	3225	8579
38	中国中化集团有限公司	0	42	0	0	0	0
39	中粮集团有限公司	0	2114	52	9	698	362
40	中国五矿集团有限公司	0	0	0	0	0	0

排名	中文名称	是否有官方认证账号	粉丝数量（人）	一年内发布的内容数量（条）	一年内最多回复数量（次）	一年内图文最高点赞量（次）	一年内视频最高点击量（次）
41	中国通用技术（集团）控股有限责任公司	0	0	0	0	0	0
42	中国建筑集团有限公司	0	4050	58	13	62	5999
43	中国储备粮管理集团有限公司	0	0	0	0	0	0
44	国家开发投资集团有限公司	0	0	0	0	0	0
45	招商局集团有限公司	0	0	0	0	0	0
46	华润（集团）有限公司	0	435	48	13	26461	107357
47	中国旅游集团有限公司［香港中旅（集团）有限公司］	0	902	126	51	1187	42737
48	中国商用飞机有限责任公司	0	0	2	0	31	0
49	中国节能环保集团有限公司	0	0	0	0	0	0
50	中国国际工程咨询有限公司	0	0	0	0	0	0
51	中国诚通控股集团有限公司	0	0	0	0	0	0
52	中国中煤能源集团有限公司	0	0	0	0	0	0
53	中国煤炭科工集团有限公司	0	0	0	0	0	0
54	机械科学研究总院集团有限公司	0	0	0	0	0	0
55	中国中钢集团有限公司	0	0	0	0	0	0
56	中国钢研科技集团有限公司	0	0	0	0	0	0
57	中国化工集团有限公司	0	0	0	0	0	0
58	中国化学工程集团有限公司	0	0	0	0	0	0
59	中国盐业集团有限公司	0	0	0	0	0	0
60	中国建材集团有限公司	0	0	0	0	0	0
61	中国有色矿业集团有限公司	0	0	0	0	0	0
62	有研科技集团有限公司	0	0	0	0	0	0
63	北京矿冶科技集团有限公司	0	0	0	0	0	0
64	中国国际技术智力合作有限公司	0	0	0	0	0	0
65	中国建筑科学研究院有限公司	0	0	1	1	15	0
66	中国中车集团有限公司	0	23000	1274	167	47869	6177
67	中国铁路通信信号集团有限公司	0	0	0	0	0	0
68	中国铁路工程集团有限公司	0	0	1	4	115	0
69	中国铁道建筑有限公司	0	0	2	6	62	0
70	中国交通建设集团有限公司	0	0	9	77	3	0
71	中国普天信息产业集团有限公司	0	0	0	0	0	0
72	中国信息通信科技集团有限公司	0	0	0	0	0	0

排名	中文名称	是否有官方认证账号	粉丝数量（人）	一年内发布的内容数量（条）	一年内最多回复数量（次）	一年内图文最高点赞量（次）	一年内视频最高点击量（次）
73	中国农业发展集团有限公司	0	0	0	0	0	0
74	中国林业集团有限公司	0	0	0	0	0	0
75	中国医药集团有限公司	0	0	0	0	0	0
76	中国保利集团有限公司	0	0	0	0	0	0
77	中国建设科技有限公司	0	0	0	0	0	0
78	中国冶金地质总局	0	0	0	0	0	0
79	中国煤炭地质总局	0	0	0	0	0	0
80	新兴际华集团有限公司	0	0	0	0	0	0
81	中国民航信息集团有限公司	0	0	0	0	0	0
82	中国航空油料集团有限公司	0	0	0	0	0	0
83	中国航空器材集团有限公司	0	0	0	0	0	0
84	中国电力建设集团有限公司	0	0	0	0	0	0
85	中国能源建设集团有限公司	0	0	0	0	0	0
86	中国安能建筑集团有限公司	0	0	0	0	0	0
87	中国黄金集团有限公司	0	0	0	0	0	0
88	中国广核集团有限公司	0	0	0	0	0	0
89	中国华录集团有限公司	0	0	0	0	0	0
90	上海诺基亚贝尔股份有限公司	0	0	0	0	0	0
91	华侨城集团有限公司	0	0	0	0	0	0
92	南光（集团）有限公司［中国南光集团有限公司］	0	0	0	0	0	0
93	中国西电集团有限公司	0	0	0	0	0	0
94	中国铁路物资集团有限公司	0	0	0	0	0	0
95	中国国新控股有限责任公司	0	0	0	0	0	0

表 2-18　参照企业 Instagram 传播力具体指标

排名	中文名称	是否有官方认证账号	粉丝数量（人）	一年内发布的内容数量（条）	一年内最多回复数量（次）	一年内图文最高点赞量（次）	一年内视频最高点击量（次）
1	华为技术有限公司	1	1000000	430	572	23483	139000
2	荷兰皇家壳牌集团	1	203000	42	151	8684	18500

（三）Instagram 海外传播力案例分析

中国建筑集团有限公司（以下简称中国建筑）在 2018 年 Instagram 维度并未得分，但在 2019 年取得不俗成绩，在 Instagram 维度传播力排名第七位。其中一条视频播放量截止到 2019 年 10 月 15 日为 5999 次，这个视频以"五句汉族日常用语"为主题，传递给埃及人民一些简单的汉语用语。这个视频不仅播放量很高，而且获取较多评论。

图 2 - 26　中国建筑发布"五句汉族日常用语"的 Instagram 推文

中国中车集团有限公司（以下简称中国中车）在 2018 年 Instagram 维度海外传播力排名第九位，2019 年则上升到第一位，传播力得分为 2015672.3。中国中车的 Instagram 账号 crrc - global 截止到 2019 年 10 月 15 日最高图文点赞量为 47869 次，展示了中国中车和上海交通大学合作研发的一项防止电力流失的新技术，使用这项技术，每年将给我国节省 27.2 亿千瓦时的电力。

crrc_global ···

47,869次赞

crrc_global Power wastage is a global problem. Recently, CRRC collaborated with Shanghai Jiao Tong University to invent a new technology –a ultra-conductive copper, also known as "Super Copper". It is actually a composite material made out of traditional copper and graphene, which has very high electrical conductivity. Super Copper is 10% higher than the king of conductors – silver, and is considered to have the highest conductivity (amongst metal conductive materials) measured at room temperature, greatly improving electrical conductivity and reducing energy loss. Take China as an example. If 10% of motors in China are replaced by Super Copper, the country will save 2.72 billion kilowatt hours annually.#CRRC

图 2－27 中国中车发布防止电力流失的新技术的 Instagram 推文

八、维度六：中央企业YouTube传播力

YouTube 在全球拥有约 20 亿用户，用户可以使用该平台上传并浏览内容，YouTube 已经逐渐发展成为一个混合专业新闻报道与用户原创内容的平台，YouTube 平台的统计数据在一定程度上可以反映出中央企业在海外进行品牌传播的能力。

（一） YouTube 传播力得分

在 YouTube 传播力维度中，各项指标权重如下：是否有官方认证账号占 1.0%，一年内发布的内容数量和一年内最高点击量各占 4.7%，订阅数量占 4.6%，总体在中央企业的海外传播影响力测量中占 15% 的比重。

在 YouTube 平台上，中央企业的官方账户拥有率较低、使用频率较低。在 95 家中央企业中，仅有两家企业拥有经过认证的官方账号，分别是中国电力建设集团有限公司和新兴际华集团有限公司，中央企业的 YouTube 账号平均粉丝数量为 425 人，较上年（24 人）有较大幅度的提升。中央企业一年内平均视频发布为 3 条。

1. YouTube 传播力得分排名

在 YouTube 传播力维度中，排名在前五位的中央企业是中国航空集团有限公司、中国中车集团有限公司、中国南方航空集团有限公司、中国电力建设集团有限公司、中国建筑集团有限公司。

表 2 - 19 中央企业 YouTube 得分排名

排名	中文名称	得分
1	中国航空集团有限公司	2711878.0
2	中国中车集团有限公司	1461339.0
3	中国南方航空集团有限公司	529365.1
4	中国电力建设集团有限公司	403356.1
5	中国建筑集团有限公司	358890.3
6	新兴际华集团有限公司	274403.0
7	中国电信集团有限公司	187653.5
8	中国移动通信集团有限公司	101035.0
9	中国联合网络通信集团有限公司	50214.0
10	中国西电集团有限公司	24973.0
11	中国中化集团有限公司	12555.2
12	中国医药集团有限公司	12485.6
13	中国东方航空集团有限公司	4913.2
14	东风汽车集团有限公司	1129.2
15	中粮集团有限公司	850.1
16	中国铝业集团有限公司	156.9
17	中国煤炭科工集团有限公司	10.1
18	中国远洋海运集团有限公司	5.1

2. 参照系比较

将中央企业中 YouTube 传播力得分排名第一名的中国航空集团有限公司（2711878.0）与华为技术有限公司（4676324.4）和荷兰皇家壳牌集团（5678358.8）进行比较，华为技术有限公司得分是中国航空集团有限公司的 1.7 倍；荷兰皇家壳牌集团得分是中国航空集团有限公司的2.1倍。与民营和国外参照企业相比，中央企业YouTube平台建设差距仍然存在。

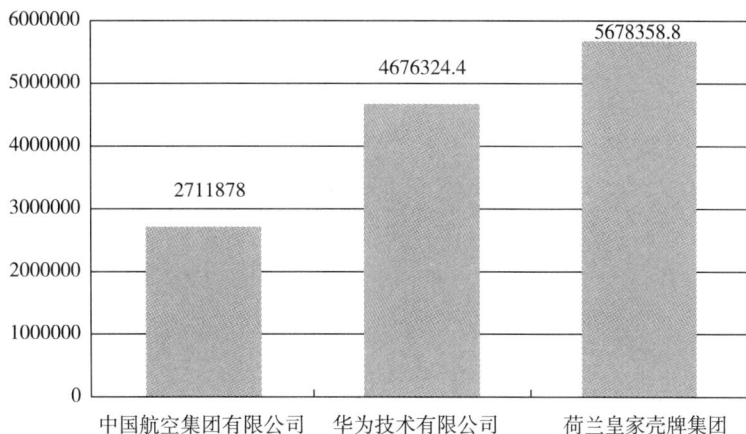

图2-28 YouTube传播力得分比较

（二）YouTube传播力具体指标

多数中央企业在YouTube平台上的活跃度（订阅量、内容发布量、最高点击量）较低，在95家中央企业中，有18家企业拥有YouTube账号，仅有2家进行了官方认证。

1. 在订阅数量方面

中央企业的YouTube账号平均订阅量为425人，在18家拥有YouTube账号的企业中，有2家订阅数量在10000人以上，分别是中国航空集团有限公司（11300）和中国中车集团有限公司（20300）。华为技术有限公司订阅数量是中国中车集团有限公司的28.8倍，荷兰皇家壳牌集团订阅数量是中国中车集团有限公司的19.2倍。

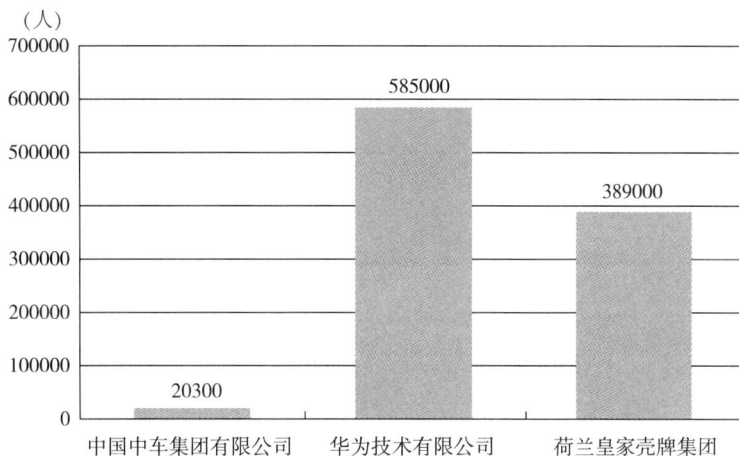

图2-29 YouTube订阅数量比较

2. 在内容发布数量方面

18 家拥有 YouTube 账号的中央企业内容发布数量普遍较少，更新频率较低，最高的为中国中车集团有限公司，一年发布 109 条视频内容，中央企业的 YouTube 账号一年内发布的内容数量平均为 3 条。同民营企业与国外企业相比，大多数中央企业在 YouTube 视频发布数量上仍显不足。

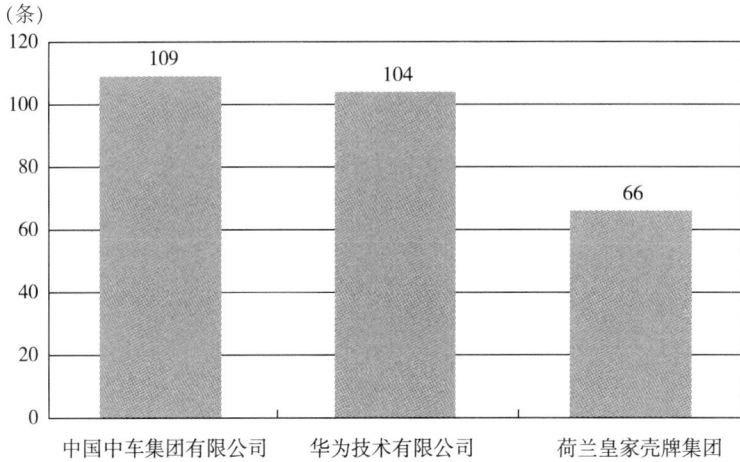

图 2 - 30　YouTube 一年内发布的内容数量比较

3. 最高点击量方面

18 家企业之间的差距较大，得分最高的为中国航空集团有限公司，单个视频最高有25830000 次播放，其次是中国南方航空集团有限公司，单个视频最高点击量为 11805 次，远超其他中央企业，但与荷兰皇家壳牌集团相比仍有差距。

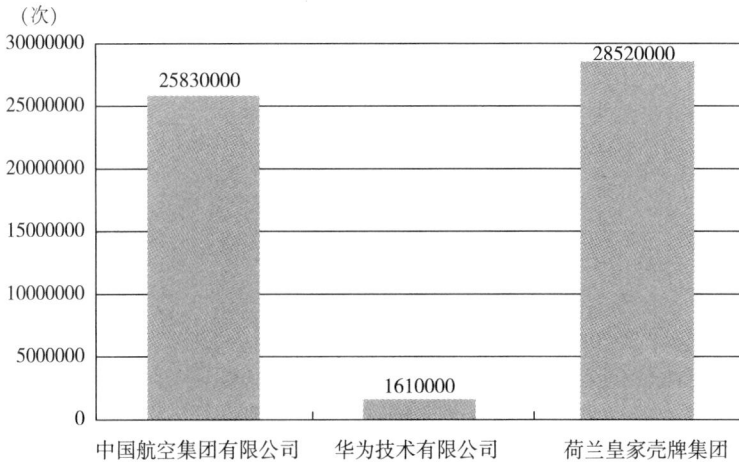

图 2 - 31　YouTube 一年内最高点击量比较

表 2 - 20 95 家中央企业 YouTube 传播力具体指标

排名	中文名称	是否有官方认证账号	订阅数量（人）	一年内发布的内容数量（条）	一年内最高点击量（次）
1	中国核工业集团有限公司	0	0	0	0
2	中国航天科技集团有限公司	0	0	0	0
3	中国航天科工集团有限公司	0	0	0	0
4	中国航空工业集团有限公司	0	0	0	0
5	中国船舶集团有限公司	0	0	0	0
6	中国兵器工业集团有限公司	0	0	0	0
7	中国兵器装备集团有限公司	0	0	0	0
8	中国电子科技集团有限公司	0	0	0	0
9	中国航空发动机集团有限公司	0	0	0	0
10	中国石油天然气集团有限公司	0	0	0	0
11	中国石油化工集团有限公司	0	0	0	0
12	中国海洋石油集团有限公司	0	0	0	0
13	国家电网有限公司	0	0	0	0
14	中国南方电网有限责任公司	0	0	0	0
15	中国华能集团有限公司	0	0	0	0
16	中国大唐集团有限公司	0	0	0	0
17	中国华电集团有限公司	0	0	0	0
18	国家电力投资集团有限公司	0	0	0	0
19	中国长江三峡集团有限公司	0	0	0	0
20	国家能源投资集团有限责任公司	0	0	0	0
21	中国电信集团有限公司	0	147	15	464
22	中国联合网络通信集团有限公司	0	73	4	146
23	中国移动通信集团有限公司	0	262	8	510
24	中国电子信息产业集团有限公司	0	0	0	0
25	中国第一汽车集团有限公司	0	0	0	0
26	东风汽车集团有限公司	0	223	0	9
27	中国一重集团有限公司	0	0	0	0
28	中国机械工业集团有限公司	0	0	0	0
29	哈尔滨电气集团有限公司	0	0	0	0
30	中国东方电气集团有限公司	0	0	0	0
31	鞍钢集团有限公司	0	0	0	0
32	中国宝武钢铁集团有限公司	0	0	0	0
33	中国铝业集团有限公司	0	31	0	0
34	中国远洋海运集团有限公司	0	1	0	0
35	中国航空集团有限公司	0	11300	23	25830000
36	中国东方航空集团有限公司	0	971	0	0
37	中国南方航空集团有限公司	0	999	42	11805

排名	中文名称	是否有官方认证账号	订阅数量（人）	一年内发布的内容数量（条）	一年内最高点击量（次）
38	中国中化集团有限公司	0	11	1	456
39	中粮集团有限公司	0	168	0	0
40	中国五矿集团有限公司	0	0	0	0
41	中国通用技术(集团)控股有限责任公司	0	0	0	0
42	中国建筑集团有限公司	0	1990	28	25
43	中国储备粮管理集团有限公司	0	0	0	0
44	国家开发投资集团有限公司	0	0	0	0
45	招商局集团有限公司	0	0	0	0
46	华润（集团）有限公司	0	0	0	0
47	中国旅游集团有限公司［香港中旅（集团）有限公司］	0	0	0	0
48	中国商用飞机有限责任公司	0	0	0	0
49	中国节能环保集团有限公司	0	0	0	0
50	中国国际工程咨询有限公司	0	0	0	0
51	中国诚通控股集团有限公司	0	0	0	0
52	中国中煤能源集团有限公司	0	0	0	0
53	中国煤炭科工集团有限公司	0	2	0	0
54	机械科学研究总院集团有限公司	0	0	0	0
55	中国中钢集团有限公司	0	0	0	0
56	中国钢研科技集团有限公司	0	0	0	0
57	中国化工集团有限公司	0	0	0	0
58	中国化学工程集团有限公司	0	0	0	0
59	中国盐业集团有限公司	0	0	0	0
60	中国建材集团有限公司	0	0	0	0
61	中国有色矿业集团有限公司	0	0	0	0
62	有研科技集团有限公司	0	0	0	0
63	北京矿冶科技集团有限公司	0	0	0	0
64	中国国际技术智力合作有限公司	0	0	0	0
65	中国建筑科学研究院有限公司	0	0	0	0
66	中国中车集团有限公司	0	20300	109	7856
67	中国铁路通信信号集团有限公司	0	0	0	0
68	中国铁路工程集团有限公司	0	0	0	0
69	中国铁道建筑有限公司	0	0	0	0
70	中国交通建设集团有限公司	0	0	0	0
71	中国普天信息产业集团有限公司	0	0	0	0
72	中国信息通信科技集团有限公司	0	0	0	0
73	中国农业发展集团有限公司	0	0	0	0

续表

排名	中文名称	是否有官方认证账号	订阅数量（人）	一年内发布的内容数量（条）	一年内最高点击量（次）
74	中国林业集团有限公司	0	0	0	0
75	中国医药集团有限公司	0	1	1	248
76	中国保利集团有限公司	0	0	0	0
77	中国建设科技有限公司	0	0	0	0
78	中国冶金地质总局	0	0	0	0
79	中国煤炭地质总局	0	0	0	0
80	新兴际华集团有限公司	1	275	0	0
81	中国民航信息集团有限公司	0	0	0	0
82	中国航空油料集团有限公司	0	0	0	0
83	中国航空器材集团有限公司	0	0	0	0
84	中国电力建设集团有限公司	1	3600	9	91
85	中国能源建设集团有限公司	0	0	0	0
86	中国安能建筑集团有限公司	0	0	0	0
87	中国黄金集团有限公司	0	0	0	0
88	中国广核集团有限公司	0	0	0	0
89	中国华录集团有限公司	0	0	0	0
90	上海诺基亚贝尔股份有限公司	0	0	0	0
91	华侨城集团有限公司	0	0	0	0
92	南光（集团）有限公司［中国南光集团有限公司］	0	0	0	0
93	中国西电集团有限公司	0	0	2	626
94	中国铁路物资集团有限公司	0	0	0	0
95	中国国新控股有限责任公司	0	0	0	0

表2-21　参照企业YouTube传播力具体指标

排名	中文名称	是否有官方认证账号	订阅数量（人）	一年内发布的内容数量（条）	一年内最高点击量（次）
1	荷兰皇家壳牌集团	1	585000	104	1610000
2	华为技术有限公司	1	389000	66	28520000

（三）YouTube海外传播力案例分析

中国建筑集团有限公司（以下简称中国建筑）在YouTube传播力得分中排名第五位。中国建筑在YouTube平台上共拥有两个账号，分别是CSCEC EGYPT埃及地区账号和CSCEC Pakistan巴基斯坦地区账号，其中埃及地区账号共拥有1990位订阅者，在过去的一年中发布了28个视频，频次较高，视频主要内容涉及中国建筑在埃及地区所进行的一些工作活动以及工作人员日常的工作状态。在传递中国建筑企业精神的同时，也成功树立了其良好的国际形象。

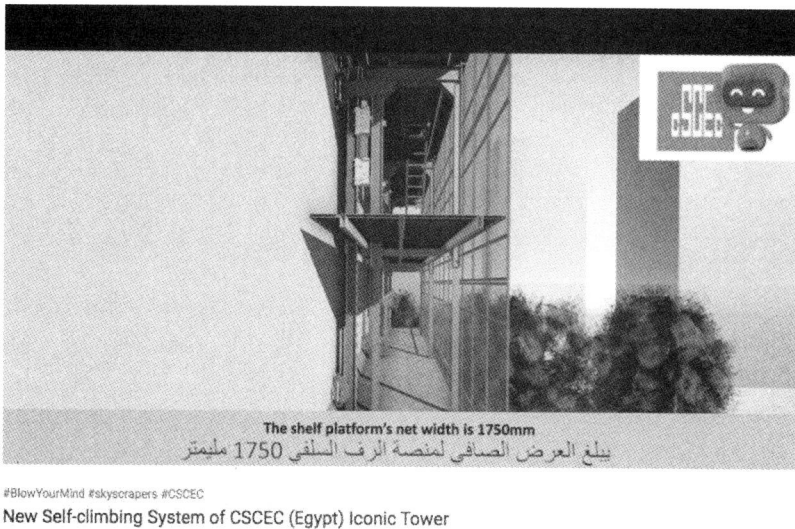

#BlowYourMind #skyscrapers #CSCEC
New Self-climbing System of CSCEC (Egypt) Iconic Tower

图 2 - 32　中国建筑部分 YouTube 视频截图

中国中车集团有限公司（以下简称中国中车）在 YouTube 传播力得分中排名第二位，主要得益于其大量的订阅数量，截至数据统计时间，中国中车在 YouTube 平台上的订阅数量高达 20300 人，位列中央企业 YouTube 订阅数量第一名。其一年内发布的视频总量有 109 条，频次较高。视频的主要内容包括中国中车在各地的工程项目情况，如地铁和铁路建设等。中国中车在 YouTube 平台发布的视频播放量较高，基本保持在 3000 ~ 5000 次。由此可见，中国中车在 YouTube 平台上的海外传播力较为突出，值得其他中央企业参考学习。

China's deepest high speed #railway station Main structure completed

4,686次观看·2019年8月27日

图 2 - 33　中国建筑部分 YouTube 视频截图

九、结论与分析

（一）共有 4 家企业连续 4 年进入中央企业海外传播力综合指数前十名

中国东方航空集团有限公司、中国南方航空集团有限公司、中国移动通信集团有限公司、中国石油化工集团有限公司 4 家企业连续 4 年进入中央企业海外传播力综合指数前十名。中国航空集团有限公司、中国中车集团有限公司、国家电力投资集团有限公司 3 家企业连续 3 年进入中央企业海外传播力综合指数前十名。

表 2 - 22　近 4 年中央企业海外传播力综合指数前十名榜单

排名	2016 年	2017 年
1	中国东方航空集团有限公司	中国南方航空集团有限公司
2	上海贝尔股份有限公司	中国东方航空集团有限公司
3	中国南方航空集团有限公司	中国移动通信集团有限公司
4	中国海洋石油总公司	国家电力投资集团有限公司
5	中国冶金科工集团有限公司	中国航空集团有限公司
6	中国化工集团公司	中国石油化工集团有限公司
7	华润（集团）有限公司	中国中车集团有限公司
8	中国移动通信集团有限公司	东风汽车集团有限公司
9	中国石油天然气集团有限公司	中国电信集团有限公司
10	中国石油化工集团有限公司	中国商用飞机有限责任公司
排名	2018 年	2019 年
1	中国南方航空集团有限公司	中国航空集团有限公司
2	中国航空集团有限公司	中国南方航空集团有限公司
3	中国东方航空集团有限公司	中国中车集团有限公司
4	中国石油化工集团有限公司	中国石油化工集团有限公司
5	国家电力投资集团有限公司	中国东方航空集团有限公司
6	中国中车集团有限公司	中国移动通信集团有限公司
7	中国移动通信集团有限公司	中国电信集团有限公司
8	东风汽车集团有限公司	中国联合网络通信集团有限公司
9	中国联合网络通信集团有限公司	国家电力投资集团有限公司
10	中国第一汽车集团有限公司	华润（集团）有限公司

（二）同 2018 年比，中央企业整体海外传播力进步明显

在 2018 年，中央企业中海外传播力得分排名第一位的是中国南方航空集团有限公司，与参照企业华为技术有限公司（传播力指数：41802095.8）以及荷兰皇家壳牌集团（传播力指数：28229846.7）相比差距较大。中国南方航空集团有限公司海外传播力综合指数得分与华为技术有限公司相比相差 9 倍，与荷兰皇家壳牌集团相比相差 6 倍。

2019 年，95 家中央企业的海外传播力综合指数得分最高的是中国航空集团有限公司（7258318），其后第 2 名到第 5 名依次是中国南方航空集团有限公司（6904087）、中国中车集团有限公司（4643682.2）、中国石油化工集团有限公司（3052745.9）、中国东方航空集团有限公司（2224538），排名前五位的企业和两家参照企业的差距与上年相比明显缩小。排行第一的中国航空集团有限公司，其海外传播力综合指数得分与参照企业华为技术有限公司（传播力指数：50440710.1）以及荷兰皇家壳牌集团（传播力指数：16121495.57）相比，华为技术有限公司的海外传播力综合指数是中国航空集团有限公司的 7 倍，荷兰皇家壳牌集团的海外传播力综合指数是中国航空集团有限公司的 2 倍。说明中央企业整体的海外传播力进步明显。

（三）海外媒体平台建设中，航空类企业和通信类企业排名总体靠前

2019 年航空类企业和通信类企业占据中央企业海外传播力综合指数得分排名前十名中的 60%。其中，航空类企业包括第一的中国航空集团有限公司、第二的中国南方航空集团有限公司、第五的中国东方航空集团有限公司三家。通信类企业包括中国移动通信集团有限公司、中国电信集团有限公司、中国联合网络通信集团有限公司 3 家，分别位列总分榜的第六、第七、第八位。

其中，航空类企业表现更为亮眼，中国南方航空集团有限公司位列 Wikipedia 传播力排行榜第一，中国南方航空集团有限公司位列 Facebook 传播力排行榜第一，中国航空集团有限公司位列 YouTube 传播力排行榜第一。

（四）共有 7 家中央企业同时进入 4 个及 4 个以上传播力维度的前十名

中国南方航空集团有限公司在 Google、Wikipedia、Twitter、Facebook、Instagram、YouTube 6 个维度中均进入该维度传播力指数排行的前十名，中国航空集团有限公司、中国电信集团有限公司、中国联合网络通信集团有限公司、中国中车集团有限公司在 5 个维度中进入前十名，中国中车集团有限公司、中国移动通信集团有限公司、中国东方航空集团有限公司在 4 个维度中进入前十名。

表 2 – 23　各维度传播力排名前十企业

排名	Google	Wikipedia	Twitter
1	中国船舶集团有限公司	中国南方航空集团有限公司	中国石油化工集团有限公司
2	中国移动通信集团有限公司	中国航空集团有限公司	中国航空集团有限公司
3	中国航空工业集团有限公司	中国东方航空集团有限公司	中国南方航空集团有限公司
4	中国商用飞机有限责任公司	中国电信集团有限公司	国家电力投资集团有限公司
5	中国航空集团有限公司	中国移动通信集团有限公司	中国中车集团有限公司
6	中国联合网络通信集团有限公司	中国铁路工程集团有限公司	中国联合网络通信集团有限公司
7	中国南方航空集团有限公司	中国联合网络通信集团有限公司	中国商用飞机有限责任公司
8	中国保利集团有限公司（变动后）	华润（集团）有限公司	中国广核集团有限公司
9	中国石油天然气集团有限公司	中国宝武钢铁集团有限公司	中国电信集团有限公司
10	中国船舶集团有限公司	中国南方航空集团有限公司	中国东方航空集团有限公司

排名	Facebook	Instagram	YouTube
1	中国南方航空集团有限公司	中国中车集团有限公司	中国航空集团有限公司
2	中国东方航空集团有限公司	中国南方航空集团有限公司	中国中车集团有限公司
3	中国航空集团有限公司	华润（集团）有限公司	中国南方航空集团有限公司
4	中国移动通信集团有限公司	中国东方航空集团有限公司	中国电力建设集团有限公司
5	中国中车集团有限公司	中国旅游集团有限公司［香港中旅（集团）有限公司］	中国建筑集团有限公司
6	中粮集团有限公司	中国电信集团有限公司	新兴际华集团有限公司
7	中国电信集团有限公司	中国建筑集团有限公司	中国电信集团有限公司
8	中国联合网络通信集团有限公司	中粮集团有限公司	中国移动通信集团有限公司
9	国家电力投资集团有限公司	中国交通建设集团有限公司	中国联合网络通信集团有限公司
10	中国长江三峡集团有限公司	中国石油化工集团有限公司	中国西电集团有限公司

（五）Instagram 维度中央企业进步明显

2018 年，96 家中央企业仅有 12.5%（12 家）的企业有 Instagram 账号，2019 年在 95 家中央企业中，有 22.1%（21 家）的企业有 Instagram 账号，和上年相比，有 Instagram 账号的中央企业多了 9 家。

2018 年中央企业 Instagram 账号平均粉丝数量为 591 人，但是 2019 年中央企业 Instagram 账号平均粉丝数量为 2564 人，提升了近 333%。

2018 年中央企业一年内平均信息发布量为 12 条，但是 2019 年中央企业一年内平均信息发布量为 25 条，提升了 108%。

2018 年，中央企业 Instagram 传播力得分的第一名中国东方航空集团有限公司与华为技术有限公司和荷兰皇家壳牌集团进行比较，华为技术有限公司的得分是中国东方航空集团有限公司得分的 12 倍；荷兰皇家壳牌集团是中国东方航空集团有限公司的 3.9 倍。但是在 2019 年，将中央企业 Instagram 传播力得分第一名的中国中车集团有限公司与华为技术有限公司和荷兰皇家壳牌集团进行比较，华为技术有限公司的得分是中国中车集团有限公司的 4.2 倍，荷兰皇家壳牌集团的得分是中国中车集团有限公司的 1.3 倍，排名第一的中央企业在 Instagram 维度同华为技术有限公司相比差距仍较大，但是和荷兰皇家壳牌集团相比差距已经缩小不少。

（六）中央企业社交媒体平台官方认证情况有待改善

在社交平台上进行官方认证有助于企业账号提升公信力，其发布的内容也将吸引更多关注者。一个企业账号有没有进行官方认证，往往成为衡量这个账号权威度的重要指标。在本次考察的 6 个维度中，社交平台包括 Twitter、Facebook、Instagram 和 YouTube 这 4 个平台均有官方认证的功能。

中国中央企业在上述 4 个维度进行官方认证的企业较少。在 Twitter 平台中，进行官方认证的企业仅有中国石油化工集团有限公司、国家电力投资集团有限公司、中国航空集团有限公司、中国南方航空集团有限公司 4 家，占中央企业总数的 4%。在 Facebook 平台中，进行官方认证的企业仅有中国移动通信集团有限公司、中国航空集团有限公司、中国东方航空集团有限公司、中粮集团有限公司、中国南方航空集团有限公司 5 家，占中央企业总数的 5%。在 Instagram 平台中，进行官方认证的企业仅有中国南方航空集团有限公司 1 家，占中央企业总数的 1%。在 YouTube 平台中，进行官方认证的企业仅有新兴际华集团有限公司、中国电力建设集团有限公司 2 家，占中央企业总数的 2%。在 2 个以上平台进行官方认证的中央企业仅有中国南方航空集团有限公司、中国航空集团有限公司 2 家。

相比之下，两个参照企业——华为技术有限公司和荷兰皇家壳牌集团在 4 个平台上均进行了官方认证。在这方面，中央企业有待改善。

（七）中央企业视频传播意识不强，YouTube 平台入驻率有待提高

YouTube 是世界上规模最大和最有影响力的视频网站，在全球拥有约 20 亿用户使用该平台上传并浏览内容。近年来，虽然 YouTube 的市场占有率有所下降，但其依然是海外传播中最重要的视频传播平台。但是在该平台中，中央企业的入驻率较低，且多数中央企业在 YouTube 平台上的活跃度（订阅数量、内容发布数量、最高点击量）较低，在 95 家中央企业中，有 18 家企业拥有 YouTube 账号，仅有 2 家进行官方认证，分别是中国电力建设集团有限公司和新兴际华集团有限公司。有 2 家订阅数量在 10000 人以上，分别是中国航空集团有限公司拥有 11300 人订阅和中国中车集团有限公司拥有 20300 人订阅。华为技术有限公司订阅数量是中国中车集团有限公司的 28.8 倍，荷兰皇家壳牌集团订阅数量是中国中车集团有限公司的 19.2 倍。

（八）中央企业社交媒体平台互动性有待提高

虽然许多中央企业在社交平台存在账号，也发布了大量内容，但是就现实情况来看，中央企业在 Twitter、Facebook、Instagram 和 YouTube 这 4 个社交平台中与粉丝进行互动的情况依然较差。这些账号只起到发布信息的作用，没有起到沟通用户，与用户进行互动交流的作用。这无形中阻隔了这些中央企业同海外用户的关系，不利于中央企业海外传播力的提升。

第三章　2019中国城市海外网络传播力建设报告

摘　要

习近平总书记在2013年12月30日中共中央政治局就提高国家文化软实力研究进行第十二次集体学习中指出：要加强国际传播能力建设，精心构建对外话语体系，发挥好新兴媒体作用，增强对外话语的创造力、感召力、公信力，讲好中国故事，传播好中国声音，阐释好中国特色。互联网是当前我国城市传播及海外形象建构的重要信息平台，海外民众对城市的认知在很大程度上依赖于海外网络的传播。本报告整理汇集我国337座城市（自治州、地区、盟）在 Google News、Twitter 和 YouTube 三个维度上的数据，同时剔除了Google News 和 Twitter 平台中的城市负面报道或评价信息，通过综合模型计算分析得出中国城市的海外网络传播力综合指数，从第一层次的"在场"和第二层次的"评价"维度来考察我国城市在互联网英文世界中的传播力。研究发现，2019年中国城市海外传播主要具有以下特征：

1. 我国337座城市（自治州、地区、盟）海外网络传播力综合指数得分排名前十位的依次为上海市、北京市、深圳市、广州市、成都市、武汉市、天津市、杭州市、重庆市、西安市。

2. 直辖市、副省级城市和省会城市总体占据海外网络传播力的前端。地级城市（地区、自治州）的海外网络传播力得分排名前十位依次为阿里地区、无锡市、珠海市、三亚市、东莞市、苏州市、张家界市、佛山市、大理白族自治州、常州市。

3. 从每个省的城市海外传播力平均得分来看，排名在前十位的省份为浙江省、江苏省、海南省、福建省、山东省、广东省、河北省、云南省、西藏自治区、辽宁省。

4. 中国城市海外网络传播力综合指数与GDP指数呈现强相关关系，传播力综合指数得分排名前二十位的城市中有15个入围2019年上半年GDP指数前20名。

5. 珠三角、长三角、环渤海3个城市群凭借政策优势成为海外网络传播力"高地"。

6. 中西部新一线城市突出东部沿海城市重围，海外网络传播力增速大幅提升。

[本章作者] 张洪忠、方增泉、王嬴一、苏世兰、刘彧晗、刘子维、郑伟、祁雪晶、季晓旭。

一、背景

习近平总书记在 2013 年 12 月 30 日中共中央政治局就提高国家文化软实力研究进行第十二次集体学习中指出：要加强国际传播能力建设，精心构建对外话语体系，发挥好新兴媒体作用，增强对外话语的创造力、感召力、公信力，讲好中国故事，传播好中国声音，阐释好中国特色。我国城市积极履行"走出去"战略，打造城市的全球形象，成为立体呈现国家形象的一个构成方面。互联网是当前我国城市传播及海外形象建构最主要的信息平台，社会大众对城市的认知在很大程度上依赖于网络传播。测量我国城市海外网络传播力可以帮助我们把握我国城市形象打造的具体操作现状与问题，为城市海外形象的建构提供参考。

本报告选择新闻、社交和视频平台来进行考察。早在 2011 年主要新闻网站的推荐流量中，Google Search 与 Google News 便已占据约 75% 的流量资源。Google News 在美国每月拥有约 3.5 亿次的访问量，整体高于传统新闻出版机构，是英文新闻最大的集合渠道。而 YouTube 平台，每个月有超过 30 亿次的搜索量，其已注册访问用户数量稳定在 18 亿人以上，占据互联网用户数量的一半。在 Similar Web 和 Alexa 两个访问量排名名单中，Google 和 YouTube 均位列访问量最大网站排名的前三位。此外，虽然中国国内对 Twitter 的使用有所限制，但其影响范围已经扩展至全球大部分地方[①]，月活跃用户数已经达到 3.28 亿人。

传播力分为"在场"、"评价"、"承认"三个层次，它们分别通过衡量一个国家在互联网场域中的提及率、评价的正负取向及互联网世界对一个国家传播内容的价值承认程度来进行测量与反馈。在这三个层次中，"在场"是基础，只有"在场"前提下，才可能有后面的层次。多元文化背景下海外传播力的最高目标在于承认，和而不同，各美其美，也就是"虽不同意，但却承认"是国际传播预期达到的目标。

本报告从第一层次的"在场"和第二层次的"评价"维度来考察我国城市在互联网英文世界中的传播力。在构建中国城市海外网络传播力测量维度时，将一个城市在互联网场域中（Google News、Twitter、YouTube）的提及率、评价的正负取向作为测量"在场"和"评价"传播力的维度。

本报告选取了中国 337 个地级及以上城市（自治州、地区、盟）作为研究对象（2019 年山东莱芜市被撤销，其所辖区域划归济南市管辖），通过抓取国际搜索网站和大型社交平台数据，设定具体的维度和指标进行比对分析，以了解我国城市海外网络传播力

---

① http：//media. people. com. cn/GB/n1/2019/0110/c424556 - 30515208. html.

现状及增长指数，完善我国海外网络传播体系建设，进而提升中国的国际传播力。

二、方法

（一）数据采集平台与时间

本报告选取 Google、Twitter、YouTube 3 个海外媒体平台上的传播情况作为中国城市海外网络传播力的考察维度。

Google 作为全球最普及的搜索引擎，提供 30 余种语言服务，在全球搜索引擎平台上占据主导地位。因此，以其为平台分析中国城市的新闻内容和报道数量具有较高的研究价值和可信度。

Twitter 为受众提供了一个公共讨论平台，所有信息都可以及时检索。Twitter 在自媒体平台上有很强的国际影响力，在国际网站 Alexa. com 排名中，Twitter 影响力远远高于论坛、博客等自媒体平台。该平台的数据统计在一定程度上可以反映出中国城市在海外传播的深度与广度。

YouTube 是目前世界上规模最大和最有影响力的视频网站，深受中年和青少年人群青睐，在 YouTube 平台上进行影像视觉传播可以实现快速、大范围传播，吸引全球用户关注中国城市并形成视觉化印象。YouTube 平台的统计数据在一定程度上也可以反映出中国城市的跨文化传播和沟通能力。

本报告中 Google、Twitter、YouTube 3 个维度的数据采集时间为 2018 年 10 月 15 日至 2019 年 10 月 15 日。同时，采集了 2008 年、2013 年与 2018 年的数据做趋势分析。

（二）指标与算法

本报告选取 Google、Twitter、YouTube 3 个平台作为考察维度，比重为 40% : 30% : 30%。中国城市海外网络传播力综合指数具体计算公式如下：

$$y_j = \left(\sum_{i=1}^{3} a_i \frac{\lg x_{ij}}{\max\limits_{1 \leqslant j \leqslant 338} (\lg x_{ij})} \right) \times 100$$

式中，y_j 为任意一个城市的传播力指数；a_i 为指标的权重，$i = 1$，2，3，如 a_1 代表 Google News 数量所占的权重，因此 $a_1 = 40\%$；x_{ij} 为第 j 个城市在第 i 个指标上的数值，如 x_{12} 表示第 2 个城市在 Google News 上的数量。

Google News、Twitter 通过抽样检测的方法，在总量中筛除了负面新闻。由于算法中使用了对数标准化，因此原始数据中 0 改成了 1，这种改变并不影响最终结果。

本报告采用传播力增长指数来衡量各个城市在 Google News、Twitter 和 YouTube 3 个平台上传播力的变化情况。首先，统计 2008 年、2013 年、2018 年和 2019 年各个城市在 3 个平台上的相关数据；其次，通过对这 4 年的数据进行线性拟合，拟合所得的斜率即为传播力增长指数。以上海市的 Google 传播力增长指数的计算为例，首先分别统计 Google 平台上在 2008 年、2013 年、2018 年和 2019 年这 4 年有关上海市的数据量；其次对这 4 个数据进行线性拟合，线性拟合所得到的斜率即为上海市在 Google 平台上的传播力增长指数。

（三）分析对象选择

本报告选取了中国 337 个地级及以上城市（自治州、地区、盟）作为研究对象（指中国内陆城市，不包括中国港澳台地区），在 3 个平台中用对直辖市、省会城市和计划单列市输入带双引号的城市英文名称，对其他地级市采取输入带双引号的城市＋所在省份英文名称的方法进行数据采集（因吉林市与吉林省英文名称一致，故采用"Jilin city"进行搜索）。

表 3–1　337 座城市（自治州、地区、盟）的中文名称与英文搜索名称

中文名称	英文搜索名称	中文名称	英文搜索名称	中文名称	英文搜索名称
上海市	"Shanghai"	昆明市	"Kunming"	太原市	"Taiyuan"
北京市	"Beijing"	大连市	"Dalian"	嘉兴市	"Jiaxing" "Zhejiang"
深圳市	"Shenzhen"	厦门市	"Xiamen"	烟台市	"Yantai" "Shandong"
广州市	"Guangzhou"	合肥市	"Hefei"	惠州市	"Huizhou" "Guangdong"
成都市	"Chengdu"	佛山市	"Foshan" "Guangdong"	保定市	"Baoding" "Hebei"
杭州市	"Hangzhou"	福州市	"Fuzhou"	台州市	"Taizhou" "Zhejiang"
重庆市	"Chongqing"	哈尔滨市	"Harbin"	中山市	"Zhongshan" "Guangdong"
武汉市	"Wuhan"	济南市	"Jinan"	绍兴市	"Shaoxing" "Zhejiang"
苏州市	"Suzhou" "Jiangsu"	温州市	"Wenzhou" "Zhejiang"	乌鲁木齐	"Urumqi"
西安市	"Xi'an"	长春市	"Changchun"	潍坊市	"Weifang" "Shandong"
天津市	"Tianjin"	石家庄市	"Shijiazhuang"	兰州市	"Lanzhou"
南京市	"Nanjing"	常州市	"Changzhou" "Jiangsu"	珠海市	"Zhuhai" "Guangdong"
郑州市	"Zhengzhou"	泉州市	"Quanzhou" "Fujian"	镇江市	"Zhenjiang" "Jiangsu"
长沙市	"Changsha"	南宁市	"Nanning"	海口市	"Haikou"
沈阳市	"Shenyang"	贵阳市	"Guiyang"	扬州市	"Yangzhou" "Jiangsu"
青岛市	"Qingdao"	南昌市	"Nanchang"	临沂市	"Linyi" "Shandong"
宁波市	"Ningbo"	南通市	"Nantong" "Jiangsu"	洛阳市	"Luoyang" "Henan"
东莞市	"Dongguan" "Guangdong"	金华市	"Jinhua" "Zhejiang"	唐山市	"Tangshan" "Hebei"
无锡市	"Wuxi" "Jiangsu"	徐州市	"Xuzhou" "Jiangsu"	呼和浩特	"Hohhot"

中文名称	英文搜索名称	中文名称	英文搜索名称	中文名称	英文搜索名称
盐城市	"Yancheng" "Jiangsu"	包头市	"Baotou" "Inner Mongolia"	宝鸡市	"Baoji" "Shanxi"
汕头市	"Shantou" "Guangdong"	鞍山市	"Anshan" "Liaoning"	马鞍山市	"Maanshan" "Anhui"
廊坊市	"Langfang" "Hebei"	九江市	"Jiujiang" "Jiangxi"	郴州市	"Chenzhou" "Hunan"
泰州市	"Taizhou" "Jiangsu"	大庆市	"Daqing" "Heilongjiang"	安阳市	"Anyang" "Henan"
济宁市	"Jining" "Shandong"	许昌市	"Xuchang" "Henan"	龙岩市	"Longyan" "Fujian"
湖州市	"Huzhou" "Zhejiang"	新乡市	"Xinxiang" "Henan"	聊城市	"Liaocheng" "Shandong"
江门市	"Jiangmen" "Guangdong"	宁德市	"Ningde" "Fujian"	渭南市	"Weinan" "Shanxi"
银川市	"Yinchuan"	西宁市	"Xining" "Qinghai"	宿州市	"Suzhou" "Anhui"
淄博市	"Zibo" "Shandong"	宿迁市	"Suqian" "Jiangsu"	衢州市	"Quzhou" "Zhejiang"
邯郸市	"Handan" "Hebei"	菏泽市	"Heze" "Shandong"	梅州市	"Meizhou" "Guangdong"
芜湖市	"Wuhu" "Anhui"	蚌埠市	"Bengbu" "Anhui"	宣城市	"Xuancheng" "Anhui"
漳州市	"Zhangzhou" "Fujian"	邢台市	"Xingtai" "Hebei"	周口市	"Zhoukou" "Henan"
绵阳市	"Mianyang" "Sichuan"	铜陵市	"Tongling" "Anhui"	丽水市	"Lishui" "Zhejiang"
桂林市	"Guilin" "Guangxi"	阜阳市	"Fuyang" "Anhui"	安庆市	"Anqing" "Anhui"
三亚市	"Sanya" "Hainan"	荆州市	"Jingzhou" "Hubei"	三明市	"Sanming" "Fujian"
遵义市	"Zunyi" "Guizhou"	驻马店市	"Zhumadian" "Henan"	枣庄市	"Zaozhuang" "Shandong"
咸阳市	"Xianyang" "Shanxi"	湘潭市	"Xiangtan" "Hunan"	南充市	"Nanchong" "Sichuan"
上饶市	"Shangrao" "Jiangxi"	滁州市	"Chuzhou" "Anhui"	淮南市	"Huainan" "Anhui"
莆田市	"Putian" "Fujian"	肇庆市	"Zhaoqing" "Guangdong"	平顶山市	"Pingdingshan" "Henan"
宜昌市	"Yichang" "Hubei"	德阳市	"Deyang" "Sichuan"	东营市	"Dongying" "Shandong"
赣州市	"Ganzhou" "Jiangxi"	曲靖市	"Qujing" "Yunnan"	呼伦贝尔市	"Hulunbeier" "Inner Mongolia"
淮安市	"Huai'an" "Jiangsu"	秦皇岛市	"Qinhuangdao" "Hebei"	乐山市	"Leshan" "Sichuan"
揭阳市	"Jieyang" "Guangdong"	潮州市	"Chaozhou" "Guangdong"	张家口市	"Zhangjiakou" "Hebei"
沧州市	"Cangzhou" "Hebei"	吉林市	"Jilin" "Jilin"	清远市	"Qingyuan" "Guangdong"
商丘市	"Shangqiu" "Henan"	常德市	"Changde" "Hunan"	焦作市	"Jiaozuo" "Henan"
连云港市	"Lianyungang" "Jiangsu"	宜春市	"Yichun" "Jiangxi"	河源市	"Heyuan" "Guangdong"
柳州市	"Liuzhou" "Guangxi"	黄冈市	"Huanggang" "Hubei"	运城市	"Yuncheng" "Shanxi"
岳阳市	"Yueyang" "Hunan"	舟山市	"Zhoushan" "Zhejiang"	锦州市	"Jinzhou" "Liaoning"
信阳市	"Xinyang" "Henan"	泰安市	"Taian" "Shandong"	赤峰市	"Chifeng" "Inner Mongolia"
株洲市	"Zhuzhou" "Hunan"	孝感市	"Xiaogan" "Hubei"	六安市	"Liuan" "Anhui"
衡阳市	"Hengyang" "Hunan"	鄂尔多斯	"Ordos" "Inner Mongolia"	盘锦市	"Panjin" "Liaoning"
襄阳市	"Xiangyang" "Hubei"	开封市	"Kaifeng" "Henan"	宜宾市	"Yibin" "Sichuan"
南阳市	"Nanyang" "Henan"	南平市	"Nanping" "Fujian"	榆林市	"Yulin" "Shanxi"
威海市	"Weihai" "Shandong"	齐齐哈尔	"Qiqihar" "Heilongjiang"	日照市	"Rizhao" "Shandong"
湛江市	"Zhanjiang" "Guangdong"	德州市	"Dezhou" "Shandong"	晋中市	"Jinzhong" "Shanxi"

中文名称	英文搜索名称	中文名称	英文搜索名称	中文名称	英文搜索名称
怀化市	"Huaihua" "Hunan"	临汾市	"Linfen" "Shanxi"	自贡市	"Zigong" "Sichuan"
承德市	"Chengde" "Hebei"	眉山市	"Meishan" "Sichuan"	辽阳市	"Liaoyang" "Liaoning"
遂宁市	"Suining" "Sichuan"	十堰市	"Shiyan" "Hubei"	百色市	"Baise" "Guangxi"
毕节市	"Bijie" "Guizhou"	黄石市	"Huangshi" "Hubei"	乌兰察布市	"Ulanqab" "Inner Mongolia"
佳木斯市	"Jiamusi" "Heilongjiang"	濮阳市	"Puyang" "Henan"	普洱市	"Puer" "Yunnan"
滨州市	"Binzhou" "Shandong"	亳州市	"Bozhou" "Anhui"	黔西南布依族苗族自治州	"Qianxinan" "Guizhou"
益阳市	"Yiyang" "Hunan"	抚顺市	"Fushun" "Liaoning"		
汕尾市	"Shanwei" "Guangdong"	永州市	"Yongzhou" "Hunan"		
邵阳市	"Shaoyang" "Hunan"	丽江市	"Lijiang" "Yunnan"	贵港市	"Guigang" "Guangxi"
玉林市	"Yulin" "Guangxi"	漯河市	"Luohe" "Henan"	萍乡市	"Pingxiang" "Jiangxi"
衡水市	"Hengshui" "Hebei"	铜仁市	"Tongren" "Guizhou"	酒泉市	"Jiuquan" "Gansu"
韶关市	"Shaoguang" "Guangdong"	大同市	"Datong" "Shanxi"	忻州市	"Xinzhou" "Shanxi"
吉安市	"Ji'an" "Jiangxi"	松原市	"Songyuan" "Jilin"	天水市	"Tianshui" "Gansu"
北海市	"Beihai" "Guangxi"	通化市	"Tonghua" "Jilin"	防城港市	"Fangchenggang" "Guangxi"
茂名市	"Maoming" "Guangdong"	红河哈尼族彝族自治州	"Honghe" "Yunnan"	鄂州市	"Ezhou" "Hubei"
延边朝鲜族自治州	"Yanbian" "Jilin"			锡林郭勒盟	"XilinGol" "Inner Mongolia"
		内江市	"Neijiang" "Sichuan"	白山市	"Baishan" "Jilin"
黄山市	"Huangshan" "Anhui"	长治市	"Changzhi" "Shanxi"	黑河市	"Heihe" "Heilongjiang"
阳江市	"Yangjiang" "Guangdong"	荆门市	"Jingmen" "Hubei"	克拉玛依市	"Karamay" "Xinjiang"
抚州市	"Fuzhou" "Jiangxi"	梧州市	"Wuzhou" "Guangxi"	临沧市	"Lincang" "Yunnan"
娄底市	"Loudi" "Hunan"	拉萨市	"Lhasa" "Tibet"	三门峡市	"Sanmenxia" "Henan"
营口市	"Yingkou" "Liaoning"	汉中市	"Hanzhong" "Shanxi"	伊春市	"Yichun" "Heilongjiang"
牡丹江市	"Mudanjiang" "Heilongjiang"	四平市	"Siping" "Jilin"	鹤壁市	"Hebi" "Henan"
大理白族自治州	"Dali" "Yunnan"	鹰潭市	"Yingtan" "Jiangxi"	随州市	"Suizhou" "Hubei"
		广元市	"Guangyuan" "Sichuan"	新余市	"Xinyu" "Jiangxi"
咸宁市	"Xianning" "Hubei"	云浮市	"Yunfu" "Guangdong"	晋城市	"Jincheng" "Shanxi"
黔东南苗族侗族自治州	"Qiandongnan" "Guizhou"	葫芦岛市	"Huludao" "Liaoning"	文山壮族苗族自治州	"Wenshan" "Yunnan"
		本溪市	"Benxi" "Liaoning"		
安顺市	"Anshun" "Guizhou"	景德镇市	"Jingdezhen" "Jiangxi"	巴彦淖尔市	"Bayannaoer" "Inner Mongolia"
黔南布依族苗族自治州	"Qiannan" "Guizhou"	六盘水市	"Liupanshui" "Guizhou"	河池市	"Hechi" "Guangxi"
		达州市	"Dazhou" "Sichuan"	凉山彝族自治州	"Liangshan" "Sichuan"
泸州市	"Luzhou" "Sichuan"	铁岭市	"Tieling" "Liaoning"		
玉溪市	"Yuxi" "Yunnan"	钦州市	"Qinzhou" "Guangxi"	乌海市	"Wuhai" "Inner Mongolia"
通辽市	"Tongliao" "Inner Mongolia"	广安市	"Guang'an" "Sichuan"	楚雄彝族自治州	"Chuxiong" "Yunnan"
丹东市	"Dandong" "Liaoning"	保山市	"Baoshan" "Yunnan"		

续表

中文名称	英文搜索名称	中文名称	英文搜索名称	中文名称	英文搜索名称
恩施土家族苗族自治州	"Enshi" "Hubei"	资阳市	"Ziyang" "Sichuan"	日喀则市	"Shigatse" "Tibet"
		阳泉市	"Yangquan" "Shanxi"	昌都市	"Changdu" "Tibet"
吕梁市	"Luliang" "Shanxi"	商洛市	"Shangluo" "Shaanxi"	海南藏族自治州	"Hainan" "Qinghai"
池州市	"Chizhou" "Anhui"	陇南市	"Longnan" "Gansu"		
西双版纳傣族自治州	"Xishuangbanna" "Yunnan"	平凉市	"Pingliang" "Gansu"	金昌市	"Jinchang" "Gansu"
		庆阳市	"Qingyang" "Gansu"	哈密市	"Hami" "Xinjiang"
延安市	"Yan'an" "Shaanxi"	甘孜藏族自治州	"Ganzi" "Sichuan"	怒江傈僳族自治州	"Nujiang" "Yunnan"
雅安市	"Ya'an" "Sichuan"				
巴中市	"Bazhong" "Sichuan"	大兴安岭地区	"Daxinganling" "Heilongjiang"	吐鲁番市	"Turpan" "Xinjiang"
双鸭山市	"Shuangyashan" "Heilongjiang"			那曲地区	"Nagqu" "Tibet"
攀枝花市	"Panzhihua" "Sichuan"	迪庆藏族自治州	"Diqing" "Yunnan"	阿里地区	"Ali" "Tibet"
阜新市	"Fuxin" "Liaoning"			喀什地区	"Kashgar" "Xinjiang"
兴安盟	"Xing'an" "Inner Mongolia"	阿坝藏族羌族自治州	"Aba" "Sichuan"	阿克苏地区	"Aksu" "Xinjiang"
张家界市	"Zhangjiajie" "Hunan"			甘南藏族自治州	"Gannan" "Gansu"
昭通市	"Zhaotong" "Yunnan"	伊犁哈萨克自治州	"Ili" "Xinjiang"		
海东市	"Haidong" "Qinghai"			海北藏族自治州	"Haibei" "Qinghai"
安康市	"Ankang" "Shaanxi"	中卫市	"Zhongwei" "Ningxia"		
白城市	"Baicheng" "Jilin"	朔州市	"Shuozhou" "Shanxi"	山南市	"Shannan" "Tibet"
朝阳市	"Chaoyang" "Liaoning"	儋州市	"Danzhou" "Hainan"	临夏回族自治州	"Linxia" "Gansu"
绥化市	"Suihua" "Heilongjiang"	铜川市	"Tongchuan" "Shaanxi"		
淮北市	"Huaibei" "Anhui"	白银市	"Baiyin" "Gansu"	博尔塔拉蒙古自治州	"Bortala" "Xinjiang"
辽源市	"Liaoyuan" "Jilin"	石嘴山市	"Shizuishan" "Ningxia"		
定西市	"Dingxi" "Gansu"	武威市	"Wuwei" "Gansu"	玉树藏族自治州	"Yushu" "Qinghai"
吴忠市	"Wuzhong" "Ningxia"	固原市	"Guyuan" "Ningxia"		
鸡西市	"Jixi" "Heilongjiang"	昌吉回族自治州	"Changji" "Xinjiang"	黄南藏族自治州	"Huangnan" "Qinghai"
张掖市	"Zhangye" "Gansu"				
鹤岗市	"Hegang" "Heilongjiang"	巴音郭楞蒙古自治州	"Bayin" "Xinjiang"	和田地区	"Hotan" "Xinjiang"
崇左市	"Chongzuo" "Guangxi"			三沙市	"Sansha" "Hainan"
湘西土家族苗族自治州	"Xiangxi" "Hunan"	嘉峪关市	"Jiayuguan" "Gansu"	克孜勒苏柯尔克孜自治州	"Kizilsu" "Xinjiang"
		阿拉善盟	"Alxa" "Inner Mongolia"		
林芝市	"Linzhi" "Tibet"	阿勒泰地区	"Altay" "Xinjiang"		
来宾市	"Laibin" "Guangxi"	七台河市	"Qitaihe" "Heilongjiang"	果洛藏族自治州	"Guoluo" "Qinghai"
贺州市	"Hezhou" "Guangxi"	海西蒙古族藏族自治州	"Haixi" "Qinghai"		
德宏傣族景颇族自治州	"Dehong" "Yunnan"	塔城地区	"Tacheng" "Xinjiang"		

三、中国城市海外网络传播力综合指数

（一）中国337座城市（自治州、地区、盟）海外网络传播力综合指数与排名

本报告整理并汇集我国337座城市（自治州、地区、盟）在 Google News、Twitter 和 YouTube 3 个维度上的数据，同时剔除了 Google News 和 Twitter 平台中的城市负面报道或评价信息，通过综合模型计算分析得出中国城市的海外网络传播力综合指数与排名。城市网络传播力总分的计算方法为：海外网络传播力得分最高的城市指数为 100，从而换算出每个城市的海外网络传播力相对综合指数（保留 1 位小数位数）。

在337座城市（自治州、地区、盟）中海外网络传播力得分排名前十位的依次为上海市（100.0）、北京市（91.6）、深圳市（85.3）、广州市（80.0）、成都市（79.8）、武汉市（78.5）、天津市（78.1）、杭州市（78.1）、重庆市（70.1）、西安市（70.1）。

表3-2　337座城市（自治州、地区、盟）的海外网络传播力综合指数与排名

排名	城市	指数	排名	城市	指数
1	上海市	100.0	17	哈尔滨市	64.8
2	北京市	91.6	18	长沙市	62.5
3	深圳市	85.3	19	郑州市	62.5
4	广州市	80.0	20	宁波市	60.8
5	成都市	79.8	21	沈阳市	60.6
6	武汉市	78.5	22	福州市	59.7
7	天津市	78.1	23	南宁市	59.7
8	杭州市	78.1	24	合肥市	56.5
9	重庆市	70.1	25	长春市	56.5
10	西安市	70.1	26	拉萨市	56.3
11	南京市	69.6	27	石家庄市	55.8
12	大连市	68.8	28	南昌市	55.6
13	青岛市	67.7	29	兰州市	53.9
14	昆明市	66.5	30	阿里地区	52.6
15	济南市	65.9	31	海口市	50.3
16	厦门市	65.2	32	太原市	49.9

续表

排名	城市	指数	排名	城市	指数
33	贵阳市	49.9	68	连云港市	38.4
34	呼和浩特市	49.9	69	湘西土家族苗族自治州	37.9
35	无锡市	49.3	70	临沂市	37.9
36	珠海市	48.8	71	唐山市	37.5
37	三亚市	48.3	72	嘉兴市	37.5
38	乌鲁木齐市	48.0	73	保定市	37.3
39	东莞市	47.3	74	荆门市	37.2
40	苏州市	46.8	75	湖州市	37.1
41	银川市	46.5	76	镇江市	36.7
42	张家界市	45.4	77	梧州市	36.6
43	佛山市	44.3	78	威海市	36.6
44	大理白族自治州	43.7	79	绍兴市	36.4
45	常州市	43.2	80	眉山市	36.4
46	桂林市	42.6	81	徐州市	36.3
47	玉林市	42.6	82	济宁市	36.3
48	盐城市	42.2	83	台州市	36.2
49	红河哈尼族彝族自治州	42.1	84	西双版纳傣族自治州	36.2
50	温州市	42.0	85	张掖市	36.1
51	泉州市	41.8	86	柳州市	36.0
52	中山市	41.8	87	莆田市	35.9
53	丽江市	41.2	88	宿州市	35.6
54	北海市	41.0	89	廊坊市	35.4
55	黄山市	40.8	90	恩施土家族苗族自治州	35.4
56	潍坊市	40.6	91	泰州市	35.3
57	洛阳市	40.5	92	江门市	35.3
58	大同市	40.2	93	汕头市	35.3
59	西宁市	40.2	94	清远市	35.2
60	淄博市	40.2	95	运城市	35.1
61	南通市	39.9	96	阿勒泰地区	34.9
62	烟台市	39.5	97	张家口市	34.9
63	乐山市	39.4	98	衢州市	34.9
64	宜宾市	39.3	99	舟山市	34.6
65	金华市	39.1	100	潮州市	34.5
66	惠州市	39.0	101	宜昌市	34.3
67	扬州市	38.8	102	梅州市	34.3

续表

排名	城市	指数	排名	城市	指数
103	锦州市	34.1	138	伊犁哈萨克自治州	31.1
104	湛江市	33.9	139	南阳市	31.0
105	铜仁市	33.9	140	滨州市	30.6
106	玉溪市	33.8	141	丽水市	30.5
107	喀什地区	33.7	142	九江市	30.4
108	肇庆市	33.7	143	淮安市	30.4
109	德宏傣族景颇族自治州	33.6	144	东营市	30.4
110	绵阳市	33.5	145	马鞍山市	30.3
111	开封市	33.5	146	百色市	30.3
112	内江市	33.4	147	芜湖市	30.3
113	日喀则市	33.3	148	邢台市	30.2
114	松原市	33.2	149	安庆市	30.1
115	赣州市	33.1	150	商丘市	30.0
116	遵义市	33.0	151	凉山彝族自治州	29.9
117	邯郸市	32.9	152	聊城市	29.7
118	自贡市	32.9	153	大庆市	29.6
119	普洱市	32.8	154	抚州市	29.6
120	长治市	32.8	155	郴州市	29.6
121	新乡市	32.7	156	鄂尔多斯市	29.5
122	沧州市	32.7	157	株洲市	29.5
123	安阳市	32.6	158	秦皇岛市	29.4
124	包头市	32.6	159	钦州市	29.4
125	吐鲁番市	32.2	160	吉林市	29.2
126	甘孜藏族自治州	32.2	161	齐齐哈尔市	29.2
127	德州市	31.9	162	丹东市	29.1
128	毕节市	31.8	163	景德镇市	29.0
129	赤峰市	31.8	164	安顺市	28.9
130	承德市	31.7	165	延安市	28.8
131	宣城市	31.6	166	上饶市	28.7
132	阿坝藏族羌族自治州	31.6	167	雅安市	28.7
133	漳州市	31.5	168	三门峡市	28.6
134	龙岩市	31.4	169	衡阳市	28.5
135	日照市	31.2	170	宁德市	28.5
136	酒泉市	31.2	171	儋州市	28.1
137	泸州市	31.1	172	衡水市	28.1

排名	城市	指数	排名	城市	指数
173	海南藏族自治州	28.0	208	哈密市	25.6
174	襄阳市	27.8	209	泰安市	25.5
175	曲靖市	27.8	210	金昌市	25.5
176	阜阳市	27.8	211	永州市	25.4
177	河源市	27.7	212	荆州市	25.4
178	临汾市	27.6	213	焦作市	25.4
179	许昌市	27.6	214	延边朝鲜族自治州	25.2
180	盘锦市	27.2	215	常德市	25.0
181	枣庄市	27.2	216	甘南藏族自治州	24.7
182	三沙市	27.2	217	中卫市	24.5
183	揭阳市	27.1	218	迪庆藏族自治州	24.4
184	玉树藏族自治州	27.1	219	佳木斯市	24.4
185	怒江傈僳族自治州	27.1	220	文山壮族苗族自治州	24.2
186	抚顺市	27.1	221	达州市	24.1
187	阿克苏地区	26.9	222	十堰市	24.1
188	楚雄彝族自治州	26.9	223	三明市	24.1
189	临沧市	26.9	224	克拉玛依市	24.1
190	嘉峪关市	26.9	225	锡林郭勒盟	24.1
191	牡丹江市	26.8	226	益阳市	24.0
192	六盘水市	26.8	227	安康市	24.0
193	南充市	26.5	228	湘潭市	23.9
194	岳阳市	26.4	229	遂宁市	23.8
195	菏泽市	26.2	230	晋中市	23.8
196	营口市	26.1	231	宜春市	23.8
197	鞍山市	26.1	232	德阳市	23.7
198	白银市	26.0	233	塔城地区	23.7
199	山南市	26.0	234	铁岭市	23.6
200	淮北市	25.9	235	林芝市	23.5
201	黑河市	25.8	236	池州市	23.4
202	南平市	25.8	237	吉安市	23.4
203	信阳市	25.7	238	宿迁市	23.1
204	和田地区	25.7	239	怀化市	22.9
205	黔东南苗族侗族自治州	25.7	240	亳州市	22.8
206	阳江市	25.6	241	蚌埠市	22.7
207	新余市	25.6	242	晋城市	22.6

排名	城市	指数	排名	城市	指数
243	茂名市	22.5	278	孝感市	19.5
244	淮南市	22.3	279	汉中市	19.5
245	保山市	22.3	280	昌吉回族自治州	19.5
246	朝阳市	22.2	281	四平市	19.3
247	武威市	22.2	282	海东市	19.3
248	那曲地区	22.2	283	吴忠市	19.2
249	临夏回族自治州	22.1	284	邵阳市	19.2
250	昭通市	22.1	285	黄冈市	19.2
251	濮阳市	22.1	286	崇左市	19.2
252	通化市	22.0	287	贺州市	19.0
253	忻州市	22.0	288	榆林市	19.0
254	葫芦岛市	22.0	289	庆阳市	18.9
255	平顶山市	21.9	290	资阳市	18.9
256	驻马店市	21.9	291	陇南市	18.6
257	天水市	21.8	292	随州市	18.5
258	海西蒙古族藏族自治州	21.3	293	辽源市	18.4
259	周口市	21.1	294	平凉市	18.2
260	咸宁市	21.0	295	辽阳市	18.1
261	定西市	20.9	296	昌都市	17.9
262	萍乡市	20.7	297	阳泉市	17.8
263	滁州市	20.7	298	黔西南布依族苗族自治州	17.3
264	黔南布依族苗族自治州	20.7	299	鹤岗市	17.3
265	白山市	20.4	300	汕尾市	17.2
266	阿拉善盟	20.4	301	广安市	17.2
267	宝鸡市	20.3	302	固原市	17.2
268	本溪市	20.3	303	乌兰察布市	17.1
269	铜川市	20.2	304	伊春市	16.9
270	铜陵市	20.1	305	通辽市	16.7
271	鹰潭市	20.1	306	云浮市	16.7
272	黄石市	19.9	307	鹤壁市	16.3
273	阜新市	19.9	308	乌海市	15.9
274	鸡西市	19.6	309	娄底市	15.8
275	漯河市	19.6	310	巴中市	15.7
276	商洛市	19.6	311	朔州市	15.4
277	防城港市	19.5	312	河池市	15.4

排名	城市	指数	排名	城市	指数
313	鄂州市	15.2	326	兴安盟	11.4
314	来宾市	14.9	327	吕梁市	10.9
315	博尔塔拉蒙古自治州	14.8	328	海北藏族自治州	10.7
316	双鸭山市	14.7	329	六安市	10.7
317	广元市	14.5	330	七台河市	10.4
318	石嘴山市	14.3	331	韶关市	9.6
319	咸阳市	13.6	332	巴彦淖尔市	9.1
320	白城市	13.5	333	果洛藏族自治州	8.4
321	绥化市	13.5	334	黄南藏族自治州	7.4
322	克孜勒苏柯尔克孜自治州	13.3	335	呼伦贝尔市	7.2
323	攀枝花市	12.9	336	大兴安岭地区	6.2
324	渭南市	12.2	337	巴音郭楞蒙古自治州	3.2
325	贵港市	11.6			

（二）直辖市、省会城市及计划单列市海外网络传播力综合指数与排名

对直辖市、省会城市以及计划单列市大连、青岛、宁波、厦门、深圳共 36 座城市 2019 年的海外网络传播力综合指数进行比较，得分排名在前十位的依次为上海市（100.0）、北京市（91.6）、深圳市（85.3）、广州市（80.0）、成都市（79.8）、武汉市（78.5）、天津市（78.1）、杭州市（78.1）、重庆市（70.1）、西安市（70.1）。

表 3－3　直辖市、省会城市及计划单列市的海外网络传播力综合指数排名

排名	城市	排名	城市	排名	城市
1	上海市	13	青岛市	25	长春市
2	北京市	14	昆明市	26	拉萨市
3	深圳市	15	济南市	27	石家庄市
4	广州市	16	厦门市	28	南昌市
5	成都市	17	哈尔滨市	29	兰州市
6	武汉市	18	长沙市	30	海口市
7	天津市	19	郑州市	31	太原市
8	杭州市	20	宁波市	32	贵阳市
9	重庆市	21	沈阳市	33	呼和浩特市
10	西安市	22	福州市	34	乌鲁木齐市
11	南京市	23	南宁市	35	银川市
12	大连市	24	合肥市	36	西宁市

（三）地级城市（自治州、地区、盟）海外网络传播力综合指数与排名

经过统计与整理我国 301 座地级城市（自治州、地区、盟）在 Google News、Twitter 和 YouTube 3 个维度上的数据，通过综合模型计算分析得出中国地级城市的海外网络传播力综合指数与总体排名。地级城市网络传播力总分的计算方法为：海外网络传播力得分最高的地级城市的指数为 100，从而换算出每个城市的海外网络传播力指数。

在 301 座地级城市（自治州、地区、盟）中得分排名在前十位的依次为阿里地区（52.6）、无锡市（49.3）、珠海市（48.8）、三亚市（48.3）、东莞市（47.3）、苏州市（46.8）、张家界市（45.4）、佛山市（44.3）、大理白族自治州（43.7）、常州市（43.2）。

表 3－4 地级城市（自治州、地区、盟）的海外网络传播力综合指数排名

排名	城市	排名	城市	排名	城市
1	阿里地区	25	南通市	49	张掖市
2	无锡市	26	烟台市	50	柳州市
3	珠海市	27	乐山市	51	莆田市
4	三亚市	28	宜宾市	52	宿州市
5	东莞市	29	金华市	53	廊坊市
6	苏州市	30	惠州市	54	恩施土家族苗族自治州
7	张家界市	31	扬州市	55	泰州市
8	佛山市	32	连云港市	56	江门市
9	大理白族自治州	33	湘西土家族苗族自治州	57	汕头市
10	常州市	34	临沂市	58	清远市
11	桂林市	35	唐山市	59	运城市
12	玉林市	36	嘉兴市	60	阿勒泰地区
13	盐城市	37	保定市	61	张家口市
14	红河哈尼族彝族自治州	38	荆门市	62	衢州市
15	温州市	39	湖州市	63	舟山市
16	泉州市	40	镇江市	64	潮州市
17	中山市	41	梧州市	65	宜昌市
18	丽江市	42	威海市	66	梅州市
19	北海市	43	绍兴市	67	锦州市
20	黄山市	44	眉山市	68	湛江市
21	潍坊市	45	徐州市	69	铜仁市
22	洛阳市	46	济宁市	70	玉溪市
23	大同市	47	台州市	71	喀什地区
24	淄博市	48	西双版纳傣族自治州	72	肇庆市

排名	城市	排名	城市	排名	城市
73	德宏傣族景颇族自治州	108	东营市	143	许昌市
74	绵阳市	109	马鞍山市	144	盘锦市
75	开封市	110	百色市	145	枣庄市
76	内江市	111	芜湖市	146	三沙市
77	日喀则市	112	邢台市	147	揭阳市
78	松原市	113	安庆市	148	玉树藏族自治州
79	赣州市	114	商丘市	149	怒江傈僳族自治州
80	遵义市	115	凉山彝族自治州	150	抚顺市
81	邯郸市	116	聊城市	151	阿克苏地区
82	自贡市	117	大庆市	152	楚雄彝族自治州
83	普洱市	118	抚州市	153	临沧市
84	长治市	119	郴州市	154	嘉峪关市
85	新乡市	120	鄂尔多斯市	155	牡丹江市
86	沧州市	121	株洲市	156	六盘水市
87	安阳市	122	秦皇岛市	157	南充市
88	包头市	123	钦州市	158	岳阳市
89	吐鲁番市	124	吉林市	159	菏泽市
90	甘孜藏族自治州	125	齐齐哈尔市	160	营口市
91	德州市	126	丹东市	161	鞍山市
92	毕节市	127	景德镇市	162	白银市
93	赤峰市	128	安顺市	163	山南市
94	承德市	129	延安市	164	淮北市
95	宣城市	130	上饶市	165	黑河市
96	阿坝藏族羌族自治州	131	雅安市	166	南平市
97	漳州市	132	三门峡市	167	信阳市
98	龙岩市	133	衡阳市	168	和田地区
99	日照市	134	宁德市	169	黔东南苗族侗族自治州
100	酒泉市	135	儋州市	170	阳江市
101	泸州市	136	衡水市	171	新余市
102	伊犁哈萨克自治州	137	海南藏族自治州	172	哈密市
103	南阳市	138	襄阳市	173	泰安市
104	滨州市	139	曲靖市	174	金昌市
105	丽水市	140	阜阳市	175	永州市
106	九江市	141	河源市	176	荆州市
107	淮安市	142	临汾市	177	焦作市

排名	城市	排名	城市	排名	城市
178	延边朝鲜族自治州	213	临夏回族自治州	248	邵阳市
179	常德市	214	昭通市	249	黄冈市
180	甘南藏族自治州	215	濮阳市	250	崇左市
181	中卫市	216	通化市	251	贺州市
182	迪庆藏族自治州	217	忻州市	252	榆林市
183	佳木斯市	218	葫芦岛市	253	庆阳市
184	文山壮族苗族自治州	219	平顶山市	254	资阳市
185	达州市	220	驻马店市	255	陇南市
186	十堰市	221	天水市	256	随州市
187	三明市	222	海西蒙古族藏族自治州	257	辽源市
188	克拉玛依市	223	周口市	258	平凉市
189	锡林郭勒盟	224	咸宁市	259	辽阳市
190	益阳市	225	定西市	260	昌都市
191	安康市	226	萍乡市	261	阳泉市
192	湘潭市	227	滁州市	262	黔西南布依族苗族自治州
193	遂宁市	228	黔南布依族苗族自治州	263	鹤岗市
194	晋中市	229	白山市	264	汕尾市
195	宜春市	230	阿拉善盟	265	广安市
196	德阳市	231	宝鸡市	266	固原市
197	塔城地区	232	本溪市	267	乌兰察布市
198	铁岭市	233	铜川市	268	伊春市
199	林芝市	234	铜陵市	269	通辽市
200	池州市	235	鹰潭市	270	云浮市
201	吉安市	236	黄石市	271	鹤壁市
202	宿迁市	237	阜新市	272	乌海市
203	怀化市	238	鸡西市	273	娄底市
204	亳州市	239	漯河市	274	巴中市
205	蚌埠市	240	商洛市	275	朔州市
206	晋城市	241	防城港市	276	河池市
207	茂名市	242	孝感市	277	鄂州市
208	淮南市	243	汉中市	278	来宾市
209	保山市	244	昌吉回族自治州	279	博尔塔拉蒙古自治州
210	朝阳市	245	四平市	280	双鸭山市
211	武威市	246	海东市	281	广元市
212	那曲地区	247	吴忠市	282	石嘴山市

排名	城市	排名	城市	排名	城市
283	咸阳市	290	兴安盟	297	果洛藏族自治州
284	白城市	291	吕梁市	298	黄南藏族自治州
285	绥化市	292	海北藏族自治州	299	呼伦贝尔市
286	克孜勒苏柯尔克孜自治州	293	六安市	300	大兴安岭地区
287	攀枝花市	294	七台河市	301	巴音郭楞蒙古自治州
288	渭南市	295	韶关市		
289	贵港市	296	巴彦淖尔市		

（四）各省内城市（自治州、地区、盟）海外网络传播力排名

通过综合模型计算分析得出我国 337 座城市（自治州、地区、盟）的海外网络传播力综合指数，并分省份来看各城市（自治州、地区、盟）在其所属省级行政区划内排名情况如何。

27 个省级行政区（不包括中国港澳台地区）中，浙江省、江苏省、海南省、福建省、山东省、广东省的城市海外网络传播力综合指数整体较高。其中，浙江省内海外网络传播力综合指数最高的城市为杭州市（78.1），江苏省内海外网络传播力综合指数最高的城市为南京市（69.6），海南省内海外网络传播力综合指数最高的城市为海口市（50.3），福建省内海外网络传播力综合指数最高的城市为厦门市（65.2），山东省内海外传播力综合指数最高的城市为青岛市（67.7），广东省内海外网络传播力综合指数最高的城市为深圳市（85.3）。而黑龙江省、陕西省、内蒙古自治区、青海省的城市海外网络传播力综合指数整体较低且城市间差距较大。例如，哈尔滨市（64.8）是黑龙江省内海外网络传播力综合指数最高的城市，大兴安岭地区（6.2）是黑龙江省内海外网络传播力综合指数最低的城市，两者间差距 10.5 倍；西安市（70.1）是陕西省内海外网络传播力综合指数最高的城市，渭南市（12.2）是陕西省内海外网络传播力综合指数最低的城市，两者间差距 5.7 倍。

表 3-5　27 个省级行政区（包括 22 个省份及 5 个民族自治区）及 4 个直辖市的
城市海外网络传播力综合指数与排名

一、上海市							
二、北京市							
三、天津市							
四、重庆市							
五、浙江省							
1. 杭州市	2. 宁波市	3. 温州市	4. 金华市	5. 嘉兴市	6. 湖州市	7. 绍兴市	8. 台州市
9. 衢州市	10. 舟山市	11. 丽水市					

六、江苏省							
1. 南京市	2. 无锡市	3. 苏州市	4. 常州市	5. 盐城市	6. 南通市	7. 扬州市	8. 连云港
9. 镇江市	10. 徐州市	11. 泰州市	12. 淮安市	13. 宿迁市			

七、海南省							
1. 海口市	2. 三亚市	3. 儋州市	4. 三沙市				

八、福建省							
1. 厦门市	2. 福州市	3. 泉州市	4. 莆田市	5. 漳州市	6. 龙岩市	7. 宁德市	8. 南平市
9. 三明市							

九、山东省							
1. 济南市	2. 青岛市	3. 潍坊市	4. 淄博市	5. 烟台市	6. 临沂市	7. 威海市	8. 济宁市
9. 德州市	10. 日照市	11. 滨州市	12. 东营市	13. 聊城市	14. 枣庄市	15. 菏泽市	16. 泰安市

十、广东省							
1. 深圳市	2. 广州市	3. 珠海市	4. 东莞市	5. 佛山市	6. 中山市	7. 惠州市	8. 江门市
9. 汕头市	10. 清远市	11. 潮州市	12. 梅州市	13. 湛江市	14. 肇庆市	15. 河源市	16. 揭阳市
17. 阳江市	18. 茂名市	19. 汕尾市	20. 云浮市	21. 韶关市			

十一、河北省							
1. 石家庄	2. 唐山市	3. 保定市	4. 廊坊市	5. 张家口市	6. 邯郸市	7. 沧州市	8. 承德市
9. 邢台市	10. 秦皇岛市	11. 衡水市					

十二、云南省					
1. 昆明市	2. 大理白族自治州	3. 红河哈尼族彝族自治州	4. 丽江市	5. 西双版纳傣族自治州	
6. 玉溪市	7. 德宏傣族景颇族自治州	8. 普洱市	9. 曲靖市	10. 怒江傈僳族自治州	11. 楚雄彝族自治州
12. 临沧市	13. 迪庆藏族自治州	14. 文山壮族苗族自治州	15. 保山市	16. 昭通市	

十三、西藏自治区						
1. 拉萨市	2. 阿里地区	3. 日喀则市	4. 山南市	5. 林芝市	6. 那曲地区	7. 昌都市

十四、辽宁省							
1. 大连市	2. 沈阳市	3. 锦州市	4. 丹东市	5. 盘锦市	6. 抚顺市	7. 营口市	8. 鞍山市
9. 铁岭市	10. 朝阳市	11. 葫芦岛市	12. 本溪市	13. 阜新市	14. 辽阳市		

十五、广西壮族自治区							
1. 南宁市	2. 桂林市	3. 玉林市	4. 北海市	5. 梧州市	6. 柳州市	7. 百色市	8. 钦州市
9. 防城港市	10. 崇左市	11. 贺州市	12. 河池市	13. 来宾市	14. 贵港市		

十六、四川省						
1. 成都市	2. 乐山市	3. 宜宾市	4. 眉山市	5. 绵阳市	6. 内江市	7. 自贡市
8. 甘孜藏族自治州	9. 阿坝藏族羌族自治州	10. 泸州市	11. 凉山彝族自治州	12. 雅安市		
13. 南充市	14. 达州市	15. 遂宁市	16. 德阳市	17. 资阳市	18. 广安市	19. 巴中市	20. 广元市
21. 攀枝花市							

<table>
<tr><td colspan="7" align="center">十七、贵州省</td></tr>
<tr><td>1. 贵阳市</td><td>2. 铜仁市</td><td>3. 遵义市</td><td>4. 毕节市</td><td>5. 安顺市</td><td>6. 六盘水市</td><td>7. 黔东南苗族侗族自治州</td></tr>
<tr><td colspan="2">8. 黔南布依族苗族自治州</td><td colspan="2">9. 黔西南布依族苗族自治州</td><td></td><td></td><td></td></tr>
</table>

<table>
<tr><td colspan="8" align="center">十八、湖南省</td></tr>
<tr><td>1. 长沙市</td><td>2. 张家界市</td><td colspan="2">3. 湘西土家族苗族自治州</td><td>4. 郴州市</td><td>5. 株洲市</td><td>6. 衡阳市</td><td>7. 岳阳市</td></tr>
<tr><td>8. 永州市</td><td>9. 常德市</td><td>10. 益阳市</td><td>11. 湘潭市</td><td>12. 怀化市</td><td>13. 邵阳市</td><td>14. 娄底市</td><td></td></tr>
</table>

<table>
<tr><td colspan="8" align="center">十九、江西省</td></tr>
<tr><td>1. 南昌市</td><td>2. 赣州市</td><td>3. 九江市</td><td>4. 抚州市</td><td>5. 景德镇市</td><td>6. 上饶市</td><td>7. 新余市</td><td>8. 宜春市</td></tr>
<tr><td>9. 吉安市</td><td>10. 萍乡市</td><td>11. 鹰潭市</td><td></td><td></td><td></td><td></td><td></td></tr>
</table>

<table>
<tr><td colspan="8" align="center">二十、河南省</td></tr>
<tr><td>1. 郑州市</td><td>2. 洛阳市</td><td>3. 开封市</td><td>4. 新乡市</td><td>5. 安阳市</td><td>6. 南阳市</td><td>7. 商丘市</td><td>8. 三门峡市</td></tr>
<tr><td>9. 许昌市</td><td>10. 信阳市</td><td>11. 焦作市</td><td>12. 濮阳市</td><td>13. 平顶山市</td><td>14. 驻马店市</td><td>15. 周口市</td><td>16. 漯河市</td></tr>
<tr><td>17. 鹤壁市</td><td></td><td></td><td></td><td></td><td></td><td></td><td></td></tr>
</table>

<table>
<tr><td colspan="7" align="center">二十一、湖北省</td></tr>
<tr><td>1. 武汉市</td><td>2. 荆门市</td><td colspan="2">3. 恩施土家族苗族自治州</td><td>4. 宜昌市</td><td>5. 襄阳市</td><td>6. 荆州市</td><td>7. 十堰市</td></tr>
<tr><td>8. 咸宁市</td><td>9. 黄石市</td><td>10. 孝感市</td><td>11. 黄冈市</td><td>12. 随州市</td><td>13. 鄂州市</td><td></td><td></td></tr>
</table>

<table>
<tr><td colspan="8" align="center">二十二、安徽省</td></tr>
<tr><td>1. 合肥市</td><td>2. 黄山市</td><td>3. 宿州市</td><td>4. 宣城市</td><td>5. 马鞍山市</td><td>6. 芜湖市</td><td>7. 安庆市</td><td>8. 阜阳市</td></tr>
<tr><td>9. 淮北市</td><td>10. 池州市</td><td>11. 亳州市</td><td>12. 蚌埠市</td><td>13. 淮南市</td><td>14. 滁州市</td><td>15. 铜陵市</td><td>16. 六安市</td></tr>
</table>

<table>
<tr><td colspan="8" align="center">二十三、山西省</td></tr>
<tr><td>1. 太原市</td><td>2. 大同市</td><td>3. 运城市</td><td>4. 长治市</td><td>5. 临汾市</td><td>6. 晋中市</td><td>7. 晋城市</td><td>8. 忻州市</td></tr>
<tr><td>9. 阳泉市</td><td>10. 朔州市</td><td>11. 吕梁市</td><td></td><td></td><td></td><td></td><td></td></tr>
</table>

<table>
<tr><td colspan="7" align="center">二十四、吉林省</td></tr>
<tr><td>1. 长春市</td><td>2. 松原市</td><td>3. 吉林市</td><td>4. 延边朝鲜族自治州</td><td>5. 通化市</td><td>6. 白山市</td><td>7. 四平市</td></tr>
<tr><td>8. 辽源市</td><td>9. 白城市</td><td></td><td></td><td></td><td></td><td></td></tr>
</table>

<table>
<tr><td colspan="7" align="center">二十五、甘肃省</td></tr>
<tr><td>1. 兰州市</td><td>2. 张掖市</td><td>3. 酒泉市</td><td>4. 嘉峪关市</td><td>5. 白银市</td><td>6. 金昌市</td><td>7. 甘南藏族自治州</td></tr>
<tr><td>8. 武威市</td><td colspan="2">9. 临夏回族自治州</td><td>10. 天水市</td><td>11. 定西市</td><td>12. 庆阳市</td><td>13. 陇南市</td><td>14. 平凉市</td></tr>
</table>

<table>
<tr><td colspan="5" align="center">二十六、新疆维吾尔自治区</td></tr>
<tr><td>1. 乌鲁木齐市</td><td>2. 阿勒泰地区</td><td colspan="2">3. 喀什地区</td><td>4. 吐鲁番市</td><td>5. 伊犁哈萨克自治州</td></tr>
<tr><td>6. 阿克苏地区</td><td>7. 和田地区</td><td>8. 哈密市</td><td>9. 克拉玛依市</td><td>10. 塔城地区</td></tr>
<tr><td>11. 昌吉回族自治州</td><td>12. 博尔塔拉蒙古自治州</td><td colspan="2">13. 克孜勒苏柯尔克孜自治州</td><td>14. 巴音郭楞蒙古自治州</td></tr>
</table>

二十七、陕西省							
1. 西安市	2. 延安市	3. 安康市	4. 宝鸡市	5. 铜川市	6. 商洛市	7. 汉中市	8. 榆林市
9. 咸阳市	10. 渭南市						
二十八、宁夏回族自治区							
1. 银川市	2. 中卫市	3. 吴忠市	4. 固原市	5. 石嘴山市			
二十九、黑龙江省							
1. 哈尔滨市	2. 大庆市	3. 齐齐哈尔市	4. 牡丹江市	5. 黑河市	6. 佳木斯市	7. 鸡西市	8. 鹤岗市
9. 伊春市	10. 双鸭山市	11. 绥化市	12. 七台河市	13. 大兴安岭地区			
三十、内蒙古自治区							
1. 呼和浩特市	2. 包头市	3. 赤峰市	4. 鄂尔多斯市	5. 锡林郭勒盟	6. 阿拉善盟	7. 乌兰察布市	8. 通辽市
9. 乌海市	10. 兴安盟	11. 巴彦淖尔市		12. 呼伦贝尔市			
三十一、青海省							
1. 西宁市	2. 海南藏族自治州		3. 玉树藏族自治州		4. 海西蒙古族藏族自治州		
5. 海东市	6. 海北藏族自治州		7. 果洛藏族自治州		8. 黄南藏族自治州		

注：省份、直辖市排序按照各省传播力综合指数平均值及直辖市传播力综合指数由高至低排列。

四、维度一：中国城市Google传播力变化分析

本报告在 Google 英文搜索引擎的新闻分类下，采用对直辖市、省会城市和计划单列市输入带双引号的城市英文名称，对其他地级市采取输入带双引号的城市 + 所在省份英文名称的方法，采集 2018 年 10 月 15 日至 2019 年 10 月 15 日中国 337 座城市（自治州、地区、盟）的 Google News 数量。同时，采集 2008 年、2013 年与 2018 年的数据做趋势分析。

在 Google News 传播力维度中，排名前十位的全部为直辖市、省会城市及计划单列市。排名较为靠前的地级城市（地区）包括珠海市、无锡市、三亚市、苏州市、阿里地区、东莞市。这 6 所地级城市（地区）进入总排名的前四十位（我国直辖市、省会城市以及计划单列市共 36 座）。城市间的 Google News 数量差异较大，城市间的增速差异较大。

（一）直辖市、省会城市及计划单列市 Google 传播力增长指数排名

我国共有直辖市、省会城市及计划单列市 36 座，增长指数排名前五位的城市为上海市、北京市、深圳市、武汉市、天津市。36 座城市平均增长指数为 538351.21，约为全部

337 座城市（自治州、地区、盟）平均增长指数的 9.6 倍。其中增长指数超过 50000 的有 8 座，为上海市、北京市、深圳市、武汉市、天津市、广州市、杭州市和成都市，介于 10000～50000 的有 8 座城市，另外，有 2 座城市低于 1000。说明直辖市、省会城市和计划单列市增长指数整体较大，但城市间依然存在一定差异。2019 年的 Google News 数量排名与增速排名基本保持一致。

表 3－6　36 座直辖市、省会城市及计划单列市的 Google News 传播力增长指数排名

排名	城市	增长指数	排名	城市	增长指数
1	上海市	9574710.0	19	济南市	7785.1
2	北京市	6842850.0	20	昆明市	5714.4
3	深圳市	959524.5	21	沈阳市	5654.8
4	武汉市	316837.0	22	长沙市	5551.4
5	天津市	267237.0	23	南宁市	5490.3
6	广州市	243093.0	24	石家庄市	5046.1
7	杭州市	234960.0	25	长春市	4911.0
8	成都市	134745.0	26	兰州市	4818.6
9	重庆市	25364.0	27	南昌市	4050.1
10	南京市	25200.0	28	海口市	4049.6
11	青岛市	18847.0	29	乌鲁木齐市	3611.8
12	宁波市	15432.0	30	合肥市	3500.8
13	西安市	13628.0	31	拉萨市	2943.2
14	大连市	13602.0	32	太原市	2420.8
15	郑州市	11418.0	33	贵阳市	1804.7
16	哈尔滨市	10853.0	34	呼和浩特市	1596.1
17	福州市	9914.6	35	银川市	747.5
18	厦门市	9808.0	36	西宁市	483.7

上海市、北京市分别作为我国的经济中心和政治文化中心，在世界上有较高的知名度，常举办各大赛事和国际、国内知名活动，在 Google 上的新闻数量相对较多，与排名第三位的城市之间的差异较大。

以增速和新闻总量排名第一位的上海市为例，2018 年的新闻涵盖上合组织峰会、维多利亚的秘密大秀、上海大师赛、UFC 比赛结果等，2019 年的新闻包含中美贸易谈判、上海证券交易所科创板正式开板、成为首个 5G 覆盖城市、承办足球国际冠军杯上海站、上演沉浸话剧《不眠之夜》等。由于中美贸易谈判、上海证券交易所科创板的推动，2019 年上海经济政策类新闻在海外的关注度显著提高。此外，关于上海的新闻仍包含了国际政治性活动、文体类活动等各方面。可见，上海作为国际化程度较高的城市，一举一

动皆吸引了世界目光。

Focus On 'Unity' As **Shanghai** Summit Opens In China
RadioFreeEurope/RadioLiberty - 9 Jun 2018
Chinese President Xi Jingping has praised the "unity" of the **Shanghai** Cooperation
Agreement (SCO) at the opening ceremony of the organization's summit in ...

China-led **Shanghai** grouping offers challenge to G-7
Nikkei Asian Review - 9 Jun 2018

Shanghai Cooperation Organization: The quest for multilateralism
Opinion - Livemint - 7 Jun 2018

Shanghai summit: Is it really a suitcase without a handle?
In-Depth - Asia Times - 8 Jun 2018

View all

政治

Victoria's Secret **Shanghai** Show: more Chinese Angels than ever, a ...
South China Morning Post - 21 Nov 2017
The China debut of Victoria's Secret Fashion Show took place last night at
Shanghai's Mercedes-Benz Arena, which glowed in a pink hue to celebrate the ...

Why Katy Perry and Gigi Hadid were missing from **Shanghai**'s ...
BBC News - 20 Nov 2017

33 photos that show how the Victoria's Secret Angels traveled to ...
INSIDER - 19 Nov 2017

Gigi Hadid pulls out of **Shanghai** Victoria's Secret show after causing ...
Telegraph.co.uk - 17 Nov 2017

Victoria's Secret fashion show hits **Shanghai** without Katy Perry and ...
CNBC - 20 Nov 2017

View all

娱乐

Djokovic outguns Anderson in **Shanghai**
Sport24 - 12 Oct 2018
Shanghai - Novak Djokovic will face Alexander Zverev in the semi-finals of the
Shanghai Masters after the 14-time Grand Slam champion beat Kevin Anderson ...

Roger Federer vs Novak Djokovic - An overview of their **Shanghai** rivalry
Tennis World - 12 Oct 2018

Shanghai Masters 2018 | Roger Federer match against Roberto ...
NEWS.com.au - 11 Oct 2018

View all

体育

This Week in Tesla: New Gigafactory Coming to **Shanghai**, Tax Credit ...
Greentech Media - 13 Jul 2018
He finalized an agreement to build a combined car and battery factory in **Shanghai**
designed to produce 500,000 cars a year. Doing so will give Tesla expanded ...

Tesla to build factory in **Shanghai** as auto makers push for new ...
MarketWatch - 10 Jul 2018

Tesla announces deal for **Shanghai** factory
Boston.com - 12 Jul 2018

Tesla will build its 1st factory outside US in **Shanghai**
Deseret News - 10 Jul 2018

Tesla **Shanghai** factory to drive China's electric car dominance
Nikkei Asian Review - 11 Jul 2018

View all

经济

图 3 - 1　2018 年上海市 Google News

US-China **Trade** Talks End With No Deal in Sight
The New York Times - Jul 31, 2019
American and Chinese **negotiators** finished talks on Wednesday with little ... top
trade negotiator, were seen leaving **trade** talks in **Shanghai** on Wednesday, the ...

US, China to hold more **trade** talks after 'constructive' meeting
CNA - Jul 31, 2019

China, US Plan Next Round of **Trade** Talks for September
International - Bloomberg Australia-NZ - Jul 31, 2019

No real progress as US, China wind up **Shanghai trade** talks
The Australian Financial Review - Jul 31, 2019

China, US **trade** talks resume in **Shanghai** in shadow of ...
In-Depth - South China Morning Post - Jul 30, 2019

Slow Progress in **Trade** Talks Is Partly a Result of China's New ...
Blog - Wall Street Journal - Jul 31, 2019

政治

China kicks off new **Shanghai tech board** as it tests new ways ...
CNBC - 21 Jul 2019
China is trying again to boost the credibility of its volatile stock market. On Monday,
China launched a new Nasdaq-style **tech board** — the Science and ...

China's new Nasdaq-style **board** for **tech** shares starts trading ...
TechCrunch - 21 Jul 2019

STAR Market off to a flying start
Local Source - Shine News (press release) - 22 Jul 2019

Chinese Investors Are Playing a Game of Hot Potato
Opinion - Bloomberg - 22 Jul 2019

Star Market, a 'breakthrough in 30-year history of China's stock ...
In-Depth - South China Morning Post - 22 Jul 2019

China's Plan to Lure Big **Tech** Listings Back Home
Washington Post - 22 Jul 2019

Shanghai Becomes World's First City With **5G** Network ...
NDTV - Mar 30, 2019
Beijing: **Shanghai** claimed today that it has become the world's first district using
both **5G** coverage and broadband gigabit network as China seeks to establish ...

Shanghai's 5G network starts test runs
Xinhua - Mar 30, 2019

Shanghai's 5G district undergoes trial run
Chinadaily USA - Mar 31, 2019

经济

Sleepless in **Shanghai**: How London's immersive theatre ...
Evening Standard - Feb 5, 2019
It occupies three storeys of the upmarket **McKinnon Hotel**, a renovated skyrise in
the Jing'an district replete with a suite — Room 802 — in which to stay the night ...

娱乐

Reds see off rivals Spurs in **Shanghai**
Manchester United - Jul 25, 2019
Angel Gomes's first senior goal helped **Manchester United** to a 2-1 win over
Tottenham Hotspur in **Shanghai** on Thursday, earning the Reds a fourth
successive ...

Man Utd beat Spurs 2-1 in **Shanghai** to maintain perfect pre ...
GiveMeSport - Jul 25, 2019

Tottenham 1 **Man Utd** 2: Angel Gomes seals **Shanghai** win as ...
International - Evening Standard - Jul 25, 2019

Man United beat Tottenham in **Shanghai** (video)
In-Depth - NBCSports.com - Jul 25, 2019

Mauricio Pochettino apologises after Tottenham spark trouble ...
International - Telegraph.co.uk - Jul 25, 2019

体育

图 3 - 2　2019 年上海市 Google News

（二）地级城市（自治州、地区、盟）Google 传播力增长指数排名

我国 301 座地级市（自治州、地区、盟）中，增长指数排名前十位的城市（地区）为珠海市、无锡市、三亚市、苏州市、阿里地区、东莞市、淄博市、台州市、常州市、潍坊市，与 2019 年 Google News 数量排名基本一致。301 座地级市（自治州、地区、盟）平均增长指数为 198.92，约为 36 座省级城市平均增速的 0.037%。在 301 座地级城市（自治州、地区、盟）中，增长指数超过 1000 的有 8 座，占比 2.66%，有 48 座介于 300 ~ 1000，而在 100 ~ 300 区间的则有 83 座，剩下的 162 座增长指数低于 100，占比超过一半。

表 3 - 7 301 座地级城市（自治州、地区、盟）Google News 传播力增长指数排名

排名	城市	增长指数	排名	城市	增长指数
1	珠海市	2064.5	26	扬州市	527.8
2	无锡市	2029.7	27	曲靖市	518.9
3	三亚市	1736.2	28	宿州市	507.9
4	苏州市	1516.3	29	阿勒泰地区	470.9
5	阿里地区	1466.6	30	许昌市	466.5
6	东莞市	1331.4	31	东营市	457.6
7	淄博市	1180.3	32	安阳市	456.4
8	台州市	1115.7	33	洛阳市	451.7
9	常州市	938.2	34	黄山市	447.2
10	潍坊市	937.7	35	泰州市	445.9
11	烟台市	899.3	36	江门市	428.0
12	南通市	890.4	37	大理白族自治州	426.6
13	佛山市	809.1	38	丽江市	423.5
14	运城市	796.4	39	日照市	410.8
15	九江市	785.3	40	绍兴市	409.4
16	唐山市	767.8	41	舟山市	393.4
17	中山市	751.1	42	桂林市	389.3
18	连云港市	737.4	43	衢州市	389.1
19	喀什地区	728.6	44	邯郸市	360.6
20	温州市	695.2	45	山南市	343.8
21	和田地区	676.1	46	张家界市	343.4
22	北海市	670.8	47	海南藏族自治州	342.5
23	临沂市	651.0	48	济宁市	340.0
24	湖州市	619.9	49	威海市	330.5
25	盐城市	611.9	50	滨州市	329.1

续表

排名	城市	增长指数	排名	城市	增长指数
51	廊坊市	326.1	86	新乡市	180.0
52	钦州市	324.7	87	汕头市	173.4
53	丹东市	315.9	88	赣州市	172.6
54	泉州市	309.8	89	秦皇岛市	171.5
55	惠州市	308.4	90	锡林郭勒盟	171.4
56	徐州市	304.8	91	哈密市	170.6
57	百色市	296.8	92	抚州市	169.2
58	包头市	294.6	93	张掖市	167.4
59	德宏傣族景颇族自治州	292.1	94	柳州市	166.1
60	嘉兴市	292.0	95	泰安市	162.6
61	金华市	291.3	96	衡水市	159.9
62	乐山市	290.5	97	遵义市	158.4
63	宜宾市	283.2	98	郴州市	155.5
64	湛江市	279.3	99	宜昌市	154.4
65	芜湖市	278.9	100	阿克苏地区	153.8
66	张家口市	267.9	101	宿迁市	153.5
67	景德镇市	263.7	102	眉山市	152.8
68	淮北市	255.5	103	枣庄市	146.3
69	恩施土家族苗族自治州	252.5	104	聊城市	146.2
70	延安市	243.2	105	玉林市	145.4
71	保定市	240.4	106	南阳市	141.4
72	开封市	236.3	107	德州市	140.3
73	吐鲁番市	229.0	108	锦州市	140.0
74	塔城地区	216.5	109	玉溪市	136.9
75	承德市	211.6	110	大庆市	134.4
76	濮阳市	203.2	111	白银市	132.4
77	湘西土家族苗族自治州	202.2	112	吴忠市	132.3
78	镇江市	201.6	113	衡阳市	126.0
79	肇庆市	200.4	114	伊犁哈萨克自治州	125.8
80	大同市	200.4	115	南充市	124.5
81	淮安市	194.7	116	铜川市	124.3
82	清远市	192.3	117	普洱市	122.9
83	沧州市	192.0	118	绵阳市	122.3
84	邢台市	188.6	119	西双版纳傣族自治州	122.3
85	梅州市	181.1	120	毕节市	121.7

排名	城市	增长指数	排名	城市	增长指数
121	怒江傈僳族自治州	120.6	156	迪庆藏族自治州	79.5
122	吉林市	119.8	157	临沧市	73.1
123	营口市	119.6	158	日喀则市	72.2
124	荆门市	118.1	159	泸州市	71.5
125	株洲市	117.8	160	平凉市	69.8
126	安顺市	117.2	161	儋州市	69.8
127	安康市	115.5	162	河源市	69.7
128	襄阳市	113.7	163	信阳市	69.4
129	莆田市	112.3	164	揭阳市	69.2
130	新余市	109.6	165	晋中市	68.5
131	酒泉市	105.6	166	抚顺市	68.0
132	自贡市	104.3	167	金昌市	67.6
133	齐齐哈尔市	104.1	168	商丘市	66.6
134	阜阳市	103.6	169	定西市	64.5
135	焦作市	101.3	170	池州市	62.6
136	铁岭市	100.9	171	昌吉回族自治州	62.4
137	岳阳市	100.8	172	常德市	61.4
138	漳州市	100.4	173	宁德市	61.3
139	益阳市	100.2	174	南平市	61.0
140	梧州市	99.9	175	永州市	60.2
141	上饶市	99.4	176	达州市	60.1
142	保山市	99.0	177	海西蒙古族藏族自治州	59.7
143	红河哈尼族彝族自治州	98.7	178	丽水市	58.6
144	十堰市	98.4	179	鄂尔多斯市	57.9
145	昭通市	95.9	180	汉中市	57.5
146	临汾市	94.8	181	甘南藏族自治州	56.7
147	铜陵市	93.2	182	龙岩市	55.3
148	潮州市	87.8	183	六盘水市	55.2
149	宣城市	86.6	184	晋城市	54.6
150	黑河市	85.4	185	吉安市	53.1
151	盘锦市	84.6	186	菏泽市	52.4
152	楚雄彝族自治州	83.9	187	湘潭市	52.1
153	中卫市	83.7	188	阳江市	51.0
154	赤峰市	83.6	189	铜仁市	50.9
155	文山壮族苗族自治州	80.5	190	武威市	50.9

排名	城市	增长指数	排名	城市	增长指数
191	防城港市	50.6	226	萍乡市	31.8
192	阿坝藏族羌族自治州	50.5	227	黔南布依族苗族自治州	31.2
193	马鞍山市	50.0	228	黄冈市	30.8
194	三明市	49.6	229	辽阳市	30.7
195	嘉峪关市	48.9	230	临夏回族自治州	30.6
196	玉树藏族自治州	48.8	231	忻州市	30.2
197	凉山彝族自治州	48.0	232	朝阳市	29.8
198	固原市	47.9	233	资阳市	29.5
199	安庆市	47.8	234	内江市	29.1
200	长治市	47.0	235	遂宁市	29.0
201	茂名市	45.9	236	伊春市	28.7
202	驻马店市	45.1	237	阜新市	28.1
203	葫芦岛市	45.0	238	怀化市	28.0
204	松原市	44.6	239	鸡西市	27.9
205	宜春市	44.5	240	孝感市	27.8
206	蚌埠市	44.3	241	牡丹江市	27.5
207	崇左市	43.8	242	朔州市	26.3
208	三门峡市	43.4	243	白山市	25.7
209	平顶山市	42.9	244	阳泉市	25.2
210	三沙市	42.6	245	德阳市	24.6
211	荆州市	42.2	246	亳州市	24.4
212	黔东南苗族侗族自治州	40.5	247	漯河市	23.5
213	佳木斯市	40.3	248	巴音郭楞蒙古自治州	22.4
214	甘孜藏族自治州	40.2	249	周口市	21.7
215	商洛市	39.9	250	邵阳市	21.6
216	克拉玛依市	38.4	251	通化市	21.2
217	汕尾市	38.3	252	庆阳市	21.0
218	延边朝鲜族自治州	38.3	253	宝鸡市	20.4
219	黄石市	38.1	254	那曲地区	20.2
220	淮南市	38.0	255	本溪市	19.8
221	辽源市	38.0	256	陇南市	19.3
222	榆林市	36.7	257	滁州市	18.9
223	鞍山市	33.7	258	咸宁市	18.8
224	鹰潭市	33.6	259	双鸭山市	18.0
225	克孜勒苏柯尔克孜自治州	33.5	260	四平市	17.9

排名	城市	增长指数	排名	城市	增长指数
261	天水市	17.7	282	巴中市	11.9
262	吕梁市	17.0	283	攀枝花市	11.9
263	乌兰察布市	16.9	284	鄂州市	11.0
264	昌都市	16.8	285	巴彦淖尔市	10.7
265	石嘴山市	16.7	286	贺州市	10.4
266	海东市	16.4	287	绥化市	9.9
267	阿拉善盟	16.4	288	雅安市	9.4
268	河池市	16.1	289	来宾市	8.7
269	白城市	15.9	290	贵港市	7.7
270	博尔塔拉蒙古自治州	15.8	291	七台河市	7.4
271	乌海市	15.6	292	广元市	6.3
272	随州市	15.3	293	果洛藏族自治州	4.1
273	黔西南布依族苗族自治州	14.6	294	渭南市	3.8
274	六安市	14.5	295	海北藏族自治州	3.6
275	通辽市	14.1	296	兴安盟	3.2
276	鹤岗市	14.1	297	咸阳市	3.0
277	云浮市	14.0	298	黄南藏族自治州	2.3
278	广安市	12.7	299	呼伦贝尔市	1.8
279	鹤壁市	12.4	300	大兴安岭地区	0.9
280	娄底市	12.2	301	韶关市	0.6
281	林芝市	12.1			

与 2018 年的增长指数相比,无锡市作为 2019 年增长速度第一的地级市,也是 2019年 Google News 数量排名第二的地级市,其 2019 年的新闻多与无锡市物联网建设有关。2019 年 9 月 9 日,世界物联网博览会在无锡召开,这是无锡市连续第 4 次举办这一世界级的物联网大会。10 年前国家传感网创新示范区落户无锡,拉开了中国物联网发展的序幕,使无锡从物联网的"无人区"发展成为中国物联网科技的新高地。

2019 年无锡市的新闻还包括人工智能、机器人在物流行业运用相关的经济活动报道,也包括举办世界跆拳道锦标赛、斯诺克世界杯、作为"二胡之乡"举办二胡文艺表演等文体类活动报道。由于江苏省是中国物联网发展的前沿地区,无锡市作为中国物联网发展高地在国际舞台中逐渐发出"声音"。国际上,由于物联网参考架构标准的战略性地位和作用,全球物联网浪潮正热。在这样的时代背景下,无锡市关于世界物联网博览会的新闻更受关注,故 Google News 新闻数量较多,且增长指数较高,无锡市的国际知名度也相应提高。

China's IoT highland reports $37.6b revenue in 2018
Chinadaily USA - 7 Aug 2019
NANJING - With more than 2,000 businesses, the IoT industry of **Wuxi**, eastern
China's **Jiangsu** province, yielded 263.8 billion yuan ($37.6 billion) in 2018, ...
China's IoT highland reports 37.6 bln USD revenue in 2018
International - Xinhua - 6 Aug 2019

Xinhua Silk Road: World IoT Expo 2019 commences in **Wuxi** ...
PRNewswire (press release) - 9 Sep 2019
9, 2019 /PRNewswire/ -- The 2019 World Internet of Things Exposition (World IoT
Expo 2019) opened on Saturday in **Wuxi** of east China's **Jiangsu** Province, ...

世界物联网博览会

Robots work at warehouse in Cainiao Future Park in **Wuxi** City ...
Xinhua - 8 Nov 2018
Robots prepare to carry goods at a warehouse in the Cainiao Future Park in **Wuxi**
City, east China's **Jiangsu** Province, Nov. 8, 2018. Some 700 intelligent robots ...

经济

Wuxi to host 2021 World Taekwondo Championships
CGTN (press release) - 22 Nov 2018
Wuxi, in east China's **Jiangsu** Province, has been chosen to host the 2021 World
Taekwondo Championships and the World Para Taekwondo Championships.

Highlights of 2019 Snooker World Cup in **Wuxi**
Xinhua - 25 Jun 2019
... United Arab Emirates and John Higgins/Stephen Maguire of Scotland at the 2019
Snooker World Cup in **Wuxi**, east China's **Jiangsu** Province, June 25, 2019.

体育

China Daily USA: The 'Erhu' capital of China
Yahoo Finance - 18 Sep 2019
Alywin Chew reports in **Wuxi**, **Jiangsu** province. It is one of the art and cultural
centers in China's Jiangnan region (the area south of the Yangtze River).

文化

图 3 - 3　2019 年无锡市 Google News

五、维度二:中国城市Twitter传播力变化分析

Twitter 是当下互联网最主流的社交平台，截至 2019 年 11 月，Twitter 在全球范围内已

经拥有超过 5 亿的活跃用户，年轻人热衷于在 Twitter 发布文字、视频等内容。对 Twitter 平台的统计可以在一定程度上反映一个城市在社交平台上的传播力。

本报告在 Twitter 搜索框内进行搜索，采用对直辖市、省会城市和计划单列市输入带双引号的城市英文名称，对其他地级市采取输入带双引号的城市＋所在省份英文名称的方法，检索 2018 年 10 月 15 日至 2019 年 10 月 15 日中国 337 座城市（自治州、地区、盟）的 Twitter 搜索数量，同时，采集 2008 年、2013 年与 2018 年的数量做趋势分析，比较各个城市在 Twitter 平台上海外网络传播力的增长幅度。

在 Twitter 传播力维度中，海外网络传播力得分排名前十位的依次为上海市、北京市、深圳市、广州市、杭州市、大连市、成都市、天津市、济南市、武汉市，全部为直辖市、省会城市及计划单列市。

中国 337 座城市（自治州、地区、盟）的平均增速为 4397.26，其中，增速超过 10000 的有 13 座，增速为 5000～10000 的有 6 座，增速为 1000～5000 的有 15 座。超过平均增速的城市只有 20 座，城市间的增速差异较大。

（一）直辖市、省会城市及计划单列市 Twitter 传播力增长指数排名

我国共有直辖市、省会城市、计划单列市 36 座，增速排名前五位的城市为上海市、北京市、深圳市、广州市、杭州市。36 座城市 Twitter 搜索数量平均增速为 40596.6，约为全 337 座城市（自治州、地区、盟）增速的 9 倍。其中增速超过 50000 的有 3 座城市，分别是上海市、北京市和深圳市。介于 10000～50000 的有 10 座城市，介于 5000～10000 的有 6 座城市，介于 1000～5000 的有 13 座城市。另外，有 4 座城市增幅低于 1000，无城市出现负增长。直辖市、省会城市和计划单列市增速整体较大，但城市间依然存在一定差异。

表 3-8　36 座直辖市、省会城市及计划单列市的 Twitter 传播力增长指数排名

排名	城市	增长指数	排名	城市	增长指数
1	上海市	679136.0	13	哈尔滨市	11367.3
2	北京市	459096.2	14	西安市	9225.7
3	深圳市	52731.1	15	厦门市	9128.4
4	广州市	38693.6	16	长沙市	6997.4
5	杭州市	24526.6	17	昆明市	6728.5
6	大连市	20750.4	18	重庆市	5917.5
7	成都市	20424.1	19	沈阳市	5911.1
8	天津市	19655.2	20	郑州市	4405.9
9	济南市	18331.2	21	福州市	4259.4
10	武汉市	15593.4	22	宁波市	3824.9
11	青岛市	13351.4	23	南宁市	2957.4
12	南京市	11959.6	24	长春市	2701.2

续表

排名	城市	增长指数	排名	城市	增长指数
25	南昌市	2309.3	31	石家庄市	1098.0
26	合肥市	1699.6	32	呼和浩特市	1093.3
27	兰州市	1649.2	33	海口市	556.9
28	太原市	1622.7	34	乌鲁木齐市	541.7
29	贵阳市	1451.8	35	银川市	441.6
30	拉萨市	1204.3	36	西宁市	135.7

上海市的 Twitter 传播力位居第一位，这与上海市作为我国直辖市、全国经济中心的地位相匹配。上海市同时也是我国常驻外籍人口最多的城市之一，是举办涉外活动、大型演出最频繁的城市之一，其 2019 年 Twitter 搜索数量位居所有城市之首，是同年北京市 Twitter 搜索数量的 1.5 倍。

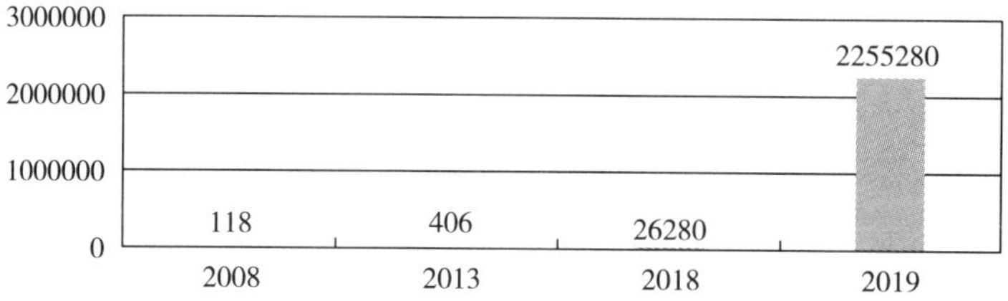

图 3 - 4　上海市 Twitter 搜索数量

图 3 - 5　上合组织新闻

图 3 - 6　上海举办的电竞赛事

（二）地级城市（自治州、地区、盟）Twitter 传播力增长指数排名

我国共有 301 座地级市（自治州、地区、盟），Twitter 传播力增长指数得分排名前十位的为东莞市、玉林市、红河哈尼族彝族自治州、玉溪市、无锡市、珠海市、喀什地区、安庆市、三亚市、泉州市。301 座地级市（自治州、地区、盟）平均增速为 67.58，约为 36 座省级城市平均增速的 0.17%。其中，增速超过 200 的有 22 座，介于 100 ~ 200 的有 23 座，其他城市（自治州、地区、盟）增幅都低于 100，可见地级市（自治州、地区、盟）增长较为缓慢。

表 3 - 9　301 座地级市（自治州、地区、盟）的 Twitter 传播力增长指数排名

排名	城市	增长指数	排名	城市	增长指数
1	东莞市	1269.3	12	桂林市	285.9
2	玉林市	1102.8	13	镇江市	275.9
3	红河哈尼族彝族自治州	657.9	14	苏州市	274.1
4	玉溪市	569.8	15	洛阳市	253.0
5	无锡市	436.1	16	佛山市	248.6
6	珠海市	375.3	17	常州市	234.6
7	喀什地区	363.0	18	温州市	229.0
8	安庆市	346.6	19	大理白族自治州	220.2
9	三亚市	339.3	20	普洱市	216.3
10	泉州市	324.4	21	盐城市	212.1
11	黄山市	323.8	22	连云港市	203.2

排名	城市	增长指数	排名	城市	增长指数
23	惠州市	193.0	58	烟台市	84.5
24	台州市	192.4	59	三沙市	84.4
25	金华市	189.4	60	邯郸市	83.4
26	张家界市	185.2	61	唐山市	83.1
27	阿里地区	181.3	62	开封市	81.9
28	马鞍山市	169.4	63	锦州市	80.5
29	湖州市	162.0	64	张掖市	80.3
30	扬州市	154.0	65	吐鲁番市	79.5
31	宜宾市	152.9	66	龙岩市	79.2
32	潍坊市	140.9	67	宜昌市	78.5
33	日喀则市	135.4	68	临沂市	78.4
34	和田地区	132.1	69	漳州市	78.1
35	南通市	127.6	70	恩施土家族苗族自治州	77.7
36	乐山市	126.8	71	齐齐哈尔市	75.9
37	威海市	126.6	72	秦皇岛市	74.8
38	丽江市	120.3	73	淮安市	74.1
39	张家口市	118.5	74	大同市	73.1
40	嘉兴市	114.3	75	甘孜藏族自治州	72.9
41	中山市	113.7	76	梅州市	72.6
42	舟山市	113.4	77	赤峰市	70.6
43	运城市	107.3	78	莆田市	69.7
44	包头市	106.5	79	绵阳市	66.2
45	清远市	104.8	80	株洲市	66.0
46	徐州市	98.0	81	宝鸡市	66.0
47	廊坊市	97.5	82	嘉峪关市	64.1
48	西双版纳傣族自治州	96.0	83	鞍山市	63.6
49	北海市	93.5	84	郴州市	63.6
50	淄博市	93.0	85	泰州市	63.5
51	柳州市	90.9	86	大庆市	61.5
52	昌都市	90.3	87	丽水市	61.5
53	阿坝藏族羌族自治州	89.2	88	铜仁市	60.8
54	湘西土家族苗族自治州	89.0	89	潮州市	59.3
55	保定市	86.4	90	遵义市	59.1
56	湛江市	86.4	91	鄂尔多斯市	59.1
57	赣州市	85.9	92	济宁市	59.0

排名	城市	增长指数	排名	城市	增长指数
93	玉树藏族自治州	58.9	128	那曲地区	40.4
94	江门市	58.3	129	承德市	40.3
95	沧州市	57.5	130	甘南藏族自治州	40.3
96	汕头市	56.5	131	滁州市	40.2
97	自贡市	55.7	132	菏泽市	38.3
98	毕节市	54.7	133	六盘水市	38.2
99	安顺市	54.6	134	宿迁市	38.0
100	襄阳市	53.0	135	湘潭市	38.0
101	安阳市	53.0	136	三门峡市	37.7
102	南阳市	51.5	137	衢州市	37.6
103	芜湖市	51.0.	138	南充市	37.5
104	绍兴市	50.1	139	延安市	37.5
105	日照市	49.8	140	阳江市	37.4
106	儋州市	49.6	141	河源市	36.8
107	揭阳市	49.1	142	金昌市	36.8
108	眉山市	48.4	143	商丘市	35.6
109	黔东南苗族侗族自治州	48.1	144	佳木斯市	35.6
110	宿州市	47.6	145	德州市	35.5
111	九江市	47.5	146	延边朝鲜族自治州	35.5
112	常德市	47.3	147	肇庆市	34.9
113	哈密市	47.3	148	邢台市	34.8
114	衡阳市	46.9	149	枣庄市	34.6
115	林芝市	46.1	150	钦州市	34.6
116	新乡市	45.7	151	咸阳市	34.4
117	丹东市	44.5	152	十堰市	33.7
118	德宏傣族景颇族自治州	44.2	153	临夏回族自治州	33.0
119	荆州市	43.9	154	上饶市	32.6
120	朝阳市	43.4	155	南平市	32.3
121	景德镇市	43.2	156	吉林市	32.2
122	楚雄彝族自治州	42.0	157	宣城市	31.7
123	伊犁哈萨克自治州	41.9	158	岳阳市	31.4
124	酒泉市	41.8	159	海西蒙古族藏族自治州	31.0
125	凉山彝族自治州	41.6	160	焦作市	30.7
126	天水市	41.4	161	汉中市	30.3
127	阜阳市	40.5	162	迪庆藏族自治州	29.8

排名	城市	增长指数	排名	城市	增长指数
163	滨州市	29.6	198	德阳市	20.8
164	信阳市	29.1	199	怀化市	20.6
165	黑河市	28.9	200	铁岭市	20.6
166	白银市	28.5	201	达州市	20.3
167	淮南市	28.4	202	韶关市	20.0
168	永州市	28.2	203	武威市	19.7
169	百色市	28.1	204	克拉玛依市	19.6
170	聊城市	28.0	205	塔城地区	19.6
171	东营市	27.9	206	三明市	18.9
172	衡水市	26.9	207	乌兰察布市	18.9
173	内江市	26.5	208	益阳市	18.8
174	平凉市	26.4	209	泰安市	18.7
175	遂宁市	26.3	210	怒江傈僳族自治州	18.7
176	长治市	26.0.	211	阿拉善盟	18.3
177	葫芦岛市	25.8	212	鹤壁市	18.2
178	文山壮族苗族自治州	25.8	213	抚顺市	18.0
179	宜春市	25.1	214	陇南市	17.8
180	盘锦市	25.1	215	池州市	17.7
181	亳州市	25.1	216	榆林市	17.5
182	黄石市	24.7	217	临沧市	17.5
183	宁德市	24.4	218	晋城市	17.2
184	许昌市	24.3	219	孝感市	17.0
185	云浮市	24.3	220	阿勒泰地区	16.8
186	蚌埠市	23.3	221	昌吉回族自治州	16.4
187	萍乡市	23.3	222	临汾市	16.3
188	平顶山市	23.1	223	黔南布依族苗族自治州	16.2
189	泸州市	22.9	224	抚州市	16.0
190	忻州市	22.9	225	渭南市	15.9
191	吉安市	22.3	226	茂名市	15.8
192	海南藏族自治州	21.9	227	庆阳市	15.8
193	新余市	21.7	228	黄冈市	15.6
194	曲靖市	21.6	229	铜陵市	15.5
195	随州市	21.5	230	贺州市	15.1
196	驻马店市	21.2	231	牡丹江市	15.0
197	通辽市	21.0	232	广安市	14.9

续表

排名	城市	增长指数	排名	城市	增长指数
233	中卫市	14.9	268	鄂州市	8.3
234	周口市	14.7	269	黄南藏族自治州	7.8
235	锡林郭勒盟	14.7	270	资阳市	7.6
236	贵港市	14.2	271	鸡西市	7.5
237	荆门市	14.1	272	果洛藏族自治州	7.5
238	营口市	13.7	273	保山市	7.3
239	晋中市	13.3	274	兴安盟	7.3
240	濮阳市	13.3	275	六安市	7.1
241	本溪市	13.2	276	崇左市	7.1
242	安康市	13.2	277	淮北市	6.5
243	海北藏族自治州	12.9	278	博尔塔拉蒙古自治州	6.3
244	娄底市	12.8	279	巴中市	6.0
245	梧州市	12.6	280	吴忠市	6.0
246	黔西南布依族苗族自治州	12.6	281	通化市	5.8
247	阿克苏地区	12.5	282	阳泉市	5.5
248	漯河市	11.7	283	鹤岗市	5.4
249	克孜勒苏柯尔克孜自治州	11.7	284	辽源市	5.2
250	鹰潭市	11.6	285	邵阳市	5.1
251	昭通市	11.6	286	白城市	5.1
252	海东市	11.6	287	石嘴山市	4.9
253	咸宁市	11.3	288	双鸭山市	4.7
254	固原市	11.3	289	来宾市	3.5
255	白山市	10.8	290	七台河市	3.2
256	松原市	10.7	291	四平市	2.7
257	商洛市	10.4	292	朔州市	2.6
258	河池市	10.2	293	吕梁市	2.4
259	山南市	9.5	294	大兴安岭地区	2.0.
260	防城港市	9.4	295	呼伦贝尔市	1.7
261	铜川市	9.4	296	巴音郭楞蒙古自治州	1.2
262	乌海市	9.3	297	巴彦淖尔市	0.7
263	阜新市	9.3	298	攀枝花市	0.4
264	汕尾市	9.2	299	绥化市	-3.0
265	伊春市	8.8	300	定西市	-54.2
266	广元市	8.5	301	雅安市	-172.3
267	辽阳市	8.5			

地级城市中增速最高的是东莞市，东莞地处广东省中南部，珠江口岸，是珠三角中心城市之一，也是粤港澳大湾区的重要城市之一，为"广东四小虎"之首，号称"世界工厂"，是广东重要的交通枢纽和外贸口岸。2019 年东莞市在 Twitter 上的传播主要与体育、经济、科技相关。

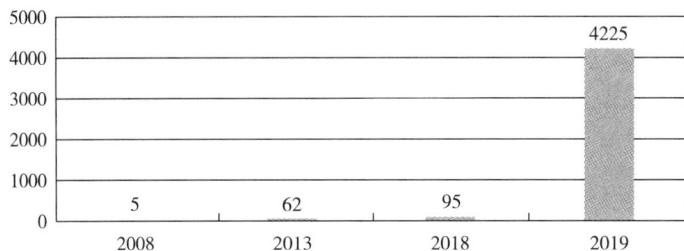

图 3 - 7　东莞市 Twitter 搜索数量

图 3 - 8　体育相关推文

图 3 - 9　科技相关推文

玉溪市位于滇中腹地，是连接省外和南亚、东南亚的重要交通枢纽，对于"一带一路"建设有重要意义。同时，玉溪为云南重要的产铜地区，拥有丰富的自然资源和文化资源。以上因素促成了玉溪市在 Twitter 搜索指数的增高。

图 3－10　中老铁路连通云南玉溪与老挝首都万象

六、维度三：中国城市YouTube传播力变化分析

YouTube 是目前世界上规模最大、影响力最强的视频网站，2016 年、2017 年和 2018 年，YouTube 连续 3 年在除中国以外的市场独占鳌头。根据 App 市场研究公司 Sensor Tower发布的报告称，2019 年第二季度，YouTube 成为全球"最吸金"的图片及视频应用平台。全球消费者在 YouTube App 上的消费金额为 1.38 亿美元，同比增长 220%，高居图片及视频应用榜首。YouTube 是 2019 年第二季度全球流行排名榜首的应用，用户支出约 1.38 亿美元，是上年同期的两倍。

随着互联网视频流量不断上升，YouTube 的发展势头愈加强势，使用 80 种语言的 YouTube 平台覆盖全球 95% 的互联网。作为深受中年和青少年人群青睐的视频网站，在 YouTube 平台上进行影像视觉传播具有高时速、大范围的特点，YouTube 平台的统计数据在一定程度上能够反映我国各个城市的海外网络传播力。

本报告利用 Google 英文搜索引擎检索来源为 YouTube 的各城市视频。采用对直辖市、省会城市和计划单列市输入带双引号的城市英文名称，对其他地级市采取输入带双引号的城市＋所在省份英文名称的方法，采集 2018 年 10 月 15 日至 2019 年 10 月 15 日中国 337 座城市（自治州、地区、盟）的 YouTube 视频数量。同时，采集 2008 年、2013 年、2018 年的数据做趋势分析。

2019 年中国城市 YouTube 传播力得分排名前十位的分别为上海市、北京市、深圳市、成都市、广州市、天津市、重庆市、西安市、武汉市、昆明市。

总体上看，各城市 YouTube 传播力呈上升趋势，337 座城市平均增长指数为 1234.1，但城市间传播力差异较大。在 YouTube 维度中，传播力增幅前 20 的城市（地区）中，除阿里地区外，均为直辖市、省会城市及计划单列市。同时，调查发现有 6 座城市（盟、自治州）的 YouTube 传播力呈负增长趋势，分别是兴安盟、吴忠市、阜新市、黄南藏族自治州、呼伦贝尔市、吉安市。

（一）直辖市、省会城市及计划单列市 YouTube 传播力增长指数排名

在我国 36 座直辖市、省会城市及计划单列市中，2019 年 YouTube 传播力增长指数排名前五的城市为上海市、北京市、深圳市、成都市、广州市，平均增速为 69787.5，约为全部 337 座城市平均增长速度的 56.55 倍。其中，上海市的增速超过 200000，约为增速排名第二——北京市的两倍。

表 3-10　36 座直辖市、省会城市及计划单列市的 YouTube 传播力增长指数排名

排名	城市	YouTube 增长指数	排名	城市	YouTube 增长指数
1	上海市	204290.0	15	青岛市	1736.9
2	北京市	95130.0	16	厦门市	1534.3
3	深圳市	21943.4	17	济南市	1240.0
4	成都市	18713.8	18	长沙市	1123.5
5	广州市	8860.4	19	哈尔滨市	929.9
6	天津市	7778.5	20	福州市	851.5
7	重庆市	7592.1	21	沈阳市	688.8
8	西安市	6429.3	22	南宁市	551.3
9	武汉市	6240.5	23	郑州市	531.1
10	昆明市	5630.2	24	兰州市	500.2
11	杭州市	5310.2	25	宁波市	445.2
12	南京市	3479.1	26	石家庄市	322.3
13	拉萨市	3389.0	27	合肥市	306.8
14	大连市	2953.4	28	长春市	302.4

续表

排名	城市	YouTube 增长指数	排名	城市	YouTube 增长指数
29	呼和浩特市	242.3	33	南昌市	150.7
30	乌鲁木齐市	241.3	34	太原市	147.1
31	银川市	192.1	35	贵阳市	125
32	海口市	191.0	36	西宁市	33.5

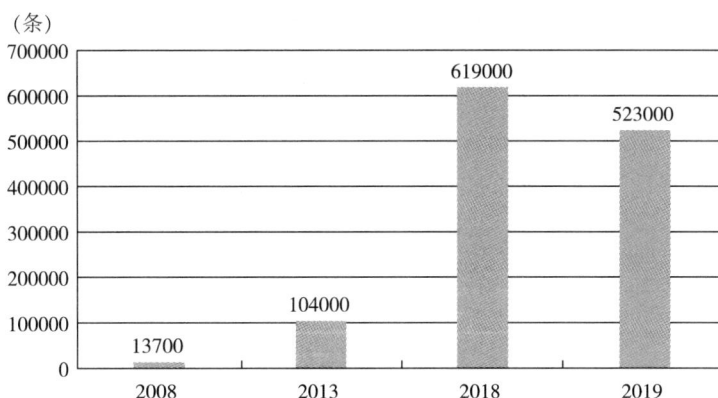

图 3 - 11　上海市 YouTube 视频数量

　　直辖市中 YouTube 增长指数排名第一位的为上海市。上海市是我国的经济中心，是长江经济带的龙头城市。其在 YouTube 平台上的传播内容非常多元，涵盖政治、经济、文体活动以及旅行等多方面信息。

#MustDoTravels #Shanghai #China
Top Things To Do in Shanghai, China 2019 4k

图 3 - 12　上海旅游攻略

Costco Opens First Physical Store in Shanghai

图 3 – 13　Costco 在上海开业

#garbagesorting #Shanghai
Dialogue: Garbage sorting regulations in Shanghai

图 3 – 14　上海推行"垃圾分类"政策

China-U.S. representatives meet in Shanghai for first time since May

图 3 – 15　中美两国代表于上海会面

World's top e-Sports Championships launched in Shanghai

图 3－16　世界顶级电竞比赛在上海开赛

（二）地级城市（自治州、地区、盟）YouTube 传播力增长指数排名

我国共有地级城市（自治州、地区、盟）301 座，2019 年 YouTube 平均传播力增长指数为 19.1，远远低于 337 座城市（自治州、地区、盟）1234.1 的增幅平均值，说明直辖市、省会城市以及计划单列市与地级城市（自治州、地区、盟）的 YouTube 传播力增幅差异分化较为明显。其中，有 6 座城市（地区）增长指数为 0、6 座城市（盟、自治州）为负值。地级城市（自治州、地区、盟）中，YouTube 增长指数排名前十位的分别为阿里地区、张家界市、三亚市、珠海市、喀什地区、大理白族自治州、无锡市、丽江市、桂林市、佛山市。

表 3－11　301 座地级城市（自治州、地区、盟）的 YouTube 传播力增长指数排名

排名	城市	增长指数	排名	城市	增长指数
1	阿里地区	2188.8	12	乐山市	60.0
2	张家界市	267.6	13	东莞市	57.5
3	三亚市	195.1	14	莆田市	54.4
4	珠海市	179.8	15	湘西土家族苗族自治州	54.0
5	喀什地区	173.4	16	眉山市	53.4
6	大理白族自治州	132.8	17	中山市	50.6
7	无锡市	105.6	18	玉林市	48.3
8	丽江市	95.3	19	宜宾市	41.2
9	桂林市	84.1	20	阿勒泰地区	40.8
10	佛山市	74.1	21	吐鲁番市	39.0
11	苏州市	73.5	22	泉州市	38.5

排名	城市	增长指数	排名	城市	增长指数
23	潮州市	38.5	58	威海市	15.9
24	烟台市	37.1	59	新乡市	15.9
25	常州市	36.1	60	锦州市	15.7
26	温州市	34.1	61	肇庆市	15.6
27	盐城市	33.9	62	宿州市	14.2
28	宣城市	33.1	63	德州市	14.0
29	绍兴市	32.3	64	自贡市	13.8
30	保定市	31.2	65	安阳市	13.6
31	潍坊市	31.1	66	凉山彝族自治州	13.0
32	北海市	31.1	67	江门市	12.9
33	西双版纳傣族自治州	27.8	68	绵阳市	12.5
34	汕头市	27.5	69	铜仁市	12.5
35	惠州市	24.5	70	大同市	12.5
36	柳州市	23.6	71	商丘市	12.3
37	金华市	23.2	72	舟山市	12.0
38	南通市	22.2	73	龙岩市	12.0
39	嘉兴市	21.6	74	牡丹江市	11.6
40	济宁市	20.8	75	唐山市	11.5
41	扬州市	20.3	76	梅州市	11.5
42	临沂市	20.3	77	四平市	11.5
43	宜昌市	20.3	78	丽水市	10.9
44	黄山市	19.7	79	镇江市	10.5
45	台州市	19.2	80	遵义市	10.5
46	清远市	18.5	81	泰州市	10.3
47	徐州市	18.4	82	南阳市	10.2
48	连云港市	18.0	83	张家口市	10.2
49	衢州市	17.4	84	株洲市	10.1
50	和田地区	17.4	85	赤峰市	10.0
51	洛阳市	16.9	86	湖州市	9.8
52	淄博市	16.9	87	赣州市	9.8
53	泸州市	16.5	88	廊坊市	9.5
54	酒泉市	16.4	89	松原市	9.4
55	恩施土家族苗族自治州	16.0	90	齐齐哈尔市	8.9
56	张掖市	16.0	91	湛江市	8.8
57	甘孜藏族自治州	16.0	92	衡阳市	8.7

排名	城市	增长指数	排名	城市	增长指数
93	开封市	8.5	128	阜阳市	3.3
94	宁德市	8.3	129	营口市	3.2
95	三门峡市	8.2	130	衡水市	3.1
96	抚州市	8.1	131	六盘水市	3.1
97	伊犁哈萨克自治州	8.1	132	儋州市	3.1
98	德宏傣族景颇族自治州	7.9	133	玉树藏族自治州	3.1
99	马鞍山市	7.7	134	克拉玛依市	3.0
100	毕节市	7.7	135	哈密市	3.0
101	林芝市	7.5	136	常德市	2.8
102	漳州市	7.4	137	咸宁市	2.8
103	沧州市	7.2	138	达州市	2.8
104	荆门市	7.0	139	百色市	2.8
105	那曲地区	6.8	140	揭阳市	2.7
106	上饶市	6.2	141	南平市	2.7
107	日喀则市	6.0	142	郴州市	2.7
108	阿坝藏族羌族自治州	5.7	143	丹东市	2.7
109	承德市	5.6	144	临汾市	2.7
110	聊城市	5.2	145	信阳市	2.6
111	九江市	5.0	146	大庆市	2.6
112	鄂尔多斯市	4.9	147	滨州市	2.6
113	抚顺市	4.9	148	新余市	2.6
114	湘潭市	4.8	149	芜湖市	2.5
115	运城市	4.6	150	淮安市	2.5
116	阿拉善盟	4.5	151	菏泽市	2.5
117	邢台市	4.4	152	黑河市	2.5
118	盘锦市	4.4	153	襄阳市	2.4
119	阳江市	4.4	154	鞍山市	2.4
120	临沧市	4.4	155	遂宁市	2.4
121	雅安市	4.3	156	茂名市	2.4
122	河源市	4.2	157	楚雄彝族自治州	2.4
123	海南藏族自治州	4.2	158	怒江傈僳族自治州	2.4
124	阿克苏地区	3.9	159	吉林市	2.3
125	邯郸市	3.8	160	东营市	2.3
126	安顺市	3.8	161	黔东南苗族侗族自治州	2.3
127	延边朝鲜族自治州	3.6	162	玉溪市	2.3

排名	城市	增长指数	排名	城市	增长指数
163	钦州市	2.3	198	十堰市	1.5
164	保山市	2.3	199	亳州市	1.5
165	攀枝花市	2.3	200	武威市	1.5
166	德阳市	2.2	201	蚌埠市	1.4
167	梧州市	2.2	202	永州市	1.4
168	延安市	2.2	203	文山壮族苗族自治州	1.4
169	昌吉回族自治州	2.2	204	昭通市	1.4
170	岳阳市	2.1	205	淮北市	1.4
171	南充市	2.1	206	贺州市	1.4
172	景德镇市	2.1	207	金昌市	1.4
173	普洱市	2.1	208	甘南藏族自治州	1.4
174	三沙市	2.1	209	葫芦岛市	1.3
175	秦皇岛市	2.0	210	鸡西市	1.3
176	三明市	2.0	211	平顶山市	1.2
177	红河哈尼族彝族自治州	2.0	212	焦作市	1.2
178	内江市	2.0	213	海东市	1.2
179	本溪市	2.0	214	海西蒙古族藏族自治州	1.2
180	来宾市	2.0	215	黄冈市	1.2
181	塔城地区	2.0	216	滁州市	1.1
182	包头市	1.9	217	宜春市	1.1
183	荆州市	1.9	218	云浮市	1.1
184	泰安市	1.9	219	辽阳市	1.1
185	佳木斯市	1.9	220	锡林郭勒盟	1.1
186	曲靖市	1.8	221	白山市	1.1
187	怀化市	1.8	222	随州市	1.1
188	迪庆藏族自治州	1.8	223	晋城市	1.1
189	中卫市	1.8	224	资阳市	1.1
190	许昌市	1.7	225	鹰潭市	1.0
191	日照市	1.7	226	防城港市	1.0
192	池州市	1.7	227	崇左市	1.0
193	山南市	1.7	228	驻马店市	0.9
194	周口市	1.6	229	安庆市	0.9
195	枣庄市	1.6	230	晋中市	0.9
196	嘉峪关市	1.6	231	益阳市	0.9
197	临夏回族自治州	1.6	232	忻州市	0.9

排名	城市	增长指数	排名	城市	增长指数
233	博尔塔拉蒙古自治州	0.9	268	平凉市	0.4
234	邵阳市	0.8	269	六安市	0.3
235	巴中市	0.8	270	通辽市	0.3
236	鹤岗市	0.8	271	黄石市	0.3
237	庆阳市	0.8	272	通化市	0.3
238	铜陵市	0.7	273	巴彦淖尔市	0.3
239	孝感市	0.7	274	朔州市	0.3
240	漯河市	0.7	275	石嘴山市	0.3
241	广安市	0.7	276	固原市	0.3
242	萍乡市	0.7	277	昌都市	0.3
243	鄂州市	0.7	278	海北藏族自治州	0.3
244	河池市	0.7	279	宿迁市	0.2
245	阳泉市	0.7	280	广元市	0.2
246	白银市	0.7	281	乌海市	0.2
247	淮南市	0.6	282	铜川市	0.2
248	长治市	0.6	283	宝鸡市	0.1
249	铁岭市	0.6	284	汕尾市	0.1
250	黔西南布依族苗族自治州	0.6	285	韶关市	0.1
251	朝阳市	0.6	286	吕梁市	0.1
252	辽源市	0.6	287	双鸭山市	0.1
253	商洛市	0.6	288	巴音郭楞蒙古自治州	0.1
254	陇南市	0.6	289	克孜勒苏柯尔克孜自治州	0.1
255	果洛藏族自治州	0.6	290	咸阳市	0
256	榆林市	0.5	291	汉中市	0
257	黔南布依族苗族自治州	0.5	292	贵港市	0
258	濮阳市	0.5	293	安康市	0
259	乌兰察布市	0.5	294	大兴安岭地区	0
260	鹤壁市	0.5	295	七台河市	0
261	绥化市	0.5	296	兴安盟	−0.1
262	渭南市	0.4	297	吴忠市	−0.1
263	娄底市	0.4	298	阜新市	−0.2
264	天水市	0.4	299	黄南藏族自治州	−0.2
265	伊春市	0.4	300	呼伦贝尔市	−0.6
266	白城市	0.4	301	吉安市	−26.3
267	定西市	0.4			

阿里地区地处青藏高原北部羌塘高原核心地带，号称"千山之巅、万川之源"；"西藏的西藏"。阿里地区一直被当作极其遥远的荒野之地，虽然被视为一片荒芜之地，但却拥有极致的风光，这里的极致风光几乎广为人知，并且孕育出了神秘而灿烂的古代文明。与此呼应，YouTube 平台搜索阿里地区也主要是西藏阿里行等观光旅行信息。

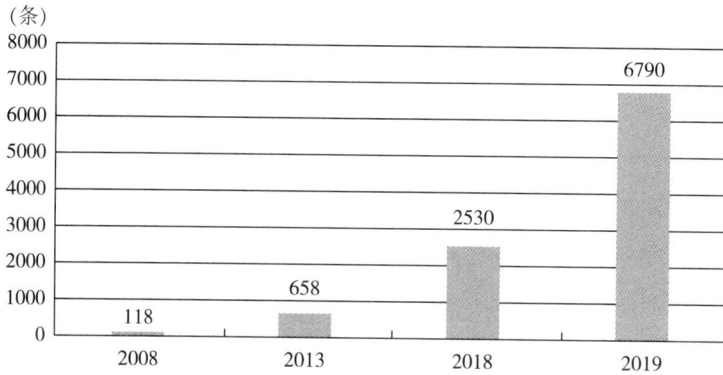

图 3－17　阿里地区 YouTube 视频数量

图 3－18　西藏阿里旅行观光信息

七、结论与分析

（一）中国城市海外网络传播力综合指数与 GDP 指数呈现强相关关系，传播力综合指数得分排名前二十位的城市有 15 个入围 2019 年上半年 GDP 指数前 20 名

本报告对 2019 年上半年中国城市 GDP（经济总量）指数与 2019 年我国城市海外网

络传播力综合指数之间的相关系数进行统计分析。数据结果显示，中国城市 GDP 指数与海外网络传播力综合指数的相关系数为 0.795，P 值为 0.000，中国城市的 GDP 指数与海外网络传播力综合指数之间呈现强相关关系。

进一步将 2019 年上半年中国城市的 GDP 指数排行与本次中国城市海外网络传播力的调查结果进行比较，可以发现，2019 年上半年 GDP 指数排在前 10 名的城市与海外网络传播力综合指数排名前 10 的城市有 9 个重合，2019 年上半年 GDP 指数排在前 20 的城市与海外网络传播力综合指数排名前 20 的城市有 15 个重合。城市海外网络传播力综合指数排行与 GDP 指数排行呈现出高度吻合。

表 3-12　两榜排名前 20 城市对比

排名	2019 年上半年中国城市 GDP 指数排行	2019 年中国城市海外网络传播力排名
1	上海市	上海市
2	北京市	北京市
3	深圳市	深圳市
4	广州市	广州市
5	天津市	成都市
6	重庆市	武汉市
7	苏州市	天津市
8	成都市	杭州市
9	武汉市	重庆市
10	杭州市	西安市
11	南京市	南京市
12	青岛市	大连市
13	无锡市	青岛市
14	长沙市	昆明市
15	宁波市	济南市
16	郑州市	厦门市
17	佛山市	哈尔滨市
18	济南市	长沙市
19	南通市	郑州市
20	东莞市	宁波市

（二）珠三角、长三角、环渤海 3 个城市群凭借政策优势成为海外网络传播力高地

2018 年，是"改革开放"40 周年的纪念之年，也是习近平总书记号召全面深化改革的一年。由南向北，以广州市、深圳市、珠海市为代表的珠三角城市群，以上海市、杭州

市、南京市为代表的长三角城市群，以北京市、天津市、沈阳市、青岛市、大连市、济南市为代表的环渤海城市群地处东部沿海地区，作为我国较早享受开放"红利"的地区，在全面深化改革过程中占有举足轻重的地位，海外传播力增速整体较快。例如，Google平台增速排名前十位的城市有7座城市处于这三大城市群，Twitter平台增速排名前十位的城市有8座城市地处这三大城市群，Youtube平台增速排名前十位的城市有5座城市处于这三大城市群。

可见，珠三角城市群作为"21世纪海上丝绸之路"的一环，长三角城市群、环渤海城市群作为"丝绸之路经济带"上的一环，在"一带一路"倡议所搭建的开放包容的国际平台下，无论经济、文化、社会、旅游等方面都与国际联系越来越紧密，国际形象稳步提升。因此，珠三角、长三角、环渤海3个城市群凭借政策优势成为海外网络传播力的高地。

（三）中西部新一线城市突出东部沿海城市重围，海外网络传播力增速大幅提升的海外网络传播力

在Google平台中，武汉市、成都市、重庆市增速挤进前十位；在Twitter平台中，成都市、武汉市增速挤进前十位；在YouTube平台中，成都市、重庆市、西安市、武汉市、昆明市增速排名前十位，占据一半的位置。这充分体现出我国中西部新一线城市各方面的发展及影响力的提升。2019年上半年，成都市和武汉市的GDP都保持在8%以上的增速，且都达成了半年GDP超7000亿元的成就。同时，重庆市由于其丰厚的旅游资源和特色的城市建设，因其独特的自然、人文风光及美食诱惑，被誉为"全国第一网红城市"，其传播力有目共睹。在"一带一路"政策的推进下，中西部内陆城市发展潜力巨大，必将在未来大放光彩，这也体现着我国东部与中西部城市发展差距进一步缩小的趋势。

本章附录

附表1　直辖市、省会城市及计划单列市 Google 传播力增长指数排名

排名	城市	2008 年	2013 年	2018 年	2019 年	Google 增长指数
1	上海市	16800	72500	1670000	31400000	9574710.0
2	北京市	15100	76200	1650000	22300000	6842850.0
3	深圳市	885	12100	130000	3160000	959524.5
4	武汉市	245	2600	21700	1050000	316836.5
5	天津市	4710	7300	44800	883000	267237.0
6	广州市	1290	10300	84100	787000	243093.0

排名	城市	2008 年	2013 年	2018 年	2019 年	Google 增长指数
7	杭州市	552	7740	82000	759000	234960.4
8	成都市	740	6030	44700	437000	134745.0
9	重庆市	585	3510	36900	74000	25363.5
10	南京市	1040	5380	43000	72500	25200.0
11	青岛市	254	1670	27400	54500	18846.8
12	宁波市	135	1180	22400	44500	15431.5
13	西安市	377	1790	21000	39400	13627.9
14	大连市	292	3000	25900	38000	13602.4
15	郑州市	64	2630	15600	33800	11417.8
16	哈尔滨市	297	2380	23300	29500	10852.9
17	福州市	88	1900	71400	9970	9914.6
18	厦门市	190	1850	15900	28200	9808.0
19	济南市	73	1130	14400	21600	7785.1
20	昆明市	132	1670	9110	16700	5714.4
21	沈阳市	124	1280	11700	15500	5654.8
22	长沙市	52	1160	7630	16400	5551.4
23	南宁市	57	336	5610	16600	5490.3
24	石家庄市	88	395	7320	14600	5046.1
25	长春市	225	575	9560	13600	4911.0
26	兰州市	128	1830	16800	11200	4818.6
27	南昌市	19	322	3680	12400	4050.1
28	海口市	18	5610	30200	5320	4049.6
29	乌鲁木齐市	98	668	7560	9840	3611.8
30	合肥市	78	668	2010	11300	3500.8
31	拉萨市	571	535	15300	5460	2943.2
32	太原市	16	494	3360	7130	2420.8
33	贵阳市	17	252	4190	4720	1804.7
34	呼和浩特市	17	8	8190	2610	1596.1
35	银川市	11	102	1970	1880	747.5
36	西宁市	9	53	237	1560	483.7

附表 2　地级城市（自治州、地区、盟）Google 传播力增长指数排名

排名	城市	2008 年	2013 年	2018 年	2019 年	Google 增长指数
1	阿里地区	138	1770	4790	8930	2939.6
2	珠海市	25	1500	10100	4040	2064.5

排名	城市	2008 年	2013 年	2018 年	2019 年	Google 增长指数
3	无锡市	39	116	1600	6310	2029.7
4	三亚市	27	247	3320	4790	1736.2
5	苏州市	29	1720	4490	4160	1516.3
6	东莞市	91	313	1540	4120	1331.4
7	淄博市	9	30	1930	3310	1180.3
8	台州市	8	42	963	3420	1115.7
9	常州市	5	83	1140	2780	938.2
10	潍坊市	9	66	1160	2770	937.7
11	烟台市	40	107	1450	2590	899.3
12	南通市	7	95	1820	2400	890.4
13	佛山市	6	161	1430	2280	809.1
14	运城市	1	13	1650	2110	796.4
15	九江市	2	868	7650	359	785.3
16	唐山市	39	45	1210	2210	767.8
17	中山市	10	67	828	2260	751.1
18	连云港市	3	57	1170	2090	737.4
19	喀什地区	1	11	40	2420	728.6
20	温州市	7	217	1520	1890	695.2
21	和田地区	18	425	1720	1840	676.1
22	北海市	4	36	666	2030	670.8
23	临沂市	1	47	1640	1640	651.0
24	湖州市	1	35	837	1800	619.9
25	盐城市	2	18	653	1830	611.9
26	扬州市	19	54	949	1480	527.8
27	曲靖市	2	23	208	1670	518.9
28	宿州市	1	118	1150	1350	507.9
29	阿勒泰地区	3	13	171	1520	470.9
30	许昌市	3	20	74	1540	466.5
31	东营市	1	7	746	1280	457.6
32	安阳市	2	50	1080	1180	456.4
33	洛阳市	6	81	806	1270	451.7
34	黄山市	28	74	610	1340	447.2
35	泰州市	4	46	557	1320	445.9
36	江门市	2	57	923	1140	428.0
37	大理白族自治州	9	187	550	1310	426.6

续表

排名	城市	2008 年	2013 年	2018 年	2019 年	Google 增长指数
38	丽江市	48	24	563	1280	423.5
39	日照市	3	24	1210	977	410.8
40	绍兴市	9	59	1120	1020	409.4
41	舟山市	2	206	1260	962	393.4
42	桂林市	6	142	843	1070	389.3
43	衢州市	1	17	371	1180	389.1
44	邯郸市	2	74	860	942	360.6
45	山南市	2	10	94	1120	343.8
46	张家界市	3	75	1100	806	343.4
47	海南藏族自治州	11	54	482	1010	342.5
48	济宁市	2	17	363	1020	340.0
49	威海市	2	39	1130	740	330.5
50	滨州市	1	27	480	947	329.1
51	廊坊市	2	37	505	933	326.1
52	钦州市	1	8	327	977	324.7
53	丹东市	1	724	2200	562	315.9
54	泉州市	5	65	841	779	309.8
55	惠州市	8	49	580	859	308.4
56	徐州市	0	42	705	795	304.8
57	百色市	0	5	135	946	296.8
58	包头市	2	58	850	720	294.6
59	德宏傣族景颇族自治州	3	18	455	831	292.1
60	嘉兴市	10	173	702	807	292.0
61	金华市	1	59	449	842	291.3
62	乐山市	5	43	758	735	290.5
63	宜宾市	2	28	358	836	283.2
64	湛江市	6	1	898	638	279.3
65	芜湖市	1	23	529	762	278.9
66	张家口市	3	33	663	686	267.9
67	景德镇市	3	158	1190	538	263.7
68	淮北市	5	64	276	786	255.5
69	恩施土家族苗族自治州	3	66	788	604	252.5
70	延安市	4	27	1100	457	243.2
71	保定市	5	82	557	648	240.4
72	开封市	5	73	657	598	236.3

排名	城市	2008 年	2013 年	2018 年	2019 年	Google 增长指数
73	吐鲁番市	6	41	207	714	229.0
74	塔城地区	0	2	52	705	216.5
75	承德市	1	16	641	498	211.6
76	濮阳市	0	4	401	545	203.2
77	湘西土家族苗族自治州	2	0	132	632	202.2
78	镇江市	1	35	326	576	201.6
79	肇庆市	1	22	346	561	200.4
80	大同市	5	42	330	577	200.4
81	淮安市	3	8	584	460	194.7
82	清远市	2	9	678	420	192.3
83	沧州市	0	1	217	568	192.0
84	邢台市	3	82	342	545	188.6
85	梅州市	1	19	63	590	181.1
86	新乡市	1	10	361	484	180.0
87	汕头市	7	107	470	464	173.4
88	赣州市	1	8	381	452	172.6
89	秦皇岛市	6	24	596	387	171.5
90	锡林郭勒盟	1	6	481	414	171.4
91	哈密市	10	86	229	531	170.6
92	抚州市	3	36	465	424	169.2
93	张掖市	0	44	305	471	167.4
94	柳州市	5	51	245	494	166.1
95	泰安市	1	2	386	415	162.6
96	衡水市	0	7	349	419	159.9
97	遵义市	3	15	147	487	158.4
98	郴州市	4	4	146	475	155.5
99	宜昌市	5	64	477	382	154.4
100	阿克苏地区	3	57	203	467	153.8
101	宿迁市	1	8	601	315	153.5
102	眉山市	1	42	190	461	152.8
103	枣庄市	2	20	346	381	146.3
104	聊城市	1	40	275	410	146.2
105	玉林市	1	26	301	394	145.4
106	南阳市	3	38	375	362	141.4
107	德州市	1	10	258	386	140.3

排名	城市	2008 年	2013 年	2018 年	2019 年	Google 增长指数
108	锦州市	1	22	78	449	140.0
109	玉溪市	1	69	244	399	136.9
110	大庆市	6	72	135	433	134.4
111	白银市	0	6	37	431	132.4
112	吴忠市	2	6	42	431	132.3
113	衡阳市	5	613	1120	256	126.0
114	伊犁哈萨克自治州	7	29	342	322	125.8
115	南充市	3	19	202	357	124.5
116	铜川市	0	3	34	404	124.3
117	普洱市	102	42	302	425	122.9
118	绵阳市	156	45	260	492	122.3
119	西双版纳傣族自治州	9	43	270	341	122.3
120	毕节市	1	23	211	344	121.7
121	怒江傈僳族自治州	0	30	90	382	120.6
122	吉林市	1	15	613	201	119.8
123	营口市	0	9	179	342	119.6
124	荆门市	0	3	410	258	118.1
125	株洲市	1	36	275	314	117.8
126	安顺市	2	21	350	283	117.2
127	安康市	0	52	103	368	115.5
128	襄阳市	0	28	313	284	113.7
129	莆田市	1	7	380	251	112.3
130	新余市	0	42	421	239	109.6
131	酒泉市	9	81	555	203	105.6
132	自贡市	2	25	120	318	104.3
133	齐齐哈尔市	1	6	348	234	104.1
134	阜阳市	7	33	388	234	103.6
135	焦作市	3	19	108	311	101.3
136	铁岭市	0	19	32	332	100.9
137	岳阳市	1	15	135	297	100.8
138	漳州市	1	49	135	307	100.4
139	益阳市	1	7	73	313	100.2
140	梧州市	1	13	112	301	99.9
141	上饶市	2	5	129	292	99.4
142	保山市	0	8	329	223	99.0

排名	城市	2008 年	2013 年	2018 年	2019 年	Google 增长指数
143	红河哈尼族彝族自治州	2	34	250	259	98.7
144	十堰市	1	16	505	166	98.4
145	昭通市	1	12	347	209	95.9
146	临汾市	7	81	297	251	94.8
147	铜陵市	1	3	353	195	93.2
148	潮州市	3	13	114	262	87.8
149	宣城市	1	5	133	247	86.6
150	黑河市	0	8	292	190	85.4
151	盘锦市	0	4	70	260	84.6
152	楚雄彝族自治州	2	20	229	212	83.9
153	中卫市	2	2	83	254	83.7
154	赤峰市	3	6	194	219	83.6
155	文山壮族苗族自治州	0	8	240	191	80.5
156	迪庆藏族自治州	3	12	396	140	79.5
157	临沧市	7	60	170	214	73.1
158	日喀则市	7	20	130	211	72.2
159	泸州市	1	21	106	211	71.5
160	平凉市	2	7	537	58	69.8
161	儋州市	0	2	145	185	69.8
162	河源市	1	16	113	201	69.7
163	信阳市	1	35	108	208	69.4
164	揭阳市	1	9	110	198	69.2
165	晋中市	1	6	88	202	68.5
166	抚顺市	1	104	121	222	68.0
167	金昌市	0	1	62	205	67.6
168	商丘市	2	19	178	171	66.6
169	定西市	0	40	19	222	64.5
170	池州市	1	0	161	156	62.6
171	昌吉回族自治州	0	8	368	88	62.4
172	常德市	1	44	235	142	61.4
173	宁德市	2	89	150	186	61.3
174	南平市	1	5	222	132	61.0
175	永州市	2	38	49	199	60.2
176	达州市	5	7	71	184	60.1
177	海西蒙古族藏族自治州	0	6	93	170	59.7

续表

排名	城市	2008年	2013年	2018年	2019年	Google增长指数
178	丽水市	1	34	98	175	58.6
179	鄂尔多斯市	8	110	245	156	57.9
180	汉中市	1	1	342	79	57.5
181	甘南藏族自治州	3	12	75	171	56.7
182	龙岩市	1	39	97	166	55.3
183	六盘水市	1	6	63	166	55.2
184	晋城市	0	5	65	162	54.6
185	吉安市	1	2	101	145	53.1
186	菏泽市	1	8	106	143	52.4
187	湘潭市	1	24	113	145	52.1
188	阳江市	2	20	227	103	51.0
189	铜仁市	0	7	150	122	50.9
190	武威市	0	10	87	144	50.9
191	防城港市	2	16	90	146	50.6
192	阿坝藏族羌族自治州	39	62	72	204	50.5
193	马鞍山市	1	4	54	151	50.0
194	三明市	1	9	70	146	49.6
195	嘉峪关市	3	13	67	148	48.9
196	玉树藏族自治州	0	55	108	145	48.8
197	凉山彝族自治州	7	12	96	139	48.0
198	固原市	0	2	343	46	47.9
199	安庆市	2	5	102	129	47.8
200	长治市	8	40	75	153	47.0
201	茂名市	7	16	238	86	45.9
202	驻马店市	0	6	82	125	45.1
203	葫芦岛市	0	2	77	125	45.0
204	松原市	1	4	42	137	44.6
205	宜春市	1	7	74	127	44.5
206	蚌埠市	1	7	132	107	44.3
207	崇左市	1	2	14	143	43.8
208	三门峡市	2	35	79	132	43.4
209	平顶山市	0	43	85	129	42.9
210	三沙市	0	16	118	108	42.6
211	荆州市	2	23	76	125	42.2
212	黔东南苗族侗族自治州	0	7	73	113	40.5

排名	城市	2008 年	2013 年	2018 年	2019 年	Google 增长指数
213	佳木斯市	1	18	73	117	40.3
214	甘孜藏族自治州	6	29	20	143	40.2
215	商洛市	0	27	15	137	39.9
216	克拉玛依市	1	55	91	117	38.4
217	汕尾市	1	20	136	90	38.3
218	延边朝鲜族自治州	6	24	134	97	38.3
219	黄石市	1	9	48	115	38.1
220	淮南市	1	40	192	77	38.0
221	辽源市	0	1	3	126	38.0
222	榆林市	1	7	53	108	36.7
223	鞍山市	0	32	66	101	33.7
224	鹰潭市	0	6	33	103	33.6
225	克孜勒苏柯尔克孜自治州	2	4	51	98	33.5
226	萍乡市	3	19	52	98	31.8
227	黔南布依族苗族自治州	1	1	58	86	31.2
228	黄冈市	1	5	58	86	30.8
229	辽阳市	0	2	57	84	30.7
230	临夏回族自治州	3	12	84	81	30.6
231	忻州市	0	3	44	87	30.2
232	朝阳市	0	45	109	78	29.8
233	资阳市	6	18	46	95	29.5
234	内江市	2	31	46	94	29.1
235	遂宁市	3	53	115	79	29.0
236	伊春市	0	5	37	85	28.7
237	阜新市	1	3	29	86	28.1
238	怀化市	1	8	21	90	28.0
239	鸡西市	1	1	52	77	27.9
240	孝感市	1	8	22	89	27.8
241	牡丹江市	1	8	82	68	27.5
242	朔州市	0	2	79	62	26.3
243	白山市	0	8	31	78	25.7
244	阳泉市	0	5	59	66	25.2
245	德阳市	22	21	129	68	24.6
246	亳州市	0	7	2	83	24.4
247	漯河市	0	37	50	74	23.5

排名	城市	2008 年	2013 年	2018 年	2019 年	Google 增长指数
248	巴音郭楞蒙古自治州	3	13	186	20	22.4
249	周口市	1	33	34	73	21.7
250	邵阳市	0	49	79	62	21.6
251	通化市	1	20	73	54	21.2
252	庆阳市	0	5	62	51	21.0
253	宝鸡市	1	3	36	58	20.4
254	那曲地区	0	4	56	50	20.2
255	本溪市	1	15	69	49	19.8
256	陇南市	6	2	75	46	19.3
257	滁州市	4	26	71	52	18.9
258	咸宁市	0	4	45	49	18.8
259	双鸭山市	0	3	9	58	18.0
260	四平市	0	4	24	53	17.9
261	天水市	0	30	45	54	17.7
262	吕梁市	0	6	56	40	17.0
263	乌兰察布市	0	1	20	50	16.9
264	昌都市	1	5	5	57	16.8
265	石嘴山市	1	2	13	53	16.7
266	海东市	0	2	10	52	16.4
267	阿拉善盟	0	3	17	50	16.4
268	河池市	0	3	38	42	16.1
269	白城市	0	4	19	48	15.9
270	博尔塔拉蒙古自治州	1	32	16	59	15.8
271	乌海市	0	8	8	52	15.6
272	随州市	1	2	29	43	15.3
273	黔西南布依族苗族自治州	0	0	20	42	14.6
274	六安市	9	8	156	8	14.5
275	通辽市	0	6	33	38	14.1
276	鹤岗市	1	3	9	46	14.1
277	云浮市	1	4	51	32	14.0
278	广安市	1	3	37	32	12.7
279	鹤壁市	1	7	26	36	12.4
280	娄底市	2	30	32	42	12.2
281	林芝市	0	3	10	38	12.1
282	巴中市	0	3	8	38	11.9

排名	城市	2008 年	2013 年	2018 年	2019 年	Google 增长指数
283	攀枝花市	1	5	19	36	11.9
284	鄂州市	0	4	30	28	11.0
285	巴彦淖尔市	0	0	2	35	10.7
286	贺州市	0	3	20	29	10.4
287	绥化市	0	2	11	30	9.9
288	雅安市	37	295	125	125	9.4
289	来宾市	0	1	31	19	8.7
290	贵港市	0	2	58	7	7.7
291	七台河市	0	1	9	22	7.4
292	广元市	28	9	57	33	6.3
293	果洛藏族自治州	0	6	8	13	4.1
294	渭南市	0	2	19	7	3.8
295	海北藏族自治州	0	4	16	8	3.6
296	兴安盟	0	1	3	10	3.2
297	咸阳市	1	1	16	6	3.0
298	黄南藏族自治州	0	6	8	7	2.3
299	呼伦贝尔市	1	2	2	7	1.8
300	大兴安岭地区	1	1	1	4	0.9
301	韶关市	0	1	1	2	0.6

附表3 直辖市、省会城市及计划单列市 Twitter 传播力增长指数排名

排名	城市	2008 年	2013 年	2018 年	2019 年	Twitter 增长指数
1	上海市	118	406	26280	2255280	679136.0
2	北京市	103	6673	13848	1528032	459096.2
3	深圳市	9	98	3600	174612	52731.1
4	广州市	14	43519	2457	142680	38693.6
5	杭州市	12	706	980	81676	24526.6
6	大连市	5	52	1471	68700	20750.4
7	成都市	41	114	151	68109	20424.1
8	天津市	54	223	656	65427	19655.2
9	济南市	5	59	650	60912	18331.2
10	武汉市	8	797	842	51971	15593.4
11	青岛市	9	464	541	44488	13351.4
12	南京市	8	2367	853	40378	11959.6
13	哈尔滨市	5	1131	561	38086	11367.3

排名	城市	2008 年	2013 年	2018 年	2019 年	Twitter 增长指数
14	西安市	0	445	482	30740	9225.7
15	厦门市	14	416	581	30387	9128.4
16	长沙市	7	471	437	23343	6997.4
17	昆明市	28	90	289	22390	6728.5
18	重庆市	41	194	1232	19420	5917.5
19	沈阳市	7	43	258	19639	5911.1
20	郑州市	6	60	241	14632	4405.9
21	福州市	8	74	191	14167	4259.4
22	宁波市	1	54	350	12652	3824.9
23	南宁市	9	41	188	9818	2957.4
24	长春市	1	46	196	8955	2701.2
25	南昌市	1	45	170	7657	2309.3
26	合肥市	9	64	131	5652	1699.6
27	兰州市	23	48	109	5500	1649.2
28	太原市	8	48	129	5390	1622.7
29	贵阳市	4	113	153	4830	1451.8
30	拉萨市	435	178	137	4463	1204.3
31	石家庄市	1	100	127	3652	1098.0
32	呼和浩特市	0	1	86	3616	1093.3
33	海口市	7	156	136	1870	556.9
34	乌鲁木齐市	0	61	120	1786	541.7
35	银川市	0	42	111	1449	441.6
36	西宁市	5	61	80	451	135.7

附表4　地级城市（自治州、地区、盟）Twitter 传播力增长指数排名

排名	城市	2008 年	2013 年	2018 年	2019 年	Twitter 增长指数
1	东莞市	5	62	95	4225	1269.3
2	玉林市	0	307	64	3757	1102.8
3	红河哈尼族彝族自治州	1	50	38	2198	657.9
4	玉溪市	2	16	44	1892	569.8
5	无锡市	1	42	68	1446	436.1
6	珠海市	1	40	58	1246	375.3
7	喀什地区	1	153	120	1222	363.0
8	安庆市	0	250	41	1225	346.6
9	三亚市	15	67	76	1143	339.3

排名	城市	2008 年	2013 年	2018 年	2019 年	Twitter 增长指数
10	泉州市	35	98	75	1124	324.4
11	黄山市	4	46	71	1075	323.8
12	桂林市	8	58	37	968	285.9
13	镇江市	0	27	50	912	275.9
14	苏州市	3	57	68	913	274.1
15	洛阳市	1	51	73	837	253.0
16	佛山市	6	51	68	829	248.6
17	常州市	3	25	28	784	234.6
18	温州市	1	33	70	752	229.0
19	大理白族自治州	10	58	82	736	220.2
20	普洱市	0	52	52	721	216.3
21	盐城市	0	48	63	702	212.1
22	连云港市	0	700	47	895	203.2
23	惠州市	0	48	49	643	193.0
24	台州市	1	44	72	633	192.4
25	金华市	0	61	62	631	189.4
26	张家界市	2	1609	59	1136	185.2
27	阿里地区	7	52	77	603	181.3
28	马鞍山市	0	14	226	494	169.4
29	湖州市	1	34	34	541	162.0
30	扬州市	1	47	63	509	154.0
31	宜宾市	0	29	49	503	152.9
32	潍坊市	2	48	59	468	140.9
33	日喀则市	0	40	65	443	135.4
34	和田地区	8	52	56	447	132.1
35	南通市	4	31	65	418	127.6
36	乐山市	1	40	72	413	126.8
37	威海市	0	35	65	412	126.6
38	丽江市	13	59	44	419	120.3
39	张家口市	0	53	203	345	118.5
40	嘉兴市	2	24	57	372	114.3
41	中山市	0	41	47	377	113.7
42	舟山市	0	51	225	320	113.4
43	运城市	3	43	303	274	107.3
44	包头市	0	43	46	354	106.5

续表

排名	城市	2008 年	2013 年	2018 年	2019 年	Twitter 增长指数
45	清远市	0	21	52	339	104.8
46	徐州市	1	49	66	322	98.0
47	廊坊市	3	61	70	325	97.5
48	西双版纳傣族自治州	1	200	50	371	96.0
49	北海市	3	267	260	317	93.5
50	淄博市	2	41	62	305	93.0
51	柳州市	2	53	65	301	90.9
52	昌都市	0	4	4	301	90.3
53	阿坝藏族羌族自治州	4	262	35	377	89.2
54	湘西土家族苗族自治州	0	26	34	294	89.0
55	保定市	2	39	54	285	86.4
56	湛江市	0	48	63	283	86.4
57	赣州市	0	41	57	281	85.9
58	烟台市	4	52	51	286	84.5
59	三沙市	0	62	27	293	84.4
60	邯郸市	1	38	56	273	83.4
61	唐山市	1	46	49	277	83.1
62	开封市	0	31	277	191	81.9
63	锦州市	0	42	76	257	80.5
64	张掖市	0	1152	38	639	80.3
65	吐鲁番市	1	49	73	258	79.5
66	龙岩市	0	43	112	241	79.2
67	宜昌市	1	31	42	259	78.5
68	临沂市	4	58	53	267	78.4
69	漳州市	1	36	52	256	78.1
70	恩施土家族苗族自治州	0	37	40	258	77.7
71	齐齐哈尔市	0	29	515	91	75.9
72	秦皇岛市	0	54	49	251	74.8
73	淮安市	0	24	42	241	74.1
74	大同市	6	43	63	243	73.1
75	甘孜藏族自治州	0	125	41	271	72.9
76	梅州市	0	33	33	242	72.6
77	赤峰市	0	31	149	196	70.6
78	莆田市	0	60	52	235	69.7
79	绵阳市	12	36	56	226	66.2

排名	城市	2008 年	2013 年	2018 年	2019 年	Twitter 增长指数
80	株洲市	1	41	62	214	66.0
81	宝鸡市	0	2	23	213	66.0
82	嘉峪关市	1	35	43	212	64.1
83	鞍山市	0	40	52	208	63.6
84	郴州市	1	46	199	162	63.6
85	泰州市	0	38	55	206	63.5
86	大庆市	1	44	32	210	61.5
87	丽水市	1	33	231	140	61.5
88	铜仁市	0	19	51	192	60.8
89	潮州市	2	37	48	196	59.3
90	遵义市	1	31	52	191	59.1
91	鄂尔多斯市	2	41	59	193	59.1
92	济宁市	0	40	60	190	59.0
93	玉树藏族自治州	1	33	49	192	58.9
94	江门市	0	38	54	189	58.3
95	沧州市	0	53	43	195	57.5
96	汕头市	1	58	65	187	56.5
97	自贡市	0	36	41	184	55.7
98	毕节市	2	79	47	195	54.7
99	安顺市	1	45	51	181	54.6
100	襄阳市	0	30	44	172	53.0
101	安阳市	1	24	50	169	53.0
102	南阳市	0	54	56	171	51.5
103	芜湖市	1	59	50	174	51.0
104	绍兴市	0	43	58	162	50.1
105	日照市	0	38	53	161	49.8
106	儋州市	0	95	30	187	49.6
107	揭阳市	0	31	45	159	49.1
108	眉山市	0	9	43	150	48.4
109	黔东南苗族侗族自治州	0	15	43	151	48.1
110	宿州市	0	25	36	155	47.6
111	九江市	0	42	46	157	47.5
112	常德市	0	29	46	152	47.3
113	哈密市	2	29	52	152	47.3
114	衡阳市	1	40	56	152	46.9

续表

排名	城市	2008 年	2013 年	2018 年	2019 年	Twitter 增长指数
115	林芝市	0	11	31	147	46.1
116	新乡市	0	42	58	147	45.7
117	丹东市	0	37	47	145	44.5
118	德宏傣族景颇族自治州	0	18	43	139	44.2
119	荆州市	2	26	48	141	43.9
120	朝阳市	0	120	29	175	43.4
121	景德镇市	1	37	52	140	43.2
122	楚雄彝族自治州	0	24	51	131	42.0
123	伊犁哈萨克自治州	0	45	41	141	41.9
124	酒泉市	1	37	38	140	41.8
125	凉山彝族自治州	0	32	40	136	41.6
126	天水市	0	34	31	139	41.4
127	阜阳市	1	54	57	135	40.5
128	那曲地区	0	25	18	137	40.4
129	承德市	3	156	49	173	40.3
130	甘南藏族自治州	0	70	38	145	40.3
131	滁州市	0	47	41	136	40.2
132	菏泽市	1	31	39	126	38.3
133	六盘水市	0	30	40	124	38.2
134	宿迁市	0	10	45	115	38.0
135	湘潭市	1	33	47	123	38.0
136	三门峡市	0	34	36	125	37.7
137	衢州市	0	23	168	77	37.6
138	南充市	0	21	135	87	37.5
139	延安市	1	15	39	118	37.5
140	阳江市	0	55	54	125	37.4
141	河源市	0	28	57	113	36.8
142	金昌市	0	10	18	120	36.8
143	商丘市	0	25	54	109	35.6
144	佳木斯市	0	25	39	114	35.6
145	德州市	1	22	53	109	35.5
146	延边朝鲜族自治州	0	31	89	99	35.5
147	肇庆市	1	33	46	113	34.9
148	邢台市	0	32	50	110	34.8
149	枣庄市	0	25	41	110	34.6

排名	城市	2008 年	2013 年	2018 年	2019 年	Twitter 增长指数
150	钦州市	0	12	43	105	34.6
151	咸阳市	0	3	2	115	34.4
152	十堰市	0	58	41	118	33.7
153	临夏回族自治州	0	22	52	100	33.0
154	上饶市	1	25	45	103	32.6
155	南平市	0	12	32	101	32.3
156	吉林市	1	41	63	101	32.2
157	宣城市	0	22	171	56	31.7
158	岳阳市	0	34	48	100	31.4
159	海西蒙古族藏族自治州	0	15	43	94	31.0
160	焦作市	0	28	104	77	30.7
161	汉中市	0	5	8	100	30.3
162	迪庆藏族自治州	1	21	43	93	29.8
163	滨州市	0	59	52	101	29.6
164	信阳市	0	34	49	92	29.1
165	黑河市	0	23	42	90	28.9
166	白银市	0	28	31	94	28.5
167	淮南市	1	23	43	89	28.4
168	永州市	0	13	43	84	28.2
169	百色市	0	15	29	89	28.1
170	聊城市	0	30	43	89	28.0
171	东营市	0	34	43	90	27.9
172	衡水市	0	19	42	82	26.9
173	内江市	0	17	33	83	26.5
174	平凉市	0	5	35	78	26.4
175	遂宁市	0	26	43	82	26.3
176	长治市	1	40	42	87	26.0
177	葫芦岛市	0	23	11	90	25.8
178	文山壮族苗族自治州	0	11	41	76	25.8
179	宜春市	0	30	50	77	25.1
180	盘锦市	0	32	94	63	25.1
181	亳州市	0	5	16	80	25.1
182	黄石市	0	36	40	81	24.7
183	宁德市	0	29	39	78	24.4
184	许昌市	0	30	45	76	24.3

续表

排名	城市	2008 年	2013 年	2018 年	2019 年	Twitter 增长指数
185	云浮市	0	9	27	75	24.3
186	蚌埠市	0	22	36	73	23.3
187	萍乡市	0	5	37	67	23.3
188	平顶山市	1	23	89	56	23.1
189	泸州市	1	132	49	105	22.9
190	忻州市	0	87	46	90	22.9
191	吉安市	0	17	24	72	22.3
192	海南藏族自治州	0	17	35	67	21.9
193	新余市	0	39	37	73	21.7
194	曲靖市	0	22	49	63	21.6
195	随州市	0	8	46	59	21.5
196	驻马店市	0	18	56	58	21.2
197	通辽市	0	22	46	62	21.0
198	德阳市	3	36	34	73	20.8
199	怀化市	1	22	42	63	20.6
200	铁岭市	0	9	20	65	20.6
201	达州市	1	19	42	61	20.3
202	韶关市	0	0	2	66	20.0
203	武威市	0	20	49	56	19.7
204	克拉玛依市	0	21	37	60	19.6
205	塔城地区	0	2	24	58	19.6
206	三明市	0	27	54	54	18.9
207	乌兰察布市	0	2	23	56	18.9
208	益阳市	0	18	44	54	18.8
209	泰安市	0	23	36	58	18.7
210	怒江傈僳族自治州	0	15	25	59	18.7
211	阿拉善盟	0	8	35	52	18.3
212	鹤壁市	0	5	22	55	18.2
213	抚顺市	0	18	30	56	18.0
214	陇南市	6	14	36	58	17.8
215	池州市	0	7	25	53	17.7
216	榆林市	0	0	7	56	17.5
217	临沧市	0	21	46	50	17.5
218	晋城市	0	29	27	58	17.2
219	孝感市	0	13	57	42	17.0

排名	城市	2008 年	2013 年	2018 年	2019 年	Twitter 增长指数
220	阿勒泰地区	1	30	45	52	16.8
221	昌吉回族自治州	1	48	44	57	16.4
222	临汾市	4	274	50	133	16.3
223	黔南布依族苗族自治州	0	6	18	50	16.2
224	抚州市	0	43	44	53	16.0
225	渭南市	0	1	4	52	15.9
226	茂名市	0	26	43	47	15.8
227	庆阳市	0	50	28	60	15.8
228	黄冈市	0	2	44	38	15.6
229	铜陵市	0	11	22	48	15.5
230	贺州市	0	25	38	46	15.1
231	牡丹江市	1	115	40	76	15.0
232	广安市	4	2	25	46	14.9
233	中卫市	0	32	34	49	14.9
234	周口市	0	18	36	43	14.7
235	锡林郭勒盟	0	1	28	40	14.7
236	贵港市	0	7	32	39	14.2
237	荆门市	0	10	34	39	14.1
238	营口市	0	25	42	40	13.7
239	晋中市	0	147	40	80	13.3
240	濮阳市	0	18	40	37	13.3
241	本溪市	0	37	34	45	13.2
242	安康市	0	1	1	44	13.2
243	海北藏族自治州	0	2	14	39	12.9
244	娄底市	0	32	52	36	12.8
245	梧州市	3	35	32	46	12.6
246	黔西南布依族苗族自治州	0	5	23	36	12.6
247	阿克苏地区	2	31	51	37	12.5
248	漯河市	0	31	40	36	11.7
249	克孜勒苏柯尔克孜自治州	0	12	24	35	11.7
250	鹰潭市	0	6	32	30	11.6
251	昭通市	0	80	37	53	11.6
252	海东市	0	2	16	34	11.6
253	咸宁市	0	17	31	33	11.3
254	固原市	0	9	32	30	11.3

排名	城市	2008 年	2013 年	2018 年	2019 年	Twitter 增长指数
255	白山市	1	18	21	36	10.8
256	松原市	0	34	30	37	10.7
257	商洛市	0	5	28	27	10.4
258	河池市	0	12	24	30	10.2
259	山南市	1	18	38	26	9.5
260	防城港市	0	12	34	24	9.4
261	铜川市	0	5	33	22	9.4
262	乌海市	0	16	19	30	9.3
263	阜新市	0	13	31	25	9.3
264	汕尾市	0	21	23	30	9.2
265	伊春市	0	21	28	27	8.8
266	广元市	1	26	36	26	8.5
267	辽阳市	0	8	24	23	8.5
268	鄂州市	0	1	21	21	8.3
269	黄南藏族自治州	0	3	15	22	7.8
270	资阳市	0	21	40	19	7.6
271	鸡西市	0	4	19	20	7.5
272	果洛藏族自治州	0	0	6	23	7.5
273	保山市	0	27	49	17	7.3
274	兴安盟	1	0	4	24	7.3
275	六安市	0	2	7	22	7.1
276	崇左市	0	11	19	21	7.1
277	淮北市	0	102	29	46	6.5
278	博尔塔拉蒙古自治州	0	11	11	21	6.3
279	巴中市	1	8	14	19	6.0
280	吴忠市	0	25	46	13	6.0
281	通化市	0	9	34	11	5.8
282	阳泉市	0	46	20	27	5.5
283	鹤岗市	0	13	4	21	5.4
284	辽源市	0	2	3	17	5.2
285	邵阳市	0	139	22	56	5.1
286	白城市	0	1	19	11	5.1
287	石嘴山市	0	2	9	14	4.9
288	双鸭山市	0	6	8	15	4.7
289	来宾市	0	7	15	9	3.5

续表

排名	城市	2008 年	2013 年	2018 年	2019 年	Twitter 增长指数
290	七台河市	0	5	4	11	3.2
291	四平市	1	12	33	3	2.7
292	朔州市	0	56	22	20	2.6
293	吕梁市	0	3	15	4	2.4
294	大兴安岭地区	0	1	3	6	2.0
295	呼伦贝尔市	0	17	19	5	1.7
296	巴音郭楞蒙古自治州	0	1	1	4	1.2
297	巴彦淖尔市	0	0	1	2	0.7
298	攀枝花市	2	21	31	0	0.4
299	绥化市	0	95	11	18	-3.0
300	定西市	0	744	25	59	-54.2
301	雅安市	2	2407	51	213	-172.3

附表5 直辖市、省会城市及计划单列市 YouTube 传播力增长指数排名

排名	城市	2008 年	2013 年	2018 年	2019 年	YouTube 增长指数
1	上海市	13700	104000	619000	523000	204290.0
2	北京市	15500	54200	263000	263000	95130.0
3	深圳市	772	8450	42700	62500	21943.4
4	成都市	624	4690	19100	58200	18713.8
5	广州市	952	8040	29300	23400	8860.4
6	天津市	445	4580	38100	15200	7778.5
7	重庆市	213	1940	14300	21400	7592.1
8	西安市	529	2920	11200	19200	6429.3
9	武汉市	315	2350	10800	18300	6240.5
10	昆明市	108	974	16500	13700	5630.2
11	杭州市	376	2970	17900	13100	5310.2
12	南京市	763	4680	9660	10700	3479.1
13	拉萨市	1500	7380	8270	12500	3389.0
14	大连市	132	1230	4940	8740	2953.4
15	青岛市	237	1550	6400	4410	1736.9
16	厦门市	329	3170	8490	3670	1534.3
17	济南市	130	1420	3890	3440	1240.0
18	长沙市	59	958	4630	2580	1123.5
19	哈尔滨市	437	1560	4400	2590	929.9
20	福州市	155	930	3430	2160	851.5

排名	城市	2008 年	2013 年	2018 年	2019 年	YouTube 增长指数
21	沈阳市	87	641	2600	1730	688.8
22	南宁市	111	824	1270	1800	551.3
23	郑州市	183	1140	1720	1760	531.1
24	兰州市	39	355	794	1560	500.2
25	宁波市	78	954	2010	1210	445.2
26	石家庄市	6	154	587	936	322.3
27	合肥市	10	587	823	954	306.8
28	长春市	66	371	1760	611	302.4
29	呼和浩特市	6	125	976	530	242.3
30	乌鲁木齐市	117	660	1840	528	241.3
31	银川市	6	69	733	425	192.1
32	海口市	2	109	663	454	191.0
33	南昌市	65	303	667	446	150.7
34	太原市	4	303	505	427	147.1
35	贵阳市	4	158	649	257	125.0
36	西宁市	0	157	207	95	33.5

附表 6　地级城市（自治州、地区、盟）YouTube 传播力增长指数排名

排名	城市	2008 年	2013 年	2018 年	2019 年	YouTube 增长指数
1	阿里地区	118	658	2530	6790	2188.8
2	张家界市	0	179	587	756	267.6
3	三亚市	10	426	1540	289	195.1
4	珠海市	1	78	490	463	179.8
5	喀什地区	10	242	446	520	173.4
6	大理白族自治州	7	178	159	456	132.8
7	无锡市	3	7	220	284	105.6
8	丽江市	0	295	321	309	95.3
9	桂林市	7	143	378	209	84.1
10	佛山市	4	156	153	252	74.1
11	苏州市	138	713	1100	254	73.5
12	乐山市	3	9	171	149	60.0
13	东莞市	4	125	181	177	57.5
14	莆田市	0	2	9	179	54.4
15	湘西土家族苗族自治州	0	10	166	128	54.0
16	眉山市	0	1	13	174	53.4

排名	城市	2008 年	2013 年	2018 年	2019 年	YouTube 增长指数
17	中山市	1	77	133	151	50.6
18	玉林市	0	3	33	151	48.3
19	宜宾市	1	1	98	106	41.2
20	阿勒泰地区	4	7	34	131	40.8
21	吐鲁番市	12	81	99	136	39.0
22	泉州市	1	140	177	117	38.5
23	潮州市	1	9	79	106	38.5
24	烟台市	2	8	145	80	37.1
25	常州市	1	9	121	84	36.1
26	温州市	2	119	178	96	34.1
27	盐城市	1	0	9	111	33.9
28	宣城市	0	0	16	105	33.1
29	绍兴市	5	24	119	81	32.3
30	保定市	2	6	27	99	31.2
31	潍坊市	0	49	129	77	31.1
32	北海市	0	4	15	100	31.1
33	西双版纳傣族自治州	4	48	62	92	27.8
34	汕头市	1	82	99	87	27.5
35	惠州市	0	7	39	71	24.5
36	柳州市	0	79	99	72	23.6
37	金华市	1	61	59	79	23.2
38	南通市	0	8	86	48	22.2
39	嘉兴市	0	8	29	65	21.6
40	济宁市	1	5	39	59	20.8
41	扬州市	3	7	66	51	20.3
42	临沂市	0	10	39	58	20.3
43	宜昌市	0	9	59	51	20.3
44	黄山市	2	7	18	64	19.7
45	台州市	1	59	62	64	19.2
46	清远市	2	1	33	53	18.5
47	徐州市	0	10	59	45	18.4
48	连云港市	0	0	39	47	18.0
49	衢州市	0	3	3	58	17.4
50	和田地区	2	16	37	53	17.4

续表

排名	城市	2008年	2013年	2018年	2019年	YouTube增长指数
51	洛阳市	4	58	44	65	16.9
52	淄博市	2	5	18	54	16.9
53	泸州市	0	0	3	54	16.5
54	酒泉市	0	0	26	46	16.4
55	恩施土家族苗族自治州	0	2	9	51	16.0
56	张掖市	3	12	64	39	16.0
57	甘孜藏族自治州	2	1	5	54	16.0
58	威海市	0	6	33	44	15.9
59	新乡市	0	21	81	33	15.9
60	锦州市	0	3	43	39	15.7
61	肇庆市	0	39	27	56	15.6
62	宿州市	0	1	8	45	14.2
63	德州市	0	2	25	39	14.0
64	自贡市	0	8	11	45	13.8
65	安阳市	1	5	27	39	13.6
66	凉山彝族自治州	0	2	12	40	13.0
67	江门市	6	4	61	30	12.9
68	绵阳市	2	1	39	31	12.5
69	铜仁市	0	4	15	38	12.5
70	大同市	1	5	19	38	12.5
71	商丘市	1	8	14	40	12.3
72	舟山市	0	4	40	28	12.0
73	龙岩市	2	2	17	37	12.0
74	牡丹江市	0	0	2	38	11.6
75	唐山市	0	3	19	33	11.5
76	梅州市	0	6	19	34	11.5
77	四平市	0	2	0	39	11.5
78	丽水市	0	18	10	39	10.9
79	镇江市	2	3	27	29	10.5
80	遵义市	0	1	19	29	10.5
81	泰州市	1	6	25	29	10.3
82	南阳市	0	2	47	19	10.2
83	张家口市	1	1	25	27	10.2

排名	城市	2008 年	2013 年	2018 年	2019 年	YouTube 增长指数
84	株洲市	1	3	80	9	10.1
85	赤峰市	2	17	6	39	10.0
86	湖州市	0	1	39	20	9.8
87	赣州市	0	0	29	23	9.8
88	廊坊市	1	2	22	26	9.5
89	松原市	0	1	17	26	9.4
90	齐齐哈尔市	1	0	20	24	8.9
91	湛江市	1	2	24	23	8.8
92	衡阳市	0	1	58	10	8.7
93	开封市	7	26	45	29	8.5
94	宁德市	0	4	9	26	8.3
95	三门峡市	0	1	5	26	8.2
96	抚州市	1	1	7	26	8.1
97	伊犁哈萨克自治州	2	2	11	26	8.1
98	德宏傣族景颇族自治州	2	14	12	29	7.9
99	马鞍山市	0	2	40	13	7.7
100	毕节市	2	1	9	25	7.7
101	林芝市	1	8	59	9	7.5
102	漳州市	0	4	21	19	7.4
103	沧州市	2	9	24	21	7.2
104	荆门市	0	0	31	13	7.0
105	那曲地区	0	2	58	4	6.8
106	上饶市	0	1	21	14	6.2
107	日喀则市	10	138	81	49	6.0
108	阿坝藏族羌族自治州	2	3	3	21	5.7
109	承德市	0	4	6	18	5.6
110	聊城市	0	3	4	17	5.2
111	九江市	0	5	7	16	5.0
112	鄂尔多斯市	4	53	51	21	4.9
113	抚顺市	0	2	3	16	4.9
114	湘潭市	0	0	39	3	4.8
115	运城市	0	2	9	13	4.6
116	阿拉善盟	0	1	16	10	4.5

续表

排名	城市	2008 年	2013 年	2018 年	2019 年	YouTube 增长指数
117	邢台市	0	2	7	13	4.4
118	盘锦市	0	0	5	13	4.4
119	阳江市	0	1	18	9	4.4
120	临沧市	2	3	2	17	4.4
121	雅安市	1	18	13	17	4.3
122	河源市	0	0	6	12	4.2
123	海南藏族自治州	3	9	48	4	4.2
124	阿克苏地区	0	3	12	10	3.9
125	邯郸市	3	3	20	10	3.8
126	安顺市	1	0	14	9	3.8
127	延边朝鲜族自治州	0	0	6	10	3.6
128	阜阳市	0	2	8	9	3.3
129	营口市	0	0	5	9	3.2
130	衡水市	0	5	9	9	3.1
131	六盘水市	0	0	4	9	3.1
132	儋州市	0	1	2	10	3.1
133	玉树藏族自治州	0	3	7	9	3.1
134	克拉玛依市	1	0	9	8	3.0
135	哈密市	2	5	17	8	3.0
136	常德市	0	5	21	4	2.8
137	咸宁市	0	0	1	9	2.8
138	达州市	0	0	13	5	2.8
139	百色市	0	5	6	9	2.8
140	揭阳市	0	2	8	7	2.7
141	南平市	0	1	1	9	2.7
142	郴州市	1	0	6	8	2.7
143	丹东市	0	3	12	6	2.7
144	临汾市	0	6	9	8	2.7
145	信阳市	0	1	9	6	2.6
146	大庆市	0	3	8	7	2.6
147	滨州市	0	3	2	9	2.6
148	新余市	0	0	8	6	2.6
149	芜湖市	0	3	10	6	2.5

排名	城市	2008 年	2013 年	2018 年	2019 年	YouTube 增长指数
150	淮安市	0	1	2	8	2.5
151	菏泽市	1	3	7	8	2.5
152	黑河市	0	2	6	7	2.5
153	襄阳市	0	2	8	6	2.4
154	鞍山市	0	3	6	7	2.4
155	遂宁市	1	0	3	8	2.4
156	茂名市	1	1	7	7	2.4
157	楚雄彝族自治州	0	0	3	7	2.4
158	怒江傈僳族自治州	2	8	8	10	2.4
159	吉林市	19	11	13	26	2.3
160	东营市	0	4	6	7	2.3
161	黔东南苗族侗族自治州	0	2	4	7	2.3
162	玉溪市	0	2	7	6	2.3
163	钦州市	0	3	11	5	2.3
164	保山市	1	0	8	6	2.3
165	攀枝花市	0	1	0	8	2.3
166	德阳市	3	0	1	10	2.2
167	梧州市	0	1	5	6	2.2
168	延安市	1	6	7	8	2.2
169	昌吉回族自治州	0	1	5	6	2.2
170	岳阳市	0	1	7	5	2.1
171	南充市	0	3	9	5	2.1
172	景德镇市	0	7	10	6	2.1
173	普洱市	2	9	9	9	2.1
174	三沙市	0	1	4	6	2.1
175	秦皇岛市	0	3	5	6	2.0
176	三明市	0	1	0	7	2.0
177	红河哈尼族彝族自治州	0	5	7	6	2.0
178	内江市	0	0	2	6	2.0
179	本溪市	0	3	8	5	2.0
180	来宾市	0	0	2	6	2.0
181	塔城地区	0	0	5	5	2.0
182	包头市	4	4	8	9	1.9

排名	城市	2008 年	2013 年	2018 年	2019 年	YouTube 增长指数
183	荆州市	0	6	7	6	1.9
184	泰安市	0	1	8	4	1.9
185	佳木斯市	0	0	4	5	1.9
186	曲靖市	0	1	10	3	1.8
187	怀化市	0	4	4	6	1.8
188	迪庆藏族自治州	0	1	4	5	1.8
189	中卫市	0	1	4	5	1.8
190	许昌市	0	0	8	3	1.7
191	日照市	0	4	3	6	1.7
192	池州市	0	0	2	5	1.7
193	山南市	1	10	15	5	1.7
194	周口市	0	1	2	5	1.6
195	枣庄市	0	4	5	5	1.6
196	嘉峪关市	4	3	7	8	1.6
197	临夏回族自治州	0	1	5	4	1.6
198	宜春市	1	1	4	5	1.5
199	十堰市	1	4	13	3	1.5
200	亳州市	0	0	0	5	1.5
201	武威市	1	0	9	3	1.5
202	蚌埠市	1	3	8	4	1.4
203	永州市	1	2	1	6	1.4
204	文山壮族苗族自治州	0	8	10	4	1.4
205	昭通市	0	1	9	2	1.4
206	淮北市	0	0	5	3	1.4
207	贺州市	0	11	10	5	1.4
208	金昌市	0	1	3	4	1.4
209	甘南藏族自治州	0	2	7	3	1.4
210	葫芦岛市	0	2	9	2	1.3
211	鸡西市	1	1	2	5	1.3
212	平顶山市	0	3	6	3	1.2
213	焦作市	0	3	3	4	1.2
214	海东市	0	0	0	4	1.2
215	海西蒙古族藏族自治州	0	1	7	2	1.2

排名	城市	2008 年	2013 年	2018 年	2019 年	YouTube 增长指数
216	滁州市	1	0	8	2	1.1
217	云浮市	0	0	8	1	1.1
218	辽阳市	0	0	5	2	1.1
219	锡林郭勒盟	0	0	2	3	1.1
220	白山市	0	1	0	4	1.1
221	随州市	0	0	5	2	1.1
222	晋城市	0	0	2	3	1.1
223	资阳市	1	1	6	3	1.1
224	鹰潭市	0	1	2	3	1.0
225	防城港市	0	0	4	2	1.0
226	崇左市	0	1	5	2	1.0
227	驻马店市	0	2	2	3	0.9
228	安庆市	3	0	0	6	0.9
229	晋中市	0	1	1	3	0.9
230	益阳市	1	1	4	3	0.9
231	忻州市	0	0	0	3	0.9
232	博尔塔拉蒙古自治州	0	0	6	1	0.9
233	邵阳市	0	5	7	2	0.8
234	巴中市	0	0	2	2	0.8
235	鹤岗市	0	1	0	3	0.8
236	庆阳市	0	0	2	2	0.8
237	铜陵市	0	0	4	1	0.7
238	孝感市	0	0	1	2	0.7
239	漯河市	0	5	3	3	0.7
240	萍乡市	0	2	3	2	0.7
241	鄂州市	0	0	1	2	0.7
242	河池市	0	0	4	1	0.7
243	阳泉市	0	0	1	2	0.7
244	白银市	0	4	2	3	0.7
245	广安市	2	5	12	2	0.7
246	淮南市	2	3	3	4	0.6
247	长治市	0	0	0	2	0.6
248	铁岭市	0	1	1	2	0.6

续表

排名	城市	2008 年	2013 年	2018 年	2019 年	YouTube 增长指数
249	黔西南布依族苗族自治州	0	0	0	2	0.6
250	朝阳市	0	2	2	2	0.6
251	辽源市	0	0	0	2	0.6
252	商洛市	0	3	3	2	0.6
253	陇南市	1	0	3	2	0.6
254	果洛藏族自治州	0	0	0	2	0.6
255	黄冈市	0	1	0	2	0.5
256	榆林市	0	0	2	1	0.5
257	黔南布依族苗族自治州	1	2	1	3	0.5
258	濮阳市	0	1	6	0	0.5
259	乌兰察布市	0	0	2	1	0.5
260	鹤壁市	0	0	2	1	0.5
261	绥化市	0	0	2	1	0.5
262	渭南市	0	0	1	1	0.4
263	娄底市	0	0	1	1	0.4
264	天水市	4	1	8	3	0.4
265	伊春市	0	0	1	1	0.4
266	白城市	0	0	1	1	0.4
267	定西市	0	0	1	1	0.4
268	平凉市	0	1	2	1	0.4
269	六安市	0	0	3	0	0.3
270	通辽市	1	1	4	1	0.3
271	黄石市	0	1	4	0	0.3
272	通化市	0	1	4	0	0.3
273	巴彦淖尔市	0	0	0	1	0.3
274	朔州市	0	0	0	1	0.3
275	石嘴山市	0	0	0	1	0.3
276	固原市	2	0	3	2	0.3
277	昌都市	0	0	0	1	0.3
278	海北藏族自治州	0	0	0	1	0.3
279	宿迁市	0	4	3	1	0.2
280	广元市	1	3	5	1	0.2
281	乌海市	1	0	2	1	0.2

排名	城市	2008 年	2013 年	2018 年	2019 年	YouTube 增长指数
282	铜川市	0	1	0	1	0.2
283	宝鸡市	0	0	1	0	0.1
284	韶关市	0	0	1	0	0.1
285	吕梁市	0	0	1	0	0.1
286	双鸭山市	0	0	1	0	0.1
287	巴音郭楞蒙古自治州	0	0	1	0	0.1
288	克孜勒苏柯尔克孜自治州	0	0	1	0	0.1
289	汕尾市	0	2	3	0	0.1
290	咸阳市	0	0	0	0	0
291	汉中市	0	0	0	0	0
292	贵港市	0	0	0	0	0
293	大兴安岭地区	0	0	0	0	0
294	七台河市	0	0	0	0	0
295	安康市	0	9	0	3	0
296	兴安盟	0	5	1	1	−0.1
297	吴忠市	1	1	3	0	−0.1
298	阜新市	4	2	0	4	−0.2
299	黄南藏族自治州	0	2	0	0	−0.2
300	呼伦贝尔市	2	4	1	1	−0.6
301	吉安市	11	250	8	4	−26.3